21세기의

부모교육

일러두기

* 이 책에 등장한 모든 인물은 가명임을 밝힙니다.
* '생각 나눔'과 '조별 나눔'은 자유롭고 창의적인 생각의 기회를 위해 마련하였습니다. 정답이 없으므로 활발한 생각의 공유를 통해 유익한 시간 되시길 바랍니다.
* 인터뷰어(interviewer)란 특정한 주제에 관해 정보를 얻기 위해 이야기를 나누는 사람을 말하고, 인터뷰이(interviewee)란 인터뷰를 받는 면접 대상자를 말합니다.
* 1장에 실린 인터뷰 내용은 2017~2018년 서울시립대학교 〈부모교육과 가족관계〉 수업에 참여한 학생들이 작성한 내용에 동의를 얻어 각색한 내용임을 밝힙니다.
* 1장에서 '인터뷰어의 생각'은 인터뷰어가 인터뷰이의 답변을 듣고 어떠한 생각이 드는지 정리한 내용입니다.
* 4장과 5장의 '자녀발달 단계에 따른 부모역할'에서는 자녀의 발달 단계별로 중요한 발달적 특성에 대해 설명하기는 하였으나, 발달의 이론은 매우 다양하므로 그 이론들을 이 책에서 다 설명할 수는 없었습니다. 따라서 4장과 5장의 '생각 나눔'에서 '자녀발달 단계에 따른 부모역할'을 이해하는데 도움이 될 수 있는 여러 가지 발달 이론에 대해 미리 정리해 볼 수 있는 내용을 넣었습니다. 그러므로 생각 나눔의 내용을 미리 읽어보고, 다른 책이나 인터넷 검색을 통해서 찾아보면 '자녀발달 단계에 따른 부모 역할'을 이해하는데 많은 도움이 될 것입니다.
* 4장과 5장의 조별 활동과 7장의 생각 나눔 활동에는 그림책을 소개하였습니다. 그림책은 사람의 마음에 감동과 공감을 주는 매체이기 때문에, 최근에 부모교육이나 부모교육 프로그램을 계획하는 데에 많이 활용되고 있습니다. 그림책을 읽고 그 속에 담긴 아이나 부모의 마음을 생각해 보고 글로 써 보거나 토론을 하는 것은, 다양한 연령의 자녀가 있는 부모의 역할을 이해하고 그들을 위한 부모교육 프로그램을 계획하는 데에 도움이 될 것입니다. 이 책에 제시된 그림책들 외에도, 다양한 가족을 위한 부모교육에 도움이 될 만한 그림책들이 많이 있습니다. 집 근처에 있는 도서관을 이용하거나, 인터넷 검색을 통해서 그림책을 찾아보고 다양한 활동을 해 보시길 바랍니다.

21세기의
부모교육

초판 발행 2023년 3월 1일

지은이 전주람 · 최경
펴낸이 류원식
펴낸곳 교문사

편집팀장 김경수 | **책임진행** 심승화 | **디자인** 신나리 | **본문편집** 유선영 | **표지그림** 전주성

주소 10881, 경기도 파주시 문발로 116
대표전화 031-955-6111 | **팩스** 031-955-0955
홈페이지 www.gyomoon.com | **이메일** genie@gyomoon.com
등록번호 1968.10.28. 제406-2006-000035호

ISBN 978-89-363-2444-5(93370)
정가 18,000원

21세기의

부모교육

전주람 · 최경 지음

교문사

머리말

이 책은 전문서적의 정리와 요약으로 이루어진 기존 부모교육 교재에 대한 아쉬움으로부터 탄생되었습니다.

가족학 전공자인 전주람은 딱딱한 연구물과 부모교육 이론으로 엮인 단행물이 과연 학생들의 일상생활에 얼마나 영향을 줄지에 관한 회의감과 의구심을 떨쳐버리지 못했습니다. 이러한 고민은, 학생들이 직접 자신들이 모델로 삼는 부모들을 현장에서 찾아 인터뷰하는 방식의 수업 과제로 연결되었고, 이로 인해 수업은 보다 풍요로운 논의의 장이 되었다고 확신합니다.

그리고 혜화동 선후배로 만난 이후, 가족학 전공자인 전주람과 아동학 전공자인 최경은 각자의 연구의 길을 걸어오며, 가끔 우리가 가르치고 있는 가족, 아동과 심리와 관련된 여러 과목들에 관해 이야기를 나누곤 했습니다. 2020년 우연한 기회에 우리 둘은 예비부모를 앞둔 당사자이자 학생들에게 '좋은 부모'란 과연 어떠한 부모일지, 또한 '좋은 부부'는 어떠한 사람들이라고 자각할지에 관해 의견을 물어보는 일이 의미있을 수도 있겠다고 판단했습니다. 그리고 부모와 자녀의 관계에서 어떠한 양육환경이 자녀들에게 심리적 안정감을 줄 수 있을지에 관해서도 직접 묻기 시작했습니다. 그렇게 우리들의 이야기는 연구물로 엮어 작게나마 학회지로 정리할 수 있었습니다.

이러한 과정에서 우리 둘은 학계에만 국한되는 연구물에 대한 아쉬움이 커졌습니다. 2021년 겨울, 전주람은 보다 학생들이 흥미롭고 유익하게 접할 수 있는 부모교육 교재를 위한 목차를 구성하여 교문사에 출간을 의뢰하였고 최경 연구자에게 작업을 함께 하자고 제안했습니다. 그리고 전문서적물로만 가득 채우지 않은 목차를 확인하신 교문사 진경민 과장님의 관심과 지지 덕분에 이렇게 책 한권을 탄생시킬 수 있게 되었습니다. 출판사와 우리 두 명의 저자들은 그간 전문서적의 이론 중심으로 쏟아졌던 딱딱한 부모교육 교재에서 벗어나 학생들과 연구참여자들인 20대 청년들이 직접 증언하는 새로운 방식의 작품을 만드는 일이 보다 의미있는 일일 수 있겠다는 확신감에 차게 되었습니다. 아울러 저희 두 연구자는 일방적인 가르침보다는 학습자와 교수자 간의 상호작용하는 방식의 중요성을 깨닫고 질문을 던지고 그 질문에 스스로 답해보는 방식의 교재형태로 엮는다면 많은 학생들이 쉽고 흥미롭게 책을 접할 수 있을 것이라고 판단했습니다.

이 책은 기존 이론 중심의 교재와는 달리, 예비부모의 주인공이 된 학습자 또는 독자들의 생각을 자세히 보여줄 것입니다. 또한 '부모'라는 키워드를 중심으로 아동과 부모, 심리의 영역을 가족이라는 미시체계 중심으로 전방위적으로 이해함으로써 사고의 지평을 확대할 것입니다. 이를 통해 기존의 부모에 대해 고정되어 온 편견과 고정관념을 걷어내고, 21세기 새로운 관점에서 부모를 재탐색하며 부모란 도대체 누구인지에 관한 인식제고의 전환점과 담론을 제공해 줄 것이라고 기대합니다. 또한 예비부모가 될 수도 있는 학습자들이 좋은 부모가 되기 위한 길을 쉽게 이론과 접목하여 이해할 수 있도록 해줄 것입니다. 이를 통해 독자들은 부모자녀라는 익숙하고도 어려운 관계에서 벌어지는 여러 현상들을 세밀하게 관찰하고 생각해봄으로써 자신들의 일상에서 적용해볼 수 있는 지혜로 연결될 수 있기를 기대합니다.

그 사명감을 지닌 채, 두 연구자는 '부모, 아동과 가족'이라는 주제로 공동 집필하였습니다. 이 주제들은 이 책에서 여덟 편의 구조로 전개될 것입니다. 1장에서는 '좋은 부모'에 관해 청년들이 직접 인터뷰한 사례를 제시하였습니다. 구체적으로 자신의 가족과 주변에서 관찰했던 인물 중 자신들이 모델로 삼고 있는 부모를 보다 세밀하게 관찰함으로써 그 내용과 의미를 상세히 살펴보았습니다. 이 과정을 통해 독자 여러분들은 20대 청년들의 생각을 엿보며 그들이 인식하는 좋은 부모란 어떤 부모인지 생각해볼 수 있을 것이라 기대합니다. 이를 통해 '부모'란 누구이며, 어떠한 존재인지에 관해 문제의식을 던지고 글에 비춰 자신의 생각을 정리해나갈 수 있도록 했습니다.

2장에서는 청년들이 인식하는 좋은 부모가 누구인지에 관한 연구사례를 바탕으로 구성하였습니다. 좋은 부모가 되기 위한 조건은 무엇인지, 부부관계가 자녀들의 일상에 어떠한 영향을 미치는지, 또한 어떻게 양육해야 과연 자녀들의 마음이 안정적일지 등에 관한 내용입니다. 이러한 내용은 연구참여자들의 증언이 담겨 있으므로 20대 청년들의 생각을 간접적이나마 관찰하며 시대가 흐르면서 어떠한 점이 바뀌었는지, 향후 미래 예비부모가 될 당사자들은 어떠한 부모를 원하는지 등에 관해 예측해보도록 하였습니다.

3장에서는 부모가 되기 이전 사랑과 연애에 관해 논의하였습니다. 가족을 이루기 이전 우리는 연애를 통해 사랑을 경험합니다. 외국학자인 스탠버그와 리가 주장하는 사랑의 의미도 생각해보며 동시에 저자 둘이 연구했던 한국 학생들이 인식하는 사랑의 개념과 요소는 무엇인지에 관해서도 기술하였습니다. 저자들은 외국 학자의 이론이 한국에 적용되는 데 한계점이 있을 수 있다는 가정 하에 청년들이 인식하는 사랑의 요소를 직접 탐색해보았습니다. 그 자세한 내용을 통해 여러분들이 생각하는 사랑이란 과연 무엇인지에 관해서도 되짚어 보시길 바랍니다.

4장과 5장은 생애주기적 관점에서 자녀의 연령에 따라 부모가 어떠한 역할을 해야 하는지에 관한 내용입니다. 태아기부터 영아기, 유아기, 아동기와 청소년기에 이르기까지 자녀의 성장에 따라 부모가 적합한 역할을 수행하는 것은 건강한 부모 자녀 관계를 만드는 기초가 됩니다. 따라서 이 두 개장에서는 자녀의 각 연령별로 부모가 어떠한 역할을 수행해야 하는지를 살펴볼 수 있습니다. 또한 조별 나눔 활동에서는 아직 부모역할에 대한 경험이 없는 예비 부모인 대학생들을 위해 자녀의 발달 단계에 따른 적합한 부모의 역할에 대해 생각해볼 수 있는 다양한 그림책과 관련 활동을 수록하였습니다. 그림책을 읽고 조별로 다양한 의견을 나누는 것은 자녀의 마음과 부모의 역할을 이해하는 데에 많은 도움이 될 것입니다.

6장은 부모교육의 대표적인 이론으로 PET, STEP, 상호교류 분석이론 세 가지를 다루었습니다. 각 이론의 개념을 습득하며 무엇보다 사례를 통해 어떻게 실제 현장에서 적용될 수 있을지에 초점을 두었습니다. 이를 통해 우리는 이론 주장가들의 부모교육과 인간관에 대한 생각이 어떠했는지 관찰할 수 있고, 무엇보다 우리 자신이 자녀를 성장시키기 위해 어떠한 사고와 태도, 의사결정을 해나가야 하는지 지혜를 얻으실 수 있을 것이라 기대합니다.

7장에서는 현대 가족형태의 변화로 발생된 주된 가족형태로 맞벌이 가족, 분거가족, 한부모와 재혼가족, 다문화 가족을 살펴보았습니다. 각 가족의 형태가 어떠한 특징을 지니는지 살피며, 무엇보다 가족의 형태마다 부모로서 해야 할 역할이 무엇인지 논의해 보았습니다.

그리고 마지막 8장에서는 한국사회 여러 지역사회 기관에서 실시되고 있는 부모교육과 프로그램은 어떠한 사례가 있는지 발굴하여 소개하였습니다. 이를 통해 향후 한국사회 부모교육의 운영과 계획, 향후 방향성에 관해 논의하였습니다. 부모교육의 대상자로서 부모교육 주체자는 누구인지 부모교육 프로그램의 현 주소를 점검하고, 실제 부모들이 교육, 상담 및 프로그램 경험을 통해 성장할 수 있는 방향성에 관해 의견을 정리하며 글을 마쳤습니다.

이 책을 집필하는 과정에서 부모와 교육, 프로그램 개발에 진지한 관심을 가진 두 명의 연구자들은 기존 연구물과 인터뷰 자료 및 전문서적들을 살폈고 논의하며 이 책에 담아냈습니다. 이 책이 나오기까지 부족한 연구자의 뜻을 깊이 헤아려주신 교문사 진경민 과장님을 비롯하여 꼼꼼하게 살펴봐주시고 정성스런 편집에 열정을 다해주신 심승화 선생님, 학문의 열정을 깊이 파헤치도록 저희 두 연구자를 성장시켜주신 7080부모님들에게 감사한 마음을 전합니다. 아울러 인터뷰 자료의 제공에 동의해준 서울시립대학교 학생들과 연구물이 탄생하기까지 연구참여자로 흔쾌히 참여해주신 20대 청년들과 표지에 예쁜 그림을 담아주신 전주성 그림작가님에게 깊은 감사의 마음을 전달드립니다.

2023년 봄,

전주람, 최경 일동

차례

3장 사랑의 시작, 그리고 부모되기 — 전주람

4장 자녀발달 단계에 따른 부모역할 (1) — 최경

1장 ‘좋은 부모’에 관해 청년들이 직접 찾다 _ 인터뷰 사례

전주람

부모교육의 이론과 내용을 학습해나가는 과정에서 무엇이 가장 필요할까요? 부모교육 관련 강의를 해오며 필자는 최근 무엇보다 수업을 듣는 학습자이자 미래 부모가 될 청년들이 생각하는 '좋은 부모'는 어떤 부모인지 스스로 발굴하는 일이 중요하다고 생각했습니다. 이에 최근 몇 년간 부모교육 관련 교과목에서 학생들에게 내줄 참신한 과제를 고민했고, 그 결과 학생들이 직접 주변의 '좋은 부모'를 찾아 인터뷰를 하도록 했습니다. 그 내용 가운데, 여기서는 총 4명의 사례를 소개하고자 합니다.[1]

1 이 장에 실린 인터뷰 내용은 2017~2018년 서울시립대학교 〈부모교육과 가족관계〉 수업에 참여한 학생들이 작성한 내용에 동의를 얻어 각색한 내용임을 밝힙니다.

우선 사례를 살펴보기 전에, 여러분에게 '좋은 부모'란 어떤 부모인지 묻고 싶습니다. 여러분이 과거 경험한 집안의 분위기와 부모의 양육방식, 또한 영화와 드라마, 시와 소설 등에서 보았던 여러 사람들이 쉽게 떠오를 것입니다. 그 중에서 최종적으로 좋은 부모의 이미지로 떠오르는 한 개의 사례를 회상해봅니다. 그리고 비유법을 활용하여 좋은 부모를 단어로 표현해봅니다. 그런 후 당신이 떠올린 부모의 특징을 세 가지 적어봅니다.

생각 나눔

Q1. '좋은 부모'란 OO이다. 그 이유에 관해 조별로 나누어봅시다.

좋은 부모란 ____이다.

그 이유는 ____이기 때문이다.

Q2. 당신이 생각하는 '좋은 부모'의 3가지 요소를 찾아 적어봅시다. 그 이유는 무엇입니까?

1.

2.

3.

이제부터는 사례를 통해 '좋은 부모'란 어떤 부모인지 함께 마음을 열고 생각해봅시다.

1. 우리 엄마보다 더 좋을 순 없다(김예봄, 정탁)

인터뷰일시	2017년 03월 26일
인터뷰어[2]	김예봄(20대초, 여대생)[3]
인터뷰이	정탁(50대초, 예봄의 어머니)

"저는 20대 여대생입니다. '좋은 부모란 어떤 부모인가, 나에게 롤모델이 될 수 있는 좋은 부모에 대해 많은 생각을 해봤습니다. 저는 예전부터 어머니께 항상 '엄마, 저는 엄마보다 좋은 엄마가 될 자신이 없어요.'라고 말씀드릴 정도로 저희 어머니를 존경했고, 어머니의 양육방식을 배우면 좋은 부모가 될 수 있는 밑거름이 될 것 같아 어머니를 인터뷰 대상으로 선정하였습니다. 제가 지방에 살기 때문에 인터뷰는 고향에 내려간 날인 2017년 03월 26일에 진행하였습니다. 흔쾌히 두 분은 인터뷰에 응해주셨고, 저를 키워주신 부모님을 롤모델로 소개할 수 있어 기쁘게 생각합니다."

예봄 '좋은 부모'란 어떤 부모라고 생각하십니까?

정탁 좋은 부모란? 참 어려운 질문입니다. 그래도 나름대로 정리해보면 다음과 같습니다. 첫 번째로 사랑을 많이 주어야 한다고 생각합니다. 사랑은 돈과 명예와 상관없이 아이들을 잘 자랄 수 있게 하는 자양분이라고 생각합니다. 말로도 사랑한다 말해주고 스킨쉽을 통해 아이에게 나는 늘 사랑받고 있는 사람이라는 것을 느낄 수 있게 해주는 것이 중요합니다. 사랑을 많이 받고 자란 아이는 다른 사람에게 베풀 수 있는 배려심도 키울 수 있고 주변을 바라보는 시선이 긍정적으로 자랄 수 있다고 생각합니다. 긍정적인 마인드는 아이를 크게 성장할 수 있도록 무한한 가능성과 자신감을 보태줍니다. 두 번째로 열 마디 말보다 행동으로 보여주는 중요하다고 생각합니다. '아이는 부모의 거울이다'라는 말이 있듯이 부모가 어떤 행동을 하는지 아이들은 늘 지켜보고 자라고 있기 때문에 본보기를 보여주어야 한다고 생각합니다. 세 번째

2 인터뷰어(interviewer)란 특정한 주제에 관해 정보를 얻기 위해 이야기를 나누는 사람을 말하고, 인터뷰이(interviewee)란 인터뷰를 받는 면접 대상자를 말합니다.

3 이 책에 등장한 모든 인물은 가명임을 밝힙니다.

로 아이의 말에 귀 기울이는 부모가 좋은 부모입니다. 아이의 눈높이에 맞추어 아이의 말에 귀 기울이는 습관이 중요하다고 생각합니다. 사소한 말을 하더라도 아이의 눈높이에 맞추어 아이에게 관심을 갖고 아이의 말에 귀 기울여 들어주고 아이와 대화를 자주 하다 보면 아이의 관심과 생각을 공유할 수 있게 되어 대화하는 것이 자연스럽고 아이에게 편안한 마음을 가질 수 있게 만들어 줍니다. 그러니까 대화가 중요한거죠. 대화를 자주하여 아이가 인식할 때 우리 부모님은 내 마음을 이해하고 내가 기댈 수 있는 큰 나무와 같은 존재라고 생각할 수 있도록 해야 합니다.

● 인터뷰어의 생각[4]

"사랑을 준다고 해서 아이가 무조건 긍정적으로 자라는 것은 아니라고 생각합니다. 과한 사랑을 주는 것은 오히려 독이 될 것 같습니다. 하지만 부모의 사랑을 통해 누군가를 사랑하는 방법과 배려하는 방법 등 긍정적인 행동을 이끌어낼 수 있을 것 같습니다. 열 마디 말보다 행동으로 보여주는 것은 정말 중요합니다. 그리고 부모가 언행일치의 자세를 보여주는 것이 중요합니다. 항상 말로만 하는 부모의 밑에서 자라는 아이는 부모와 같이 무언가를 실천해야 할 때 말에서만 끝날 것 같습니다. 아이의 말에 귀를 기울이는 것이 중요하다고 생각합니다. 트러블이 생겼을 때 대화를 하며 아이들의 생각에 경청하는 것이 중요합니다. 아이가 세상을 살며 힘들어 할 때, 잘 경청해준 부모 밑에서 자란 아이들은 이 세상 모두가 자신의 편이 아니어도 부모만큼은 자신의 편이라는 생각을 갖게 될 것입니다."

예봄 자녀 훈계 방식은 어떠하였습니까?

정탁 저는 먼저 아이가 잘못했을 때 그 행동이 잘못한 것인지 아닌지 생각할 수 있는 시간을 갖도록 하는게 중요하다고 생각합니다. 내가 예봄이를 키울 때도 그러려고 노력했어요. 자신의 분노를 조절하지 못해 신체적, 언어적으로 학대하면 그 아이는 감당할 수 없는 상처를 받을 수 있습니다. 부모가 자신의 분노를 조절하지 못해 아이에게 신체적, 언어적으로 학대하는 일은 없어야 하겠습니다.

화가 치솟을 때 서로 생각하는 시간을 가지면 어떨까요? 분노를 조절하며 아이에게 자신의 잘못을 깨닫고 반성할 수 있도록 환경을 조성해주어야 합니다. 그리고 아이가 잘못을 깨닫고 난 후 적절한 방법으로 아이에게 벌을 주어야 한다고 생각합니다. 저는 형제 두 명이 서로 싸우고 난 후에는 훈계하고 서로의 잘못을 인정하게 한 후 뽀뽀, 포

---

4 이 장에서 인터뷰의 생각은 인터뷰어가 인터뷰이의 답변을 듣고 어떠한 생각이 드는지 정리한 내용입니다.

옹 등 스킨십을 통해 서로가 서로를 사랑하고 있음을 확인시켜 주고 나쁜 감정이 남지 않도록 했습니다.

● 인터뷰어의 생각

"어머니께서 취하신 방식을 통해 동생과 다투고 나서도 나쁜 감정이 생기지 않았고 오히려 동생과 다른 점이 무엇인지 알게 되었습니다. 이러한 어머니의 양육방식을 듣다보니, 항상 내가 동생을 더 생각하고 챙겨준다고 느꼈지만 동생도 저를 많이 생각해주고 있었던 것 같습니다. "

예봄 자녀 칭찬방식은 어떠하였습니까?

정탁 '칭찬은 고래도 춤추게 한다'라는 말이 있듯이 작은 일에도 칭찬을 합니다. 결과도 중요하지만 어떠한 과업 수행과정을 칭찬하는 것이 보다 중요합니다. 사람은 누구나 다른 사람으로부터 인정을 받고자 하는 마음이 있습니다. 칭찬하는 것을 부끄럽게 생각하거나 쑥스럽게 여겨서는 안 됩니다. 아주 작고 사소한 일에도 칭찬을 아끼지 않고 해야 합니다.

● 인터뷰어의 생각

"특히 결과가 좋지 않았을 때 칭찬에 관한 부모의 자세는 중요하다고 생각합니다. 아이의 자존감이 떨어질 수도 있기 때문입니다. 하지만 과도하게 사소한 것 하나하나 칭찬하는 것은 아이가 자만심을 가질 수 있는 위험성을 가진 것 같아 약간은 피해야 할 것 같습니다."

예봄 자녀의 의미는 어떠합니까?

정탁 저에게 자녀는 무엇과도 바꿀 수 없는 소중한 보물입니다. 이 세상 부모님이 다 같은 생각이겠지만 자녀들은 너무나도 사랑스럽고 소중한 존재입니다. 하지만 아이들을 자신의 소유물로 생각하고 기대하고 의지하면 안 되는 존재입니다. 자녀는 소유물이 아닙니다.

● 인터뷰어의 생각

"자녀를 자신의 소유물로 생각하지 말아야 하고 아이들에게 기대하고 의지하면 안 된다는 점이 정말 중요한 것 같습니다. 아이들을 자신의 소유물로 생각하는 순간 아이들은 부담을 느끼게 되고 독립심이 있는 아이가 아닌 부모에게 기댈 가능성이 큰 아이로 자랄 수 있습니다. 또한 자녀에게 너무 기대하게 되면 부모의 기대에 충족시켜야 한다는 생각에 아이는 큰 부담을 느끼며 오히려 그들의 목표와는 다른 길로 갈 것입니다. 자녀에게 의지를 하게 되는 순간 부모는 자녀에게 약간의 짐이 될 것 같아 소중하게 여기되 의지를 하는 것은 지양해야 할 것 같습니다."

<u>예봄</u> '부모됨'과 '부모답기'란 무엇일까요?

<u>정탁</u> 부모가 된다는 것은 새로운 경험과 즐거움과 기쁨이 있는 반면, 부모로서의 역할과 책임감이 따르는 것 같습니다. 아이들이 어렸을 때보다 아이들이 성장한 지금 부모됨이 더 어렵다는 것을 느낍니다. 부모가 되는 것은 마음을 먹으면 쉽지만 부모답기는 참 어려운 것 같습니다. 아이들이 커가는 모습 속에 내 모습이 들어 있는 것 같아요. 아이들이 어렸을 때는 그저 양육하고 성장시키고 키우는 데만 집중했는데 아이들이 커가면서 행동, 말투, 제스쳐까지 닮는 것을 보면서 나의 부모됨이 참 중요하다고 느낄 때가 많습니다. 아이를 출산하고 성장시키며 아이와 함께 나의 부모의 의미도 커지는 것 같습니다. 아이에게 좋은 모습, 존경받는 모습을 보여주기 위해 한없이 생각하고 노력해야 하지 않을까요?

● **인터뷰어의 생각**

"부모가 되는 것은 마음을 먹으면 쉽지만 부모답기는 어렵다는 말에 매우 동의합니다. '부모답기'라는 말은 특정한 기준이 없고 아무리 노력을 해도 만족할 수 없을 것 같기 때문입니다. 부모 입장에서 모든 측면에서 모범이 되고 싶고 멋진 모습만 보여주려는 욕심을 부리다 보면 오히려 부담을 갖고 더욱 어려운 방향으로 갈 것 같습니다. 과유불급(過猶不及)이라는 말이 있듯이 너무 욕심 부리지 않고 아이들에게 해야 할 것과 하지 말아야 할 것을 보여주는 부모가 되면 될 것 같습니다."

<u>예봄</u> 자녀와의 대화 방식은 어떠합니까?

<u>정탁</u> 나의 어린시절 엄마는 참 무서운 존재였습니다. 그렇기 때문에 나는 결혼 후 아이들을 키울 때 친구 같은 엄마가 되고 싶었습니다. 먼저 아이들의 말에 귀 기울여 들으려고 노력했습니다. 아이의 말을 잘 들어주고 또 아이의 입장에서 말해주고 적절한 리액션을 취해주고 아이의 눈높이에 맞추려고 노력했습니다. 사춘기에도 자녀가 문 닫고 방 안에 있는 시간도 있었지만 아이의 마음을 열어주려고 노력하다 보니 이성친구와 학교에서 있었던 일에 관해 이야기하는 것이 자연스러워졌습니다. 큰 아이는 대학교 2학년, 작은 아이는 고3인 지금 엄마인 나는 두 명의 아주 좋은 친구를 갖게 되었습니다. 아이

들의 말을 먼저 들어주고 눈높이에 맞추어 이야기를 시도한 좋은 결과인 것 같습니다.

● 인터뷰어의 생각

"말에 귀를 기울여주고 적절한 리액션은 필요하다고 생각합니다. 아이들과 친구처럼 지내는 것은 좋지만 어머니의 권위까지 실추되는 것은 지양해야 합니다. 권위가 실추되는 순간 어머니가 아닌 단지 내 이야기를 들어주고 감정을 공유하는 사람이 될 가능성도 있다고 보기 때문입니다."

예봄 자녀의 유년기 시절(1세~6세) 양육 방식은 어떠하였습니까?

정탁 '세 살 버릇 여든까지 간다'라는 말이 있습니다. 어른 공경을 중요하게 여겼어요. 특히 인성교육의 기본인 인사를 중요하게 생각하고 가르쳤습니다. 엘리베이터에서 어른을 만나면 엄마인 내가 먼저 인사하는 모습을 보여주고 아이에게 어른들을 뵈면 인사는 꼭 하라고 알려주었습니다. 그랬더니 아이들의 성장한 지금도 어른을 뵈면 인사를 잘하는 인사성 바른 사람으로 성장했습니다. 요즘 엄마들이 중요시하는 조기교육보다 인성교육에 더 힘썼던거죠. 큰 아이 고등학교 시절 교장선생님께서 OO는 열 번 만나면 열 번 인사하는 아이라고 하실 정도로 인사를 잘 하는 아이였습니다. 인사 자체가 중요한 것이 아니고, 인사를 하면서 그 사람을 공경하는 마음이 생기고 인성교육의 기본이라고 생각합니다. 지식은 내가 필요하면 배우고 터득할 수 있지만 인성은 한 번 형성되면 바꾸기 어려운 것이라 생각했어요. 그래서 아이들과 캠핑을 자주 가서 식구들과 어울리면서 스킨십도 자주하고 같이 있는 시간을 많이 가졌고 무엇보다 아이들에게 사랑을 많이 주었습니다.

● 인터뷰어의 생각

"조기교육보다 인성교육에 힘써야 한다는 것은 매우 공감이 됩니다. 인성은 어릴 적부터 습관화처럼 형성되는 것 같습니다. 한번 형성된 인성은 쉽게 고쳐지기 힘들기 때문입니다. 학습하는 것은 조금 더 자라고 진행해도 되며 본인이 원할 때 언제든지 배울 수 있지만, 인성은 본인이 원할 때 언제든 배울 수 있는 것이 아니라고 생각하고 언제든 고칠 수 없기 때문입니다. 인사는 정말 중요하다고 말씀하시는 어머니 생각에 동의합니다."

예봄 자녀의 사춘기 시절 어떻게 지내셨습니까?

정탁 중2병 또는 질풍노도의 시기라고 할 정도로 사춘기는 누구에게나 어려운 문제입니다. 어느 집과 마찬가지로 우리 집에도 어김없이 질풍노도의 시기가 찾아 왔습니다. 학원가야 할 시간에 친구들과 노느라 학원을 가지 않고 귀가시간이 늦어졌습니다. 큰 아이는 모범생이었는데 중2부터 갑작스러운 변화에 적응하지 못했습니다. 평소 바른생활주의자인 저는 귀가시간을 중요시 여겼어요. 그런데 갈수록 집에 늦게 들어오는 일이 잦아졌어요. 가끔 늦은 아이를 거실에 앉혀 다그치고 혼냈었습니다. 그럴수록 아이는 밖에 있는 시간이 자꾸 길어졌습니다. 나와 부딪치는 시간도 꾸짖는 시간도 늘어났습니다. 그래도 저는 아이가 학교에서 있었던 이야기를 하거나 친구들 이야기를 할 때는 가급적 아이 말에 귀를 기울여주고 여러 일상생활에서 아이의 의사를 최대한 존중해주었습니다.

아이가 늦어질 때 나의 생각을 바꿔 우선 아이의 잘못을 먼저 탓하기보다 평소에 대화나누듯 대화를 나누었습니다. 예를 들면, 아이가 왜 그런 행동을 했는지 물어보고 잘못한 부분에 관해서는 이야기를 나누고자 했습니다. 그렇게 아이들과 많은 대화를 하고 인내심을 갖고 기다려주고 사랑으로 보듬어 주었더니 질풍노도의 시간을 잘 지나온 것 같습니다.

● **인터뷰어의 생각**

"아이의 사춘기 시기에는 부모와 자녀 모두 예민할 것 같습니다. 부모는 갑자기 자녀의 신체적, 심리적 변화에 당황스러울 수 있습니다. 이때 부모가 아이의 행동에 과민반응하는 것보다 아이들의 상황을 이해하고 잘못된 상황에서는 잘못을 알려주고 아이들에게 이해시키는 부모가 되어야 합니다. 이 시기에 부모들은 무엇보다 아이들의 말에 더욱 귀기울여주고 대화가 많이 필요합니다."

예봄 자녀 출산 계획은 필요할까요?

정탁 옛날 어르신들은 아이가 태어나면 자기가 먹을 건 다 가지고 태어난다고 하는 말이 있었잖아요. 그런데 지금은 아이 하나를 양육하고 키우는데 필요한 것이 참 많아진 것 같습니다. 경제적인 것도 그렇죠. 지금은 아빠 혼자 직장생활하는 가정보다 맞벌이 부부가 많아졌기 때문에 아이를 돌봐줄 누군가도 필요한 게 현실입니다. 따라서 본인의 능력과 여유있게 아이를 키울 수 있는 여러 가지 조건을 생각해서 자녀를 출산해야 한다고 생각합니다.

● **인터뷰어의 생각**

"부모님 말씀대로 자녀 계획은 필요하다고 생각합니다. 자신의 능력과 심리적, 신체적으로 여유가 없을 때 아이를 가지는 경우 그 피해는 부모에게도 있지만 가장 큰 피해는 아이가 입게 됩니다. 양육자의 손이 많이 필요한 시기에 양육자의 세심한 돌봄이 부재한 경우 아이는 사랑받지 못한다는 느낌을 가질 수 있습니다. 그리고 부족한 보살핌과 사랑의 결핍은 아이가 살아가는데 여러모로 부정적인 영향을 줄 수 있습니다."

예봄 부모가 되기 위해 준비해야 할 것이 있을까요?

정탁 아이를 출산하는 것은 쉬우나 아이를 어떻게 키우느냐는 참 어려운 일인 것 같습니다. 우선 부모가 되기 위해서는 건강한 정신과 건강한 신체를 준비해야 할 것 같습니다. 특히 건강한 정신은 가장 중요한 것 같습니다. 요즘 방송에서 부모의 학대로 인하여 상처받고 아픔을 겪는 아이들을 많이 봅니다. 그 아이들도 소중한 인격체이고 소중한 존재인데 말입니다. 자식이 부모의 소유물도 아닌데 상처받는 아이들을 보면 안타깝습니다. 금전적인 부분은 부부가 노력하면 극복할 수 있지만 부모의 잘못된 사고는 바꾸기 어려운 일이므로 건강한 정신은 부모가 되기 위함의 기본이라고 생각합니다. 또한 건강한 신체도 중요합니다. 요즘 좋지 않은 환경과 오염 때문에 장애를 가진 친구들이 많이 태어나는데 부모가 되기 전 엄마의 흡연이라든지 여러 가지 신체에 악영향을 미치는 일은 아이를 출산하기 전에는 가급적 피하는 것이 좋다고 생각합니다. 몸과 마음이 건강한 부모가 몸과 마음이 건강한 아이를 출산하고 양육할 수 있기 때문입니다.

● **인터뷰어의 생각**

"아이를 갖기 전 최소한의 준비는 필요하다고 생각합니다. 부모의 신체적/정신적 건강이 아이한테도 영향을 미칠 것이라고 생각하기 때문입니다. 또한 어느 정도의 금전적인 여유도 있어야 한다고 생각합니다. 금전적인 여유가 없을 때 아이를 갖게 되면 아이에게 충분한 영양을 공급하지 못하고 아이가 해야 할 최소한의 경험도 제공하기 어려울 수 있기 때문입니다."

마지막으로 인터뷰어는 어머니를 인터뷰한 후 느낌을 정리하였습니다.

인터뷰를 통해 부모님 밑에서 자랐어도 양육 방식에 있어서 제가 모르는 부분이 많았다는 것을 알게 되었습니다. 항상 어머니께 '좋은 엄마'라는 생각을 가지고 지냈던 저는 인터뷰 전까지 제가 생각했던 어머니의 양육방식을 토대로 나중에 자녀를 양육해야겠다고 생각했습니다. 하지만 인터뷰를 통해 제 생각과는 다른 부분이 있었고 인터뷰를 한 덕분에 그 부분을 보안할 수 있었습니다. 사춘기 시절에 저는 어머니가 무조건 화를 낸다고 생각했고 나중에 점차 나아지는 모습을 보며 제 스스로가 변했다고 생각했습니다. 인터뷰를 통해 다시 생각해보니 제가 방황할 때 어머니께서 참고 저의 생각과 의견을 들어주셨다는 걸 알게 되었습니다. 나중에 저의 자녀가 태어나고 사춘기 시절을 보낼 때 혼자 놔둘 것이 아니라 아이의 말에 귀를 기울여줘야겠다고 생각했습니다. 또한 어머니께서 저희를 훈계할 때 어머니의 감정을 추스르려고 시간을 가지셨던 부분에 가장 놀라웠고 본받아야겠다고 생각했습니다. 저도 자녀가 생기고 훈계를 해야 할 상황에서 시간을 갖고 자녀에게는 자신의 잘못을 생각할 시간을 주고, 저는 제 감정을 추스르고 아이를 훈계할 것입니다. 이번 인터뷰를 통해 많은 정보를 알게 되었고 다시 한번 좋은 부모에 대해서 생각을 할 수 있었던 좋은 경험이었습니다. 이렇게 좋은 엄마를 만나게 된건 제게 행운입니다.

조별 나눔

당신은 모녀의 이야기를 통해 어떤 점이 느껴지나요? 위 내용 중에서 특히 기억에 남거나 당신이 부모가 되었을 때 실천하면 좋겠다고 동의한 부분이 있습니까? 그렇다면 어떤 이유로 동의하시는지 조별로 의견을 나누어봅시다. 반대로 동의하지 않는 부분이 있다면 그 이유에 관해서도 나누어봅시다.

	동의하는 부분	동의하기 어려운 부분
1		
2		
3		

예봄이는 어머니 인터뷰를 마친 후, 부모로서 지켜야 할 가치관을 10가지로 정리하였습니다.

부모로서 지켜야 할 가치관 10가지

1. 부모는 아이의 의견을 존중해주며 아이의 말에 귀 기울입니다.

아이는 소중한 인격체입니다. 부모라고해서 어떠한 선택을 할 때 독단적으로 결정을 하면 아이의 의견이 들어가지 않을 것이고 이것은 아이를 무시하는 행위가 되어 아이가 존중받지 못하는 것이기 때문입니다.

2. 부모는 자신의 기분이 좋지 않다고 해서 자기 감정대로 행동하지 않습니다.

자신의 감정이 좋지 않을 때 그 감정 그대로 아이에게 전한다면 부정적인 영향을 줄 수 있습니다. 그 감정은 일차적으로 자신이 처리해야 하는 부분이 있습니다. 그렇지 않고 아이에게 전한다면 아이에게는 부담이 될 수도 있습니다.

3. 부모는 아이가 원하는 것이 있을 때 고집을 부린다고 해서 무조건 들어주면 안 됩니다.

아이가 원하는 것을 적정한 선에서는 들어줄 것이고 모두 들어주고 싶지만 선을 넘거나 단지 고집이면 그것은 확실히 안 된다고 할 것입니다. 아이에게 원하는 모든 것이 이루어질 수는 없다고 알려줘야 합니다.

4. 부모는 힘든 일이 있더라도 아이에게 기대지 않습니다.

자신이 힘들다고 생각하는 것은 아이에게는 더 힘들 것입니다. 부모가 되어야지 짐이 되어서는 안 된다고 생각합니다. 과도하게 부정적인 정서를 아이에게 전가하는 일은 삼가야 할 것입니다.

5. 부모는 인사를 잘하는 예절바른 아이가 되도록 가르칩니다.

기본적인 예절을 말보다는 행동으로 보여주고 말과 행동의 일관성을 보여줍니다. 저는 무엇보다 인성교육에 힘을 쓸 것입니다. 기본적인 예의를 중시할 것이고 말로만 보여주는 부모가 아닌 행동으로 보여주고 말과 행동을 일치시켜 아이들에게 좋은 본보기가 되어야 한다고 생각합니다.

6. 부모는 자녀와 일정거리를 유지합니다.

아이에게 친근한 부모가 되려고 노력은 하지만 부모의 권위를 지키며 배려를 위해 약간의 거리는 유지합니다. 아이에게 친절하고 따뜻하며 배려하는 부모는 좋다고 생각합니다. 하지만 부모라는 권위를 실추하면 안 된다고 생각하며, 약간의

거리가 있어야만 아이들이 부모를 존중할 수 있다고 생각합니다. 건강한 경계선이 있어야 하는 것을 말하죠.

7. 자녀에게 사랑은 가득주지만 자녀가 나의 소유물이라고 생각하지 않습니다.

아이에게 사랑을 주는 것은 긍정적인 측면이 많다고 생각합니다. 하지만 너무 과도하게 주어 아이가 나의 소유물이라고 생각하면 안 됩니다.

8. 자녀의 나이에 맞는 독립성을 갖게 하며 규칙을 만들어 실천하도록 합니다.

자녀의 연령에 맞는 독립성을 기르는 것은 중요하다고 생각합니다. 독립성을 갖고 있지 않은 아이는 성인이 된 이후에도 부모에게 기댈 가능성이 크다고 생각합니다. 또한 가족 사이에도 규칙이 있어야만 일관되고 안정된 패턴으로 생활할 수 있습니다.

9. 자녀에게 신체적, 언어적 폭력을 가하지 않습니다.

아이도 소중한 하나의 인격체이기 때문에 아이에게 폭력을 가한다면 아이는 신체적/정신적인 피해를 입을 것입니다. 이것은 아이에게 부정적인 영향을 가져올 것이고 아이의 인권도 중요하다고 생각합니다.

10. 자녀에게 친구 등 누군가를 만날 기회를 충분히 주고 다양한 체험을 통해 여러 경험을 할 수 있도록 합니다.

자녀의 연령에 맞게 사람을 만날 기회를 만들어주고 그 나이에 맞는 경험을 하며 사회성을 기르고 대인관계를 형성하는 방법을 배워야 한다고 생각합니다. 나이에 맞는 경험을 하며 아이는 성장한다고 생각합니다.

2. 친구네 집에서, 우연히 발견한 가족회의록(임유, 박시정과 김폴)

인터뷰일시	2017년 3월 29일 수요일
인터뷰어	임유(20대, 남학생)
인터뷰이	박시정, 김폴(50대, 친구의 어머니와 아버지)

"저는 20대 남학생입니다. 부모란 저절로 되는 것일까요? 좋은 부모란 어떤 부모를 말하는 것일까요? 어느날이었습니다. 친한친구네 집에서 오랜만에 이런저런 이야기도 나눌 겸 놀기로 했어요. 우연히 방문한 친구집에서 몇몇 새로운 것들을 보게 되었습니다. 냉장고에 붙어 있는 가족회의록! 우리 집에는 없던 것이었어요. 물론 여기저기서 가족회의에 관해 들어보기는 했지만 직접 실천하는 모습은 처음 봤습니다. 친구의 부모님은 어떤 이유로 회의록을 붙여두셨을까 호기심이 생겼습니다. 그래서 저는 2017년 03월 29일 친구의 부모님을 인터뷰하기로 했습니다. 친구 부모님을 좋은 부모의 롤모델로 소개할 수 있어 기쁘게 생각합니다. 친구의 부모님을 만나보겠습니다."

임유 냉장고 옆면에 붙은 가족회의록을 작성하게 된 계기가 있을까요?
김폴 저는 가족이 잘 지내기 위해 소통이 중요하다고 생각합니다. 사람들은 각자의 욕구가 다르기 때문에 갈등을 피해갈 수 없어요. 그렇기 때문에 가족원은 서로의 문제점과 원하는 것을 나눔으로써 서로 이해하고 소통을 할 수 있습니다. 저도 처음에는 저렇게 붙여두는 것이 얼마나 효과가 있을까 생각했었는데요. TV에서 보고 일단 해보기로 했습니다. 생각했던 것보다 좋은 점이 많았습니다. 특히 아들이 무엇을 원하는지, 남편은 어떤 점에 문제가 있다고 생각하고, 어떤 점을 좋다고 생각하는지 등 구체적으로 알 수 있다는 점이 가장 좋습니다.

임유 가족회의의 성과가 있다면 무엇일까요?
김폴 자녀들과 소통하면서 작은 것을 하나하나 지켜나가고 그것에 상응하는 보상을 해줌으로써 가족구성원이 하나가 될 수 있었습니다. 묻지 않으면 무엇을 바라는지, 어떤 점이 불만인지 알 수 없습니다. 결국 회의록은 가족을 더욱 단합시켜줬고 서로를 이해할 수 있는 폭을 넓혀준 것 같습니다.

● **인터뷰어의 생각**

"한번도 집에서 실천해본 적이 없는 회의록 작성... 아직 자신은 없지만 그래도 한번쯤 우리 집 냉장고에 붙여봐야겠다고 생각했습니다. 가족들끼리 말하지 못하는 부분도 적어두면 유용할 것 같습니다."

임유 가족회의의 예가 있을까요?

박시정 2015월 기록했던 가족회의 토의사항을 보여드리겠습니다. 가족회의록 맨 위에는 가훈을 늘 적어둡니다. 저희 집 가훈은 "범사에 감사하자. 초심을 잃지 말자. 당당하자. 독서를 생활화하자" 4가지입니다. 그날 저희의 토의사항은 총 4가지였습니다. 컴퓨터 사용시간에 관한 생활규칙, 용돈을 일주일에 얼마나 쓸지에 관한 내용(통장만들기) 한 달에 1번 가족신문 또는 앨범 만들기, 1달에 1번 정기적으로 가정 예배 드리기 였습니다. 회의 결과, 컴퓨터는 각자 하루에 1시간까지 사용하는 것으로 결정하였고, 용돈은 1주일에 자녀의 경우 1만 원으로 정했습니다. 또한 가족신문보다는 앨범에 사진을 끼워두어 추억을 남기기로 했습니다. 그리고 종교를 중시하는 저희는 1달에 1번 마지막 금요일 저녁에 모여 예배드리기로 했습니다. 마지막으로 아들의 제안에 따라 가족생활에서 '짜증나', '나는 할 수 없어'라는 두 가지 말은 가급적 피하기로 했습니다. 가끔 이런 말이 가족 분위기를 망친다고 하더군요. 우리는 서로를 이해하고 긍정적인 언어를 쓰기로 다짐하면서, 정해진 말을 쓰는 경우 벌금으로 설거지나 화장실 청소를 하기로 했습니다.

● **인터뷰어의 생각**

"요즘, 저는 '짜증나'라는 말을 자주 사용하는 것 같습니다. 저도 긍정의 말을 늘리고 부정의 말을 좀 줄여보기로 했습니다. 말은 공기와 같이 주변을 맴돌고 자신뿐만 아니라 타인의 기분까지 좌지우지 하는 매우 중요한 요소라는 생각을 다시 한번 했습니다."

임유 '부모됨'이란 어떤 의미입니까?

박시정 어려운 질문입니다. 생각해보면 요즘 부모가 되는 이들과 그렇지 않은 이들이 있는 것 같습니다. 과거에는 아이를 출산하기 위해 여러 노력들을 했지만 지금은 자발적으로 무자녀가족을 선택하는 경우도 늘어나고 있습니다. 과거 저는 '부모됨'의 선택에 관해서는 크게 고민하지 않았고 결혼을 하면 자녀를 출산해야 한다고 믿었습니다. 물론 우리사회에서 통상적으로 '옳다'고 생각했던 믿음 때문이었겠죠. 질문을 받고 생각해볼 때 '부모됨'이란 생명을 창조하는 축복된 일이라고 생각합니다. 따라서 자녀를 출산하였다면 자녀들이 건강하고 바르게 성장할 수 있도록 책임을 지는 것이 무엇보다 중요하다고 생각합니다.

● **인터뷰어의 생각**

"'나는 부모가 되어야 하는가?'라는 이 질문이 머릿속에 멤돌았습니다. 친구들과 이야기를 하다보면 싱글로 살겠다, 독신으로 살겠다, 그냥 동거하겠다 등 여러 가지 선택이 가능한 시대에 살고 있는 것 같습니다. '내가 결혼을 한다면 부모가 될 것인가?', '부모가 되기를 선택한다면 난 어떤 부모가 되고자 하는가?'에 아직 명쾌한 답을 내리기는 어렵지만 난 부모가 되고 싶고, 인터뷰이의 말처럼 생명을 창조하는 일이 축복이라고 생각합니다."

임유 자녀의 의미가 어떠한가요? 자녀와의 관계는 수평적인 편인가요? 아니면 부모로서의 권위를 중요하게 생각하시는 편인가요?

박시정 자녀는 신의 축복이자 선물입니다. 그리고 자녀들은 하나의 독립된 존재입니다. 따라서 부모들이 낳았다고 과하게 통제하려는 일은 잘못된 일입니다. 저는 아이들과 대화를 많이 나누며 그들의 입장을 많이 이해하고 수평적 관계를 이루려고 노력합니다. 부모가 권위를 휘두른다고 아이들이 말을 듣는 건 아닙니다. 물론 잠깐 무서운 공포와 두려움 때문에 부모가 원하는 바를 들어줄 수는 있겠죠. 하지만 아마도 오래 가지 못할 겁니다.

물론 노력할 뿐입니다. 이렇게 생각을 해도 현실에서 부딪힐 때가 많습니다. 특히 자녀가 아동기 때 컴퓨터에서 눈을 떼지 않을 때가 있었습니다. 어른도 재미있는게 얼마나 많아요. 그래도 저는 회초리와 같은 매를 들어 훈계한 적은 없습니다. 기다려주고 대화하려고 노력했고 아이들이 올바른 결정을 내릴 때까지 기다렸습니다. 그리고 대체할 수 있는 놀이를 찾으려고 했습니다. 예컨대 컴퓨터 게임과 오락 대신 가능한 운동, 자전거 타기 등 외부활동을 많이 시켰습니다.

● **인터뷰어의 생각**

"저의 부모님은 엄하신 편이세요. 평등한 관계의 부모, 친구같은 관계의 부모를 만났다면 난 지금의 모습과 달랐을까라고 생각해봤습니다. 제 일상생활의 모든 부분을 편하게 나눌 수 있는 부모라면 어떨까요? 즐거움을 나눌 수 있고 여자친구와 헤어져 아픈 마음처럼 비밀스러운 이야기도 나눌 수 있는 부모를 만났다면 난 지금 많이 달라져 있을까요? 엄한 부모를 만났고 소통이 잘 안 된다고 생각한 저는 인터뷰를 통해 많은 생각을 하게 됩니다."

임유 자녀에게 예비부모교육 프로그램에 참여시키거나 선배 부모로서 조언을 할 계획이 있습니까?

박시정 네. 먼저 부모된 사람으로서 경험을 나눌 의사가 있습니다. 자녀들이 결혼적령기가 되면 부모가 살아온 경륜을 바탕으로 조언하거나 대화를 나눌 예정입니다. 결혼과 부모에 대한 정보는 넘쳐나지만 실제 진지하게 고민하거나 공부를 할 기회는 적은 듯 합니다. 사랑이라는 이름으로 연애하고 결혼하고 자녀를 출산하지만 막상 우리는 어떻게 소통해야 하는지 잘 모릅니다. 예컨데 어떻게 아이를 키우고 떼쓸 때 장난감은 사주어야 하는지 말아야 하는지 선택의 기로에 설 때마다 고민이 될 때가 많습니다. 따라서 먼저 부모가 된 자들은 자녀들에게 어떻게 해야한다는 식으로 조언을 하거나 가르치기보다는 경험을 이야기해주는 편이 바람직합니다. 제가 아이를 출산했을 때 네 아빠가 어떻게 무엇을 도와줬는지, 둘째가 태어났을 때 첫째가 얼마나 신경질적으로 변했는지 등에 관해 작고 큰 소소한 일들을 나누면 그들에게 생각의 기회를 제공한다는 면에서 도움이 된다고 생각합니다.

● **인터뷰어의 생각**

"먼저 살아온 선배의 이야기를 듣는게 과거에는 별로 필요없다고 생각을 했습니다. 그런데 20대가 넘고 보니 직업이든 가정생활이든 선배들이 들려주는 이야기에 귀기울여집니다. 그들은 어떻게 살았을지, 여러 갈등상황이나 선택의 기로에 섰을 때 무엇을 선택하며 어떠한 결정을 왜 했는지, 궁금합니다."

임유 '좋은 부모'란 어떤 부모라고 생각하십니까?

박시정 두 가지가 가장 중요합니다. 우선, 부모가 삶을 통해 모범을 보이고 자녀들과 소통할 수 있는 부모여야 합니다. 저는 저를 키워주신 부모님과 잘 소통하지 못했어요. 어떤 이유인지는 명확히 모르겠지만 대화하는 분위기가 아니었습니다. 강압적인 명령에 복종하길 바라는 가부장적인 아버지의 모습이 컸고, 어머니는 아버지의 뜻에 대부분 순종하는 분위기였어요. 그 가운데서 자란 저는 눈치를 보게 됐고, 저는 주로 친구와 대화를 나누는 편이었죠. 저희 부모님은 그 시대에 최선을 다하셨겠지만, 저는 저의 부모님과 같은 모습의 부모가 되길 바라지 않았습니다. 자녀들에게 모범이 되는 부모가 되고 싶었고, 그러기 위해서는 무엇보다 먼저 솔선수범하는 모습을 보여주는 것이 중요하다고 생각했어요. 무엇을 가르쳐서 아이들이 배우는 건 아닌거 같습니다. 저는 먼저 책을 읽고, 먼저 긍정적인 언어를 사용하였어요. 먼저 쓰레기를 줍고 정리정돈하는 모습을 보여주면 자연스럽게 아이들은 대부분 따라합니다. 이렇게 모범을 보여주면서, 말이 통해야 살기 좋아요! 서로 무엇을 원하는지 무엇이 불편한지 등 서로의 욕구와 기대를 세밀하게 알수록 잘 지낼 수 있다고 생각합니다. 소통이 참 중요합니다.

● **인터뷰어의 생각**

"모범이 되어주는 부모, 자녀와 소통이 되는 가정. 이 두 가지라면 가족은 아마 어느 정도 살만한 집이 아닐까 싶습니다. 누군가와 '말'이 통한다는 건 마음을 나눌 수 있다는 의미이고 그렇다면 그 이상 외부의 조건은 상대적으로 적게 중요해질 수도 있지 않을까요?."

임유는 친구 부모님 인터뷰를 마친 후, 부모로서 지켜야 할 가치관을 10가지로 정리하였습니다.

부모로서 지켜야 할 가치관 10가지

1. 최대한 식사 함께하기

함께 식사하는 행위는 사람들 간에 친목을 다질 수 있는 좋은 기회입니다. 가령, 국가 간 중요한 세미나에서도 오찬회의를 하며 협의를 보는 것이 그렇지 않은 경우보다 훨씬 우수한 성과를 거둘 수 있게 해줍니다. 식사는 인간의 기본적인 욕구를 충족시켜줍니다. 또한 식사시간은 가족구성원 간 이런저런 이야기를 할 수 있는 기회를 제공합니다. 사소한 이야기라도 서로 하다보면 그렇지 않은 경우보다 훨씬 친밀도를 높여줄 수 있습니다. 사회학적으로 봤을 때, 가족은 '1차 집단'입니다. 미국의 사회학자 쿨리(Charles H. Cooley)는 사회집단을 그 구성원의 접촉 방식에 따라서 1차 집단과 2차 집단으로 분류하였습니다. 가족원들간의 매우 근접한 친밀감과 대면 접촉을 이루는 전인격적인 관계를 이루는 집단을 1차 집단(원초적 집단)이라고 합니다. 이렇듯 원초적 행위인 식사를 가족과 최대한 함께하며 자주 대화를 실시하여 직간접적으로 그들의 인성과 가치관, 태도에 관한 교육을 통해 할 수 있습니다.

2. 정기적인 가족활동하기

여행, 맛집탐방, 테니스 등이 될 수 있고, 취향에 따라 드라이브가 될 수도 있습니다. 이러한 활동은 일상의 활력소가 되어줄 수도 있고, 삶의 목적 그 자체가 될 수도 있겠죠. 자연스레 가족구성원들 간 대화가 많아질 것이고, 서로의 생각을 공유할 수 있습니다. 결국 가족구성원 간의 끈끈한 유대관계를 형성하는 것입니다. 그럼으로써 서로 의지하고 도움을 주며 건강한 삶을 사는 것이고, 정기적인 가족활동은 이를 가능하게 해줍니다.

3. 때로는 엄격하게, 때로는 부드럽게 말하기

수직적 관계와 수평적 관계의 조화를 의미합니다. 확실히 할건 확실히 해야 합니다. 위아래를 확실히 구분할 수 있어야 사람됨의 도리를 다 할 수 있다고 생각합니다. 하지만 너무 엄격하기만 하면 자녀가 부모로부터의 거리감을 느낄 수 있으니, 친근하게 대하는 것 역시 중요합니다.

4. 책임감과 끈기, 인내심 가르치기

열정을 가지고 꾸준히 소임을 다하는 자세를 기릅니다. 참을성 또한 살아가며 꼭 필요한 것임을 강조합니다. 친구관계에 있어서도, 직장생활에 있어서도, 크게는 사회생활 전반에 도움이 될 것입니다. 자녀가 다양한 여러 사람들과 마찰 없이 살아가면 좋겠습니다. 약간은 중첩된, 이중적인 의미로 책임감을 가르치는 것은 공교롭게도 부모의 책임이라고도 볼 수 있으며, 자녀도 그들의 자녀에게 계속 책임감에 대한 교육을 '인수인계'해나가면 좋겠습니다.

5. 노력과 과정에 대해 칭찬해주기

무턱대고 칭찬을 하기 보단, 객관적인 사실에 근거해 신뢰감을 줍니다. 그리고 너무 자주하기 보단 적절히 하며, 결과보단 노력을 칭찬합니다. 예컨데, 점수만을 가지고 아이를 칭찬한 집단과 노력을 칭찬한 집단을 비교한 실험이 있습니다. 전자 집단의 경우, 다른 어려운 문제를 받았을 때 쉽게 포기하는 경향이 있었지만, 후자 집단의 경우 그 어려운 문제를 풀어냈습니다. 이는 끈기, 인내심을 잘 발현했다고 볼 수 있습니다. 이처럼 스탠포드 대학교의 캐롤 드웩(Carol S. Dweck) 교수의 실험사례에서도 알 수 있듯, '결과'보단 '노력'을 칭찬하는 것이 자녀교육에 훨씬 긍정적인 영향을 미친다고 할 수 있습니다.

6. 공감해주기

연령대에 따라 달라질 수는 있으나, 자녀에게 공감하는 모습을 보임으로써 부모에 대한 신뢰감을 형성합니다. 부모 본인들도 같은 시기를 겪으며 자라왔기에, 자녀에게 조언을 해준다는 차원에서 강압적이지 않고 공감하는 방향으로 자녀를 양육합니다. 그러면 자녀들도 부모님의 말씀에 더 잘 따라주지 않을까요?

7. 자신은 자녀의 거울임을 잊지 않기

부모부터 행동을 바르게 합니다. 부모가 자녀에게 모범을 보임으로써 언행일치를 실현하면 자녀에게 혼란을 주지 않습니다. 결국 자녀는 부모를 보고 자랍니다. 그리고 훗날 본인들도 자신들 부모가 행동한 것처럼 똑같이 자녀교육을 할 것입니다. 즉 윗물이 맑아야 아랫물도 맑다는 것입니다.

8. 자립심과 독립성 기르기

자녀의 도와줄 부분은 도와주되, 일을 스스로 할 줄 아는 자립심과 독립성을 기르는 것이 중요합니다. 쉽게 말해 마마보이를 만들지 말자는 겁니다. 그렇다고 너무 방임해서도 안 되고 그 정도를 잘 조절해야 할 겁니다.

9. 건강한 식습관 형성갖도록 하기

너무 어릴 때부터 기름진 음식이나 패스트푸드를 접하지 않게 합니다. 뜬금없이 웬 밥 이야기냐 하시는 분들도 계실 것 같습니다. 허나, 이건 의외로 간과해서는 안 될 중요한 부분입니다. 최대한 건강한 자연식 식탁을 추구합니다. 또한 짜게 먹는 습관, 달게 먹는 습관을 들이지 않도록 합니다. 가능한 늦게 그 맛들을 알게끔 말이죠. 저의 경우를 예로 들어보겠습니다. 저는 피자를 접한게 만 7세경입니다. 즉, 초등학교 입학 전까지는 패스트푸드 자체를 먹을 수 없었습니다. 부모님께서 제공해주지 않으셨기 때문이죠. 어릴 때는 아이들이 한창 성장하는 시기입니다. 아이들이 먹는 것은 그들의 신체형성에 큰 영향을 미칩니다. 부실한 재료로 건물의 뼈대를 세우는 것보다는 튼튼하고 안정된 재료로 건물의 구조를 세우는 게 훨씬 더 좋겠죠?

10. 올바른 경제관념 정립과 인간관계의 중요성 알려주기

자녀들에게 올바른 경제관념을 심어 줄 것입니다. 과소비, 과지출을 하지 않도록 가르칠 것입니다. 그리고 저의 아버지가 저에게 잘 인계해준 좋은 경제관념 중 하나인 '베풀 땐, 베풀어라'를 미래의 자녀들에게도 알려 줄 것입니다. 직접적으로 있는 그대로 쉽게 이야기 하자면, "돈 10만 원도 아니고 100만 원도 아니고 적은 금액이라면 네가 더 베풀어라"라는 마음가짐입니다. 돈 한두 푼으로 교우관계를 나쁘게 할 이유가 전혀 없다는 것입니다. 조금은 본인이 더 낸다고 생각하는 게 결과적으로는 더 좋습니다. 그리고 결국 베풀면 자신에게로 돌아오지 않을까요? 제가 가진 신념입니다.

조별 나눔

아래 제시된 40대 부모님의 사례를 읽어보고, 조별로 가족회의록을 만들어봅시다. 간단하면서도 유용하게 활용할 수 있는 가족회의록을 만들어봅시다.

우리집은 코로나19 대유행 시기에 활동이 제약된 상황에서 여름휴가를 어떻게 보낼지 고민입니다. 초등학교 3학년, 6학년 형제가 있는데요, 그들은 카누를 타거나 번지점프를 하는 등 다이내믹한 활동을 원합니다. 그런데 내향적인 우리 40대 부부는 공기 좋은 자연휴양림 같은 곳에서 쉬고 오기를 원합니다. 우린 회사일로 지쳐 있었거든요. 힐링이 필요해요.

3. 마치, 흙덩이 같은 존재랄까(허빛열, 허고늬).

인터뷰일시	**2017년 3월 18일(토)**
인터뷰어	**허빛열(20대 후반, 남학생)**
인터뷰이	**허고늬(40대 초반, 허빛열의 큰누나)**

"저는 20대 남학생입니다. 저는 삼형제 중 늦둥이로 태어났어요. 큰누나는 저보다 12살이 많고, 일찍 결혼했습니다. 큰누나와 매형(대학생 자녀 1, 고등 자녀 1)이 살아가는 모습을 보며 좋은 부모의 모습을 실천하고 있다고 생각합니다. 엄하고 강압적인 부모와 달리, 큰누나는 모범이 되는 부모의 모습을 보여주고 있습니다. 어떤 생각과 철학을 갖고 있는지 함께 살펴볼까요?"

허빛열 부모와 자녀의 관계를 비유하자면 무엇에 비유할 수 있을까요?

허고늬 부모와 자녀의 관계는 '도자기를 굽는 가마와 도자기'라고 생각합니다. 먼저 부모는 도자기를 굽는 가마입니다. 너무 강한 불로 도자기를 구우면 도자기가 깨질 수도, 너무 약한 불로 도자기를 구우면 도자기가 익지 않을 수도 있기에 적당한 불로 도자기를 구워야 합니다. 이처럼 아이에게는 과하지도, 부족하지도 않은 도움과 애정, 관심과 훈육이 필요하다고 생각합니다. 그리고 아이는 구워지기 전 도자기라고 생각합니다. 구워지기 전의 도자기는 아직 흙덩이에 불과하지만 구워진 뒤에는 아주 값비싼 도자기가 될 수도, 금이 가서 필요 없는 도자기가 될 수 있습니다. 이처럼 아직 아이에 대한 사회적 지위, 가치를 알지 못하지만 부모가 어떤 애정과 관심, 훈육을 하느냐에 따라 사회에서 보물 같은 존재가 될 수도, 하찮고 도움되지 못하는 존재가 될 수도 있기 때문에 아이를 구워지기 전 도자기라 생각합니다.

- **인터뷰어의 생각**

"인터뷰이는 부모와 자녀의 관계를 '도자기를 굽는 가마와 도자기'로 비유했습니다. 나의 누나는 자녀의 성장 가능성을 높게 보고 있는 것 같습니다. 그리고 부모를 '도자기를 굽는 가마'로 봄으로써 부모가 자녀에게 미치는 영향은 자녀의 성장과 밀접한 관계가 있다고 생각하는 것 같습니다."

허빛열 자녀교육 시 가장 중요하게 생각하는 가치관은 무엇입니까?

허고늬 자녀교육 시 가장 중요하게 생각했던 가치관은 아이에게 최대한 많은 경험을 시켜주는 것이었습니다. 요즘 많은 부모들은 좋은 대학에 진학하는 것이 곧 인생에서 성공하는 것이라 생각하고 오직 국영수 위주의 공부만을 시키고 있습니다. 하지만 이러한 방법은 당장은 무엇을 이룬 것 같지만, 결국 부모와 아이도 모두 불행해지는 방법이라고 생각합니다. 공부만을 시키면 부모는 오르지 못하는 아이의 성적을 걱정하고 비싼 사교육비를 걱정하여 스트레스를 받고, 아이는 부모의 잔소리와 강요하는 태도로 스트레스를 받습니다. 저희는 이처럼 공부만을 강요하는 모습은 옳지 못하다고 생각합니다. 저희 부부는 영어나 수학 학원 대신 아이에게 미술수업, 오카리나 연주, 수영, 태권도, 컴퓨터 작업 방법, 독서, 역사공부, 봉사 등을 할 수 있도록 도와주었습니다. 이 과정을 통해 저희 부부는 아이가 어떤 분야에 관심을 가지는지, 어떤 분야가 적성에 맞는지 관찰하였고, 아이가 대학진학 시 진로를 정할 때 큰 도움을 줄 수 있었습니다.

● **인터뷰어의 생각**

"인터뷰이는 자녀교육 시 경험을 중요한 가치관으로 보고 있습니다. 이는 무조건 공부만이 자녀에게 좋은 것이 아니라고 분석됩니다. 특히 다양한 경험을 시킨다는 부분을 통해 자녀가 다양한 분야 중 본인의 흥미 있는 분야를 선택할 수 있도록 기회를 준다는 부분에서 상당히 민주적인 부모라고 분석됩니다. 과도한 학구열을 가진 부모들 사이에서 대입을 목적이 아닌 자녀 성장의 수단으로 본다는 점이 건강한 부모의 가치관을 가지고 있는 듯합니다."

허빛열 자녀의 잘못에 대한 대처법은 어떠합니까?

허고늬 저희 부부는 자녀가 잘못했을 때 처음 잘못에 대해서는 잘 타이르고 넘어가지만 똑같은 잘못을 하게 되면 단호하게 혼을 냈습니다. 왜냐하면 처음 잘못은 실수일 수 있지만 똑같은 잘못을 하면 잘못을 고칠 의지가 부족하다 생각하기 때문입니다. 사람이라면 누구나 잘못할 수 있습니다. 저희도 때로는 잘못합니다. 이처럼 처음 저지르는 잘못은 실수라 생각을 하고 그 실수를 줄이기 위해 아이와 이야기를 하고 혼을 내기보다는 격려를 해줍니다. 하지만 그 실수가 똑같이 반복되었을 때는 단호하게 혼을 냅니다. 처음 잘못을 했을 때 잘못을 인지하고 고치고자 노력한다면 적어도 덜 잘못하거나 다시 하지 않게 됩니다. 그런데도 똑같은 잘못을 두 번, 세 번 반복한다는 것은 잘못을 고칠 의지가 없고, 더 이상은 실수가 아닌 것이 되어버립니다. 저희 부부는 이에 대해서 아이에게 손을 들고 서있으라 하는 등의 벌을 주곤 했습니다. 아이가 잘못을 인지하고 고치기 위해서는 약간의 벌이 필요하다고 생각했기 때문입니다.

● **인터뷰어의 생각**

"자녀가 잘못했을 때 처음 잘못에 대해서는 넘어가지만 똑같은 잘못을 하게 되면 단호한 태도를 보인다 했습니다. 특히 부부는 잘못 자체에 대해 혼내지 않았지만, 잘못된 태도를 알면서 바뀌지 않는 노력 부족의 모습에는 혼을 냄으로써 잘못에 대해 변화하려는 노력의 중요성을 강조한 것으로 분석됩니다."

허빛열 추천하고 싶은 특별한 양육방법이 있습니까?

허고늬 추천하고 싶은 특별한 양육방법으로는 아이에게 예절의 중요성을 가르치는 방법이 있습니다. 저희 부부는 공부가 인생의 전부라고 생각하지 않습니다. 이 때문에 공부시키는 특별한 양육방법이 있지는 않습니다. 하지만 예절 교육은 특별히 중요하게 생각합니다. 저희 부부는 아이에게 역지사지(易地思之)의 중요성을 알려주었습니다. '너희가 싫어하는 행동을 남에게 하지 말고, 너희가 좋아하는 행동을 남에게 하라'고 얘기해주며 타인에 대한 공감을 통한 예절교육을 했습니다. 또한 웃어른에 대한 공경, 선생님에 대한 존경의 중요성을 교육하고, 안면이 있는 사람에게는 늘 먼저 다가가 인사를 하라고 교육했습니다. 이로 인해 아이들은 어디서나 '예절바르다'라는 얘기를 듣고, 어디서나 사랑받는 아이가 되어 예의, 자신감, 리더십을 기르는데 도움이 되었습니다. 때문에 아이들은 학창시절 반장, 회장과 같은 많은 대표활동을 했고, 지금도 타인에 대한 사랑뿐 아니라 자기애도 강하게 가지고 있답니다. 이처럼 예절교육은 타인을 사랑할 수 있게 해줄 뿐 아니라 타인으로부터 사랑을 받아 자신에 대한 사랑도 할 수 있기 때문에 예절교육이 아주 중요하다 생각합니다.

● **인터뷰어의 생각**

"인터뷰 대상 부부는 '예절의 중요성을 가르치는 것'을 특별한 양육법으로 추천하고 있습니다. 이는 자녀 교육 시 인성의 중요성을 강조하는 것으로 분석됩니다. 특히 예절 교육을 통해 자녀의 자신감, 리더십까지 성장시킴을 강조하여 예절이 좋은 아이는 예의뿐만 아니라 다른 방면에서도 우수함을 보인다는 것을 알고 있습니다."

허빛열 양육방법에 대한 장단점은 무엇이라고 생각하십니까?

허고늬 먼저 우리는 아이가 원하는 꿈을 찾게 해준다는 점이 강점입니다. 고등학교에서 대학에 진학할 시기가 되면 많은 부모와 학생들은 진로를 두고 고민을 한다고 합니다. 하지만 저희 부부와 아이들은 그런 진로에 대한 고민을 하지 않았던 것 같습니다. 앞서 말씀드렸듯이 저희 부부는 아이에게 다양한 경험을 하게 해주고, 그 경험을 통해 본인 스스로 진로와 적성, 흥미를 찾게 해주었습니다. 이를 통해 아이들은 스스로 진로를 결정할 수 있었고, 저희 부부도 아이의 진로를 적극 지지해주며 진로에 대한 고민을 크게 하지 않았습니다. 그리고 저희 부부의 양육방법에 대한 단점은 영어공부를 부족하게 시킨 부분이 있습니다. 저희 부부는 경험을 중요하게 생각하여 수학, 영어와 같은 주요 과목에 대한 사교육을 시키지 않았습니다. 때문에 아이들은 진로를 찾을 수 있었지만, 영어실력이 다른 아이들에 비해 부족했던 것은 사실입니다. 하지만 저희는 후회하지 않습니다. 영어가 대학입학 때 중요한 지표로 적용된 것은 맞지만, 영어가 전부는 아니므로 원하는 진로를 선택하고 원하는 대학 또는 원하는 학과에 입학할 수 있었기에 후회는 없습니다.

● **인터뷰어의 생각**

"인터뷰 대상 부부는 자녀교육 시 '아이가 원하는 꿈을 찾게 해주었다'는 것을 부부 양육방법의 장점으로 보고 있습니다. 앞의 인터뷰 내용에서 볼 수 있듯이 자녀에게 다양한 경험을 하도록 도와주고 부모의 강요가 아닌 자녀의 흥미를 통해 진로를 선택하게 해주었다는 부분을 얘기하는 것으로 생각됩니다. 또 인터뷰 대상 부부는 '영어공부를 부족하게 시킨 부분'을 부부 양육방법의 단점으로 보고 있습니다. 자녀에게 영어공부에 대한 중요성 인식을 이끌어내지 못해 영어에 대한 흥미부족으로 이어지고 영어에 대한 흥미부족이 영어 실력에 대한 부족으로 이어졌다고 분석됩니다."

허빛열 기억에 남는 에피소드가 있습니까?

허고늬 가장 기억에 남는 에피소드는 공부를 강요하지 않았지만 아이들 스스로 공부에 대한 중요성을 인식했을 때라 생각합니다. 아이들은 자신의 진로를 스스로 결정하는 과정에서 그 진로로 나아가고 그 분야의 전문가가 되기 위해서는 공부를 해야 한다는 것을 스스로 알게 되었습니다. 이처럼 저희 부부는 특별히 공부를 강요하지 않았지만 아이들 스스로 공부에 대해 중요하게 생각했던 부분이 가장 놀랍고 기억에 남습니다.

● **인터뷰어의 생각**

"인터뷰 대상 부부는 자녀양육 시 가장 기억에 남는 에피소드로 '공부를 강요하지 않았지만 아이들 스스로 공부에 대한 중요성을 인식 했을 때'를 얘기하고 있습니다. 부부는 자녀들의 자발성, 자립성을 중요하게 생각하는 듯 합니다."

허빛열 부모자녀 간 세대차이 극복 방법이 있을까요?

허고늬 저희 부부는 자녀와의 세대차이를 극복하기 위해 스마트폰을 사용했습니다. 요즘 세대 아이들이 스마트폰을 사용하듯 저희 아이들도 스마트폰을 사용하여 저희 부부도 보급형 기종의 스마트폰을 구입했습니다. 처음에는 사용방법도 서툴고 어려웠지만 아이들에게 사용방법을 물어보고, 함께 사진을 찍고, SNS를 통해 소통하며 아이들과 공감대를 형성할 수 있었습니다.

● **인터뷰어의 생각**

"인터뷰 대상 부부는 세대차이 극복을 위해 스마트폰을 사용했다고 말합니다. 이를 통해 부부는 자녀와 소통하기 위해 노력했음을 보여주는 듯 합니다. 또한 세대차이의 극복 방법으로 자녀와의 공감대 형성을 중요하게 봄으로서 자녀가 부모에 맞춰가는 방식이 아닌 부모가 자녀에게 맞춰가는 방식을 보여주고 있습니다."

허빛열 스스로 생각하는 '좋은 부모'와 '나쁜 부모'는 어떤 부모입니까?

허고늬 먼저, 저희 부부가 생각하는 좋은 부모는 민주적인 부모라 생각합니다. 자녀에게 부모가 원하는 행동을 강요하기보다는 자녀에게 의견을 물어보고 부모와 자녀를 수평적인 관계로 보는 부모가 민주적이고 좋은 부모라고 생각합니다. 저희는 이 과정에서 자녀들 스스로가 소중한 존재임을 알 수 있다고 생각합니다. 이와 반대로 나쁜 부모는 아이들에게 폭력을 쓰는 부모라 생각합니다. 저희 부부는 아이들을 양육할 때 사랑의 매라는 이유로 폭력을 사용하지 않았습니다. 어떠한 이유에서라도 아픔이라는 고통은 아이들 스스로 위축되게 만들어 자존감 형성에 문제를 주기 때문입니다.

● **인터뷰어의 생각**

"부부는 민주적인 부모를 좋은 부모로 보고 있다. 이를 통해 부부는 부모와 자녀 사이의 관계를 수직이 아닌 수평적 관계로 보고 있음을 보여주며, 자녀의 자립성과 자발성이 자녀 성장에 긍정적 영향을 준다는 생각을 하고 있습니다. 또한 인터뷰 대상 부부는 자녀에게 폭력을 쓰는 부모를 나쁜 부모로 보고 있습니다. 이를 통해 부부는 폭력의 악영향을 경계하고 있습니다. 특히 어린 시절 매 맞은 기억은 자녀가 성장하는 과정에서 자존감 위축 등과 같은 악영향을 가져온다고 보고 있습니다."

허빛열 자녀에 대한 어떤 바람이 있었나요? 그리고 당신의 바람은 얼마나 이루어졌나요?

허고늬 저희 부부가 자녀에게 바라는 것은 사회에 봉사하며 사는 것이었습니다. 때문에 자녀가 어렸을 때부터 함께 봉사하며 봉사의 중요성을 알려주었습니다. 남편은 보건복지부 공무원으로 일하고, 저는 녹색어머니회 같은 봉사활동을 하며 자녀에게 봉사에 대한 모범을 보이려 했습니다. 그 결과 두 자녀 모두 1년에 60시간 이상씩 봉사활동을 하며, 봉사를 단지 스펙이 아닌 사회에 대한 기여, 나눔, 배려로 여기게 한 것 같습니다. 또 큰 아들은 그런 봉사활동을 전문적으로 하고 싶어 대학에서 사회복지학을 전공하고 있습니다. 저희 부부의 바램이 어느 정도 이루어진 것 같아 뿌듯합니다.

● **인터뷰어의 생각**

"인터뷰 대상 부부는 '자녀가 사회에 봉사하며 사는 것'을 부부의 바람으로 얘기하고 있다. 이는 자녀에게 사회에 대한 기여, 공익성 추구를 가르치려는 모습으로 보입니다. 또 배려, 나눔을 가르침으로서 더불어 살아가는 사회를 자녀에게 강조하고 있습니다. 특히 자녀에게만 봉사시키는 것이 아니라 부부 스스로 공익추구, 봉사활동을 함으로써 자녀에게 봉사정신을 가르치는 것이 눈에 띕니다."

허빛열 앞으로의 자녀양육 계획은 무엇입니까?

허고늬 앞으로의 자녀양육 계획은 자녀들이 자립할 수 있도록 돕는 것입니다. 대학생인 큰 아이는 서울에서 자취를 하고 고등학생인 작은 아이는 고등학교 기숙사에서 생활합니다. 두 아이 모두 부모와 떨어져 사회집단 속에서 생활하고 있습니다. 저희 부부는 두 아이 모두 부모와 떨어진 사회집단 속에서 잘 적응하며 스스로 자립할 수 있는 능력을 기르길 바랄 뿐입니다.

● **인터뷰어의 생각**

"인터뷰 대상 부부의 앞으로의 자녀양육 계획은 '자녀들이 자립할 수 있도록 돕는 것'이라고 했습니다. 이는 가족의 미래 모습을 상상해볼 수 있게 합니다. 성인이 되는 자녀가 스스로 자립할 수 있도록 하므로서 사회의 일원이 되고 또 다른 가정을 꾸릴 수 있기를 바라는 부부의 모습을 상상해봅니다."

인터뷰어는 인터뷰를 마친 후 몇가지 느낀 점을 정리하였습니다.

첫 번째로 어떠한 교육보다 부모교육이 중요하다고 생각하였습니다. 초등교육이 아이의 입시, 전공을 결정하고 고등교육이 아이의 직업, 사회에 대한 기여를 결정한다고 하지만 모든 교육의 근본이자 가장 중요한 교육은 부모교육이라 생각합니다. 부모의 교육을 통해 아이는 성격 형성, 가치관 형성을 하게 되며 부모로부터의 교육은 평생 아이에게 영향을 준기 때문입니다. 두 번째로 과도한 애정은 자녀를 망치는 지름길입니다. 과거 부모가 자녀에게 무조건 애정을 많이 주면 자녀가 올바르게 성장할 수 있다고 생각한 시절이 있었죠. 하지만 인터뷰를 통해 과도한 애정은 자녀의 자립심 형성에 좋지 않은 영향을 줄 것이라는 생각이 들었습니다. 자녀에게 애정을 주는 것은 정말 중요하지만 자녀의 선택권을 막으면서 자녀를 부모의 바람대로만 키운다면 자녀는 자립심 형성이 어려워 질 것입니다. 마지막으로 부모가 자녀와 함께하는 시간을 가지는 것은 중요합니다. 돈이 많은 부모보다 자녀와 함께하는 시간이 많은 부모가 더 이상적인 부모라고 생각합니다. 아동기 때 자녀가 가장 많이 접하는 사람은 부모기 때문이죠. 이때 부모가 자녀와 많은 시간을 가지지 못하면 자녀는 혼자의 시간을 보내거나, 낯선 사람에게 맡겨지게 됩니다. 이렇게 부모와 떨어진 아이는 부모로부터 충분한 사랑을 받지 못한다고 느끼게 되어 자존감이 떨어지거나, 사회를 긍정적으로 보지 못하게 된다고 생각합니다.

인터뷰를 끝으로, 허빛열은 부모로서 지켜야 할 가치관 10가지를 다음과 같이 제시하였습니다.

부모로서의 지켜야 할 가치관 10가지

1. 폭력 사용하지 않기

아무리 자녀가 올바른 길로 가기를 바라더라도 폭력을 사용해서는 안 된다고 생각합니다. 사랑의 매라는 체벌도 신체적 고통은 아이에게 큰 트라우마를 될 수 있기 때문에, 부모가 된다면 폭력을 사용하지 않을 것입니다. 만약 자녀가 잘못을 저지른다면 최대한 대화를 통해 해결할 것입니다.

2. 자녀와 꾸준히 소통하는 부모되기

건강한 부모-자녀 관계를 위해서는 충분한 소통이 필요하다고 생각합니다. 특히 아동기, 청소년기의 자녀와의 소통은 자녀의 성격발달에 큰 영향을 준다고 생각합니다. 때문에 부모가 된다면 적어도 하루에 한 끼 이상은 온 가족이 모여 식사를 할 것이고, 한 달에 한번 가족회의를 통해 자녀들과 대화하는 시간을 가질 것입니다.

3. 민주적인 부모되기

건강한 부모–자녀 관계는 수직적 관계가 아닌 수평적 관계라 생각합니다. 자녀는 부모의 소유물이 아니며, 본인 스스로의 인생을 자유롭게 살 수 있는 권리가 있기 때문입니다. 부모가 된다면 자녀에게 명령조의 말투보다는 청유형 말투를 주로 사용할 것입니다. 또 입시, 진로, 취업을 할 때도 자녀의 선택을 존중해 줄 것입니다.

4. 봉사하는 부모되기

봉사는 사회에 대한 공적 기여입니다. 최근 봉사가 스펙의 일종이 되었지만, 봉사란 나눔과 배려의 실천이고, 사회의 일원으로서 사회에 대한 기여를 하는 활동이기 때문입니다. 만약 부모가 된다면 자녀와 함께 봉사활동을 꾸준히 하며 자녀에게 봉사정신과 의미를 가르쳐주고 시키지 않아도 스스로 봉사활동을 통해 사회에 기여할 수 있도록 하는 부모가 될 것입니다.

5. 자녀와 함께 취미생활하는 부모되기

자녀와 함께 취미생활을 하면 자녀와의 공감대가 쉽게 형성될 것입니다. 또 함께하는 시간이 생기게 되어 자녀가 부모로부터 사랑받고 있음을 느낄 수 있을 것입니다. 때문에 만약 부모가 된다면 건강을 위해 자녀와 함께 수영을 하거나 음악에 대한 취미 형성을 위해 악기를 함께 다룰 것입니다.

6. 자녀에게 선택의 기회를 주는 부모되기

자녀에게 부모가 원하는 것만을 강요하면 자녀는 금방 질려버리거나 지치게 됩니다. 때문에 부모의 선택이 아닌 자녀의 선택으로 자녀가 원하는 방향으로 나아가도록 도와야한다고 생각합니다. 만약 부모가 된다면, 간단한 것이라도 자녀가 선택하도록 할 것이며, 그에 따른 책임에 대해 가르칠 것입니다. 또 입시, 진로, 취업 시에도 최대한 자녀의 선택을 존중하도록 노력할 것입니다.

7. 다양한 경험을 제공하는 부모되기

수학, 영어와 같은 주요 과목의 교육도 중요하지만 최고의 교육은 다양한 경험이라 생각합니다. 자녀가 직접 경험해보고, 그 과정을 통해 자신과 자신의 흥미, 자신의 진로를 찾도록 다양한 경험을 제공하는 것이 부모의 큰 역할이라 생각합니다. 때문에 만약 부모가 된다면 봉사, 여행, 운동, 탐방 등 자녀가 다양한 경험을 할 수 있도록 기회를 제공할 것입니다.

8. 예절의 중요성을 가르쳐 주는 부모가 되기

최근 공부만 열심히 해서 성공한 지도층의 도덕성, 예절 문제가 발생하고 있습니다. 이는 예절보다 오직 성공을 강조한 잘못된 교육방식이 부도덕하고 예절 없는 지도층을 만든 것이라고 생각합니다. 자녀에게 공부보다는 도덕성과 예절의 중요성을 우선으로 가르칠 것입니다.

9. 저축, 절약의 중요성을 강조하는 부모되기

경제적 여건에 상관없이 자녀에게 저축, 절약을 알게 하는 것은 부모의 중요한 역할이라 생각합니다. 특히 낭비는 각종 부도덕성과, 개인과 사회의 경제적 파산을 가져올 수 있기에 자녀에게 낭비에 대한 문제점을 가르쳐주어야 한다고 생각합니다. 때문에 부모가 된다면 용돈을 주고 자녀 스스로 관리할 수 있도록 할 것입니다. 특히 용돈을 모아 통장을 만들어 저축하는 습관을 기르고 동전을 모아 저금통에 보관하는 등의 절약도 가르칠 것입니다.

10. 가족애 강조하는 부모되기

최근 핵가족화와 일인가구의 증가로 인해 가족애가 많이 사라지고 있습니다. 이로 인해 소통이 부족한 가족, 공감이 부족한 가족이 점점 늘고 있습니다. 때문에 소통과 공감대 형성을 통해 가족애를 강조하는 부모가 되도록 노력할 것입니다. 특히 적어도 한 달에 한번 정도는 가족행사를 열어 온가족이 함께 즐길 수 있는 이벤트를 함으로써 자녀에게 가족애의 중요성을 가르칠 것입니다.

조별 나눔

자녀를 양육하는 과정에서 '하면 안되는 일'이 있다면 무엇이라고 생각하십니까? 조별로 논의해봅시다.

-
-
-

4. 건축설계사 한과장님의 육아일기(여준필, 한빈)

인터뷰일시	**2018년 03월 20일**
인터뷰어	**여준필(20대, 남학생)**
인터뷰이	**한빈(30대, 남성, 건축사무실 알바중 알게 된 한 과장님)**

"저는 20대 남학생입니다. 알바 하던 중 알게 된 젊은 과장님이 계십니다. 그와 많은 시간을 보내면서 좋은 아버지라는 생각이 들었습니다. 저도 아버지가 된다면 과장님과 같은 아버지가 되고 싶습니다. 짧은 대화였지만 인상적이었습니다."

여준필 '좋은 부모'의 가장 중요한 요소는 무엇이라고 생각하십니까?

한빈 첫 번째 기준은 아내와의 관계입니다. 아내와의 좋은 관계는 부부 사이를 지켜보는 자식에게도 긍정적인 영향을 줍니다. 뿐만 아니라, 건전한 가정을 이루는 데에도 필수적이죠. 결혼 전 저는 부모님과 자녀들이 청소나 빨래 등 가사분담을 해서 그런지 지금도 아내와 자연스럽게 가사일을 나눠합니다. 사업이 바빠 집에 못 들어갈 때도 많아서 가사에 많이 참여하지 못할 때도 있지만, 가급적 주말에는 아이를 돌봐주거나 아내가 바쁠 때는 가사 일을 도맡아 하는 등 상황에 따라 유연하게 조정하며 살아가고자 노력합니다. 자녀 양육관에서도 서로 인정할 수 있는 기준을 세우고 그 기준에서 벗어나지 않는 방향으로 양육 방향을 결정하는 것이 중요해요. 둘의 차이가 너무 크면 문제가 생기기 때문입니다. 예를 들어, 가족의 역할은 무엇인지, 가족원들의 행복의 기준은 무엇인지와 같은 합의된 기준을 세워놓고, 세부적으로 양육 방식을 결정하는 것이 중요합니다.

● 인터뷰어의 생각

"재미있는 질문이 떠올라 아내와 아들 중 누구를 더 사랑하는지 질문하였습니다. 이 질문을 하게 된 이유는 보통 부부들은 배우자보다 자식에게 더 큰 애정과 관심을 쏟는 경우가 많은데, 배우자와도 좋은 관계를 유지하고 사랑을 주고받는 것이 좋은 가정의 기초가 된다고 생각했기 때문이였습니다. 이에 대해 과장님께서는 아내를 더 사랑한다고 말씀해주셨습니다. 자식도 물론 사랑하고 예쁘지만 아직은 신혼이라 그런지 아내를 더 사랑한다고 웃으면서 말씀해주셨습니다.

여준필 자녀에게 어디까지, 얼마나 간섭할 것입니까?

한빈 민주적 방식으로 교육하는 것이 중요해요. 그리고 어떤 상황에서도 체벌은 절대로 하지 않기로 결심했습니다. 자녀가 성인이 되기 전에는 도덕적 또는 사회적으로 의무와 권리를 교육하는 정도의 간섭을 하는 것이 필요합니다. 하지만 개인의 생활 또한 성별, 나이와 무관하게 책임을 질 수 있는 선에서는 간섭하지 않을 계획이에요. 즉, 자신의 행동에 따른 결과는 타인의 탓으로 돌리지 않고 자기 책임으로 질 줄 알아야 한다는 점을 주지시킨 후 성인이 되지 않았더라도 간섭을 최소한으로 하려고 합니다. 예를 들어, 미성년자인 자녀의 흡연에 대해서, 흡연으로 인해 해치게 되는 건강은 본인 책임이라는 것을 평소에 인식시킨 후에도 자녀가 흡연을 하겠다고 한다면 굳이 말리지 않겠다는 겁니다. 마찬가지로 성관계에 대해서도 피임 실패로 인한 책임 등을 평소에 충분히 교육시킨 뒤에는 성관계 여부에 관해서는 과도하게 간섭하는 것이 불필요하다고 생각합니다. 중요한 것은 자녀가 스스로 책임을 인식하고 자신의 행동에 관해 결정해나가는 자율적인 인간으로 성장하도록 하는 것이 중요하지 않을까요?

● **인터뷰어의 생각**

“부모가 자녀의 일에 간섭하지 않는다는 건 어쩌면 생각보다 어려운 일일 수도 있겠죠? 60이 넘어도 마흔 넘은 자녀는 아기같다는 말이 있잖아요? 그래도 부모는 자녀의 연령에 맞는 관계형성을 하는 것이 중요하다고 생각합니다. 그래서 부모되는 것이 어려운 것일까요? ”

여준필 자녀의 의사존중은 어떻게 해야 합니까?

한빈 서구의 부모들과 달리 우리나라에서는 부모들이 자녀의 앞으로의 삶에 대해 많은 통제를 하려고 합니다. 즉, 자녀 삶의 독립성을 존중해주지 않고 부모가 책임지고 설계해야 할 프로젝트로 인식하려는 것이죠. 부모가 자녀의 삶에 어느 정도 관여를 해야 할까요? 쉬운 예로 부모가 반대하는 결혼을 자녀가 강행하려 한다면 어떤 방식으로 대처해야 할까요? 결국 본인 뜻대로 하는 것이 순리라고 생각합니다. 물론 이러한 생각은 쉽지 않을 수도 있습니다. 부모는 자녀와 충분히 대화하고 강압적으로 자녀의 의사결정으로 바꾸려 하는 것을 조심해야 합니다. 부모-자식 관계가 긍정적으로 유지되는데는 무엇보다 애정표현이 중요합니다. 충분히 자녀가 원하는 바가 무엇인지, 왜 그것을 선택하려 하는지 잘 이해하고 충분히 자녀에게 애정이 있음을 어떠한 방식으로든지 보여줘야 합니다. 특히 자녀가 어린 경우 더욱 필요합니다.

● 인터뷰어의 생각 및 느낀점

"저는 어머니로부터 자존감을 떨어뜨리는 언어적 폭력을 많이 당했습니다. 특히 견딜 수 없는 건 '쓸모없는 아이'라는 말이었습니다. 이 때문에 내 자존감이 많이 떨어져서 타인과의 관계를 맺는 데에도 피해의식과 같은 정신적 스트레스가 복합적으로 작용하여 많은 어려움을 겪었습니다. 또한 이러한 일들을 떠올리는 것 역시 괴로움으로 작용하기 때문에 언어적 폭력이 확실히 트라우마로 작용했습니다. 평소에는 나에게 잘 대해주시던 어머니께서 이런 행동을 보이시는 데에는 정말 여러 가지의 개인적, 환경적 요인이 작용했지만, 어쨌든 자녀가 상처받는지의 여부보다는 '행동의 교정'을 최우선 가치로 여기는 것과 스트레스를 참지 못하는 것 등이 요인으로 작용한 것 같습니다. 인터뷰이는 자녀와 부딪히게 될 수많은 상황에서 자신의 신념을 앞으로도 지켜나갈 수 있을까요? 그렇게 되기를 바라며 인터뷰를 마쳤습니다. 결국 제가 생각하는 좋은 부모란 이상적인 신념을 굳게 지키고 자녀 양육에서 문제를 겪더라도 인내하고 자녀를 신뢰해주는 부모가 아닐까 싶습니다."

인터뷰를 끝으로, 여준필은 부모로서 지켜야 할 가치관 10가지를 다음과 같이 정리하였습니다.

부모로서 지켜야 할 가치관 10가지

1. 아이에게 소리지르거나 욕을 하지 않기

가끔 화가 나면 스스로 주체할 수 없는 지경까지 가게 되어 윽박지르거나 언어적으로 폭력을 가하게 될 때도 있습니다. 이러한 성격이 계속 지속된다면 아이에게 악영향을 줄 것임을 확신하기 때문에 차라리 아이를 갖지 않는 것이 낫다고 생각합니다. 만약 엄마가 된다면 이를 가장 첫 번째 가치관으로 세우고 정말 노력할 것입니다.

2. 아이를 겸손한 자세로 대하기

이번 인터뷰를 통해 새롭게 정립된 가치관 중 하나입니다. 아이와 수평적인 관계를 이어가기 위해서는 겸손한 자세가 가장 필요한 것 같습니다. 평소에 나는 자식을 아랫사람이라고 생각했습니다. 그런 나의 생각을 바꾸고 아이와 함께 소통할 수 있는 부모가 되기 위해서 겸손은 내가 노력해야 할 덕목이 되었습니다.

3. 스스로를 사랑하고 아이에게 집착이나 기대하지 않기

저는 부모님의 집착과 과도한 애정, 걱정 속에서 살아 왔습니다. 그 결과, 저는 삶에 대한 책임감이 부족한 편이에요. 항상 부모님의 테두리 속에 살아 그로부터 벗어나기 힘듦을 느끼곤 합니다. 아이에 대한 집착이나 기대는 자녀가 부담을 느낄 뿐만 아니라 소통을 단절시키는 원인이 되기도 합니다. 아이의 삶을 존중하고 주체적인 삶을 살며 본보기가 되어 부담이 아닌 적절한 자유와 사랑을 줄 수 있는 엄마가 되고 싶습니다.

4. 아이에게 훈육이 필요하다고 느끼면 높임말을 사용하여 훈육하기

높임말은 서로에 대한 존중의 표본이라고 생각합니다. 나와 어머니는 어렸을 때부터 높임말을 사용하지 않았으나 아버지께는 지금도 높임말을 사용합니다. 어머니와 친구처럼 편할 때도 있지만 그만큼 어머니와 대화하는 도중에 언성이 높아지는 경우도 많았습니다. 수평적인 관계도 중요하지만 서로 상처를 주지 않는 선이 필요하다고 생각하여 그 방법 중 하나로 높임말을 사용한 훈육을 할 것입니다.

5. 가정과 일 모두에 충실한 엄마의 모습을 갖추기

부모는 자식의 가치관 형성에 많은 영향을 끼친다고 생각합니다. 가정 내 어머니의 모습도 중요하지만, 사회인으로서의 어머니 모습도 그에 못지않게 중요한 요소입니다. 아이들에게 당당하고 멋있는 사회구성원으로서의 모습을 보여주어 아이들도 스스로 삶을 그려 볼 수 있는 기회를 제공해줄 것입니다.

6. 아이와 함께 규칙과 약속을 정해 생활하기

규칙과 그 책임은 사회를 살아가는 것에 있어서 중요한 요소 중 하나입니다. 이것은 이론적으로 알려주기보다 실제로 가정 내에서 아이와 함께 생활하며 형성해 나아가야 할 덕목입니다. 아이와 함께 소통하면서 규칙을 만들고 그를 어길 경우 책임을 지게 하는 방법의 양육방식을 지향하여, 후에 아이가 책임감 있는 사회인이 될 수 있도록 할 것입니다.

7. 아이에게 조언을 아끼지 않되, 스스로 선택을 하도록 유도하기

부모는 아이의 삶을 대신 살아주는 존재가 아님을 알고 아이가 인생을 사는데 있어 조언을 하되, 강요는 하지 않을 것이며 선택에 있어서 아이의 의견을 존중해주고 타협을 통해 스스로 선택을 하도록 노력할 것입니다.

8. 아이에게 하루 한 번씩, 칭찬을 해주기

과도한 칭찬은 아이에게 악영향을 줄 수 있지만 아이에게 좋은 말을 해주고 사랑이 담긴 말을 하루에 한번씩 해주는 것은 지키고 싶은 한 가지 중요한 목표이기도 합니다. 비판이 아닌 아이를 향한 칭찬을 통해 자존감을 향상시켜주고 긍정적인 시선을 형성할 수 있게 도와줄 것입니다.

9. 아이와 함께 다양한 경험하기

나는 어렸을 때, 부모님과 함께 시간을 많이 갖지 못한 것이 아쉬움으로 남아 있습니다. 아이가 좋아한다면 여행이나 간단한 활동 등을 통해 아이와 같이 다양한 것을 보고 체험하면서 경험의 폭을 넓혀줄 수 있는 부모가 되고 싶습니다.

10. 가족 간에 소통할 수 있는 시간을 가지기

유아기에는 아이와 함께하는 시간이 모두 소통이지만, 청소년기를 지나 청년기의 자녀와 대화 시간이 부족할 수 있습니다. 그러나 서서히 독립을 해야 하는 시기에는 더욱 부모와의 소통이 필요할 때이므로 나이가 들수록 아이와 소통할 수 있는 시간을 가지고 가족 내에 고민도 해결하고 서로 가치관도 공유할 수 있는 자리를 마련할 것입니다.

지금까지 인터뷰와 부모가 되었을 때의 가치관을 생각해보았습니다. 부모가 된다는 것에 큰 부담감을 갖고 있었고 엄청난 일이라고 생각하여 꺼려졌던 나의 태도에 많은 변화가 있었던 시간이었습니다. 우선, 부모가 된다는 것은 준비가 필요하지만 굳이 부담을 가지거나 힘들다는 생각을 가질 필요는 없음을 알게 되었습니다. 집착과 강요를 하지 않도록 부모가 많이 조심해야 하고 배려해야 하는 것임을 깨달았고 인내심을 통해 아이를 기다려주는 것이 부모의 역할 중 하나임을 알았습니다. 부모가 된다는 것은 사회를 살아가는 사회인으로서, 스스로를 더욱 성숙하게 만들어주는 과정인 듯합니다.

여러분은 여준필이 제시한 부모되기 10계명이 어떻게 느껴지나요? 이제, 여러분의 차례입니다. 여러분 각자 부모로써 지켜야 할 중요한 원칙에 관해 생각해보고 조별로 토의한 후 10가지로 정리합니다.

조별 나눔

〈부모로서 지켜야 할 가치관 10가지〉

1.

2.

3.

4.

5.

6.

7.

8.

9.

10.

2장 ‘좋은 부모’에 관해 청년들에게 묻다 _ 연구사례

전주람

어떤 부모가 좋은 부모일까요? 과거에는 자녀의 시험성적을 올리기 위해 회초리를 들었던 엄한 아버지의 모습이 그려진다면, 현대에는 친구같은 부모, 공감능력이 뛰어난 부모가 인기인 듯합니다. 서점에는 부모양육과 관련한 다양한 서적이 넘쳐나고 매스컴을 통해서는 어떻게 자녀를 키워야 하는지 논의가 활발합니다. 이러한 시점에서 필자들은 '좋은 부모'에 관한 본격적인 이론에 관해 논의하기에 앞서 예비 부모가 될 대학생들이 말하는 좋은 부모는 어떤 부모인지에 관해 귀기울이고자 합니다.

연구진은 청년들에게 좋은 부모란 어떤 부모인지 직접적으로 묻고, 또한 자녀들이 신체적, 심리적으로 건강하게 성장하기 위해서 부모는 어떻게 자녀를 양육해야 하는지, 그리고 마지막으로 좋은 부모의 가장 기본적인 조건은 무엇인지에 관해 질문하였습니다. 이 세 가지 질문은 〈2020~2021년 한국 청년들이 인식하는 '좋은 부부'에 관한 연구〉, 〈대학생이 인식한 부모가 자녀의 심리적 안전기지가 되기 위한 양육환경에 관한 연구〉, 〈한국 청년들이 인식하는 '좋은 부모'에 관한 연구〉[4]의 연구내용으로 정리하였습니다. 여기서는 학회지의 짧은 서면에 못다한 이야기에 관해 소개하고 몇 가지 질문에 관해 함께 생각해보고자 합니다. 우선적으로 가족의 가장 중요한 체계가 되는 부부 이야기부터 살펴보도록 합니다.

4 여기에서 소개되는 내용은 필자들의 연구내용이며 짧은 학회지 지면에 못다한 내용을 소개합니다. 세 개의 연구는 다음과 같습니다.
전주람 · 최경(2020), 한국 청년들이 인식하는 '좋은 부부'에 관한 연구, 인문사회 21, 11(6), 1209-1224; 전주람 · 최경(2021), 대학생이 인식한 부모가 자녀의 심리적 안전기지가 되기 위한 양육환경에 관한 연구, 인문사회 21, 12(1), 1097- 1108; 전주람 · 최경(2020), 대학생들이 인식하는 '좋은 부모'에 관한 연구, 인문사회 21, 11(3), 621-634.

1. 한국 청년들이 인식하는 '좋은 부부'
: "좋은 부부란 어떤 부부일까?"

부모교육의 담론에서 부부관계를 살펴보는 이유는 무엇일까? 가족(family)을 하나의 시스템(system)으로 이해하는 가족체계론을 옹호하는 이론가들은 가족은 서로 연결되어 있다고 믿는다. 이러한 가족의 특성을 버지니아 사티어(Virginia Satir)는 '모빌'에 비유하였다. 아기들이 가지고 노는 모빌은 한 쪽 끝을 건드리면 다른 쪽이 움직이고, 이 과정에서 다양한 모양과 새로운 모양이 만들어진다. 이러한 사실을 믿는 우리는 '부모됨'과 '양육행동'을 논하기에 앞서 가족의 가장 중요한 체계를 이루는 체계로 부부체계에 초점을 두었다. 이는 구조적 가족치료의 창시자인 미뉴친(Minuchin)이 특히 중요하게 생각한 부분이기도 하다.

이러한 맥락에서, 필자들은 이 책의 주된 독자가 되는 청년들이 인식하는 '좋은 부부'란 어떤 부모인지 알아보는 것이 일차적으로 중요하다고 생각하였다. 이 질문에 관해 답하기 위해 필자들은 2020년 3월부터 6월 사이 서울과 경기에 소재한 대학교에 재학 중인 대학생 119명(남 74명, 여 45명)의 동의를 구한 후 좋은 부부에 관하여 기술하도록 하였으며 그 내용을 분석하였다. 그 결과 아래와 같은 연구결과를 도출할 수 있었다(표 2-1).

표 2-1 연구참여자들이 인식한 '좋은 부부'의 하위범주와 내용

대주제	소주제	주요 내용
인격적인 존중과 신뢰감을 바탕으로 배려와 이해심을 갖춘 부부	존중해주는 태도를 갖추고, 신뢰할 수 있는 부부	• 부부는 인생의 동반자로 서로 존중해주는 것이 중요함 • 존중하는 태도는 서로의 다른 성격과 삶의 방식을 이해하게 함 • 부부의 역할도 중요하나 일단 그 사람 자체를 존중해주는 태도가 더 중요함 • 남녀 서로 평등한 관계에서 존중해주어야 함
	배려하고 이해해주는 부부	• 부부는 자신의 언행 하나하나 생각하고 배려해주어야 함 • 배려없는 태도는 서로의 마음에 상처를 가져다줄 수 있음 • 서로 발맞추어가기 위해 이해가 필요함 • 부부는 가까운 사이이나 서로 이해해주려는 노력을 통해서만 지속해나갈 수 있음

〈표 계속〉

표 2-1 연구참여자들이 인식한 '좋은 부부'의 하위범주와 내용 〈계속〉

대주제	소주제	주요 내용
상대방의 차이를 인정하고 긍정적으로 수용해주는 부부	서로의 다른 부분을 인정해주는 부부	• 다른 환경에서 자란 남녀가 만나 한 가정을 꾸리는 부부는 서로 다름을 인정해야 함 • 생활패턴, 습관 등 다른 점을 인정하고 받아들이는 것, 가치관의 다름을 알아차림 • 서로의 차이를 받아들여야 함, 서로의 가치관과 차이를 인정, 결국 부부 간 다름이 존재할 수 밖에 없음을 인정함 • 서로가 다른 인생을 살아왔음을 인지함
	자신과 다른 부분을 긍정적으로 수용해줄 수 있는 부부	• 주말에 집에서 쉬기 원하는지, 또는 낚시가기를 원하는지 취향이 다르므로 서로 누군가는 양보하고 수용해야 함 • 자신과 다른 상대방의 성격을 수용함 • 라이프스타일이 다름을 알고 수용함 • 자신과 다른 가치관, 취향 및 선호도 등 차이점을 받아들임
대화가 가능하고 표현을 통해 서로의 상태를 알 수 있는 부부	솔직하게 말할 수 있는 부부관계	• 모든 수입지출내역을 공개하며(경제부분) 서로 의심치 않음 • 자신의 감정이나 생각을 숨긴다면 쌓이고 쌓여 서로에 대한 오해와 불만으로 이어질 수 있으므로 솔직하게 말하는 것이 중요함 • 때론 지난 자신의 아픔과 상처에 관해서도 솔직하게 공유하는 것이 필요함
	공감하고 소통되는 부부	• 사랑은 유통기한이 있으므로 대화시간을 충분히 확보함 • 충분한 대화를 통해 상대방이 어떤 사람인지 확인하고 인정하는 것이 필요함 • 부부가 자신과 맞지 않는 점에 직면하게 되면 그 문제를 해결하기에 가장 확실한 방법은 서로 대화하는 것임
	생각과 감정을 상대방에게 표현하는 부부	• 부부는 상대의 존재를 당연하게 생각하지 않고 늘 고마운 마음을 표현하는 습관 필요 • 평소 서로에 대한 애정표현이 필요함 • 사랑한다는 표현을 자주하는 부부 • 매일 아침저녁 일어날 때와 저녁에 잠들 때 서로에게 인사하기
인생의 동반자로 협력하며 살아가는 부부	시련을 함께 견뎌나감	• 인생의 역경을 만날 때 함께 해결책을 찾는 부부, 세월의 풍파를 겪어도 둘이 서로 의지할 수 있다는 좋음 • 마음의 고민을 같이 해결해나갈 수 있는 부부, 문제 발생시 함께 대처할 수 있는 능력 확보
	협력하고 의지하는 부부	• 서로의 문화에 맞춰나감 • 부부는 서로 협력해나가는 태도가 중요함 • 인생에서 가장 친한 친구가 부부로 서로 의지하고 세상을 헤쳐나감 • 힘든 일이 있을 때 서로 도와주고 의지하며 살아감

이 결과가 의미하는 바는 무엇일까? 구체적으로 참여자들의 몇몇 증언을 통해 그 의미를 되짚어 보자. 일단 좋은 부부란 인격적인 존중과 신뢰감을 바탕으로 배려와 이해심을 갖춘 부부라는 내용에 관해 참여자들은 다음과 같이 언급하였다.

부부는 서로에 대한 믿음과 신뢰가 있어야 한다.
서로 신뢰를 쌓기 위해서는 함께하는 시간을 자주 가지고 지속적인 대화를 시도해야 한다.
부부란 쉽게 헤어질 수 없는 관계로 지속적인 노력이 필요하다.
그리고 서로에게 꾸준히 관심을 기울이며 존중하는 자세가 필요하다. (남)

좋은 부부도 마찬가지이다. 서로 존중할 수 있는 관계가 좋은 부부라고 생각한다. 서로 존중할 수 있다는 것은 서로 다름을 인정하고 이해해주는 것이라고 생각한다. (여)

좋은 부부란 서로를 충분히 이해하고 배려하는 평생의 친구 같은 부부이다.
부부는 서로 다른 사회문화적 배경(환경, 가치관, 삶의 방식 등)이 다른 두 사람이 부부가 되어 같이 살아간다. 처음부터 서로를 완벽히 이해할 수는 없으니 갈등이 여러 번 빚어질 것이다. 이때 이 갈등을 피하지 않고 대화와 행동의 변화를 통해 해결하려고 노력하는 것이 좋은 부부라고 생각한다. 대화를 하면서 서로를 더 이해하고, 그 이해를 바탕으로 행동을 변화하여 배려하는 것이다. (여)

그들에게 존중한다는 것은 어떤 의미이고, 신뢰한다는 건 어떤 의미일까? '존중'의 한자어는 '尊重'으로 높여(尊) 매우 중요하게 대한다(重)는 뜻이다. 즉 존중은 한 개인이 타인의 가치와 자기결정권을 인정(홍종관, 2019)하는 것이다. 그리고 신뢰란 'trust'로, 편안함을 의미하는 독일어 'trost'에서 연유된 것(강준만, 2020)이다. 즉 좋은 부부란 상대방을 높여주고 서로 존중하며 신뢰하는 부부로 밝혀졌다.

청년들은 상대방의 차이를 인정하고 긍정적으로 수용해주는 부부가 좋은 부부라고 하였다. 원가족에서 서로 다른 가치관과 생활 방식을 지닌 두 사람은 성격적, 문화적으로 다름을 경험할 수 밖에 없다. 서로를 인정해준다는 것이 과연 어디까지 가능할까? 우리가 생활의 경험에서 느끼고 있듯이 서로의 다름과 차이를 인정하고 수용해주는 일은 생각보다 쉽지 않은 듯하다. 예컨대, 아침에 빵을 먹어야 하는지 밥을 먹어야 하는지, 환기는 오전에 시켜야 하는지 늦은 저녁에 시켜야 하는지, 반려견을 실내에서 키울 수 있는지 등의 결정은 우리가 직면한 일상이다. 그러므로 자신과 다른 타인의 모습을 긍정적으로 수용해주는 일이 중요하다. 이는 결국 타인으로 하여금 좋은 감정을 불러일으킬 뿐만 아니라 있는 그대로 자신을 개방하도록 촉진(홍종관, 2019)시키는 데 도움이 될 것이다.

생각 나눔

부모교육과 관련된 여러 인간관계와 관련된 과목에서는 추상적인 단어가 자주 등장합니다. 예컨대 배려, 신뢰, 이해와 존중 등이 그러하죠. 우리는 수차례 들어본 용어의 의미를 잘 이해하고 있는지, 잠깐이나마 깊이 생각해보며 스스로 빈 칸을 채워봅시다. 무엇보다 나만의 정의가 가장 중요하지 않을까요?

'배려'란 ______________________________ 이다.

그 이유는 ______________________________

'신뢰'란 ______________________________ 이다.

그 이유는 ______________________________

'이해'란 ______________________________ 이다.

그 이유는 ______________________________

'존중'이란 ______________________________ 이다.

그 이유는 ______________________________

부부 갈등은 피해갈 수 없다. 중요한 건, 오히려 갈등을 좋은 방향으로 만들어가는 것이 필요하다. 전화위복의 자세! 이 과정을 통해 서로의 차이와 가치관을 알고 존중할 수 있다. (남)

좋은 부부는 상대의 웃고 있는 눈동자에 자신의 웃는 얼굴이 비쳐 보이는 관계이고, 마음이(심리적으로) 아주 가까운 사이이다. 서로가 똑같아지기를 바라기보다 다름을 인정하는 자세와 상대방의 삶의 방식을 존중하고 조화를 이루며 나갈 때 좋은 부부이지 않을까? (여)

조별 나눔

사람들은 커플과 부부 사이에서 서로의 차이를 이해해주는 것이 중요하다고 말합니다. 하지만 서로의 '차이를 인정한다'는 것은 생각보다 쉽지 않을 때가 많죠. 여러분의 연인 혹은 가족관계에서 성격적, 상황적 차이로 인한 갈등을 겪었지만, 성공적으로 극복했던 경험의 사례를 한 개 찾아봅시다. 그리고 어떠한 방법을 통해 극복할 수 있었는지 이야기나누어 봅시다.

그리고 청년들은 대화가 가능하고 표현하는 부부, 서로의 상태를 잘 인지하는 부부를 좋은 부부라고 하였다. 일상에서 우리는 소소한 음식부터 주택이나 자동차 구매 등 상대적으로 큰 사안에 이르기까지 의사결정하며 살아간다. 이를 위해 청년들은 부부가 원만하게 지내도록 서로에게 솔직하고, 공감해주는 대화를 하며 서로의 상황이 어떠한지 표현하는 것을 매우 중요한 요소로 꼽았다. 이는 서로에 대한 오해와 불만을 줄이는 일일 뿐만 아니라 부부간의 소통과 배려, 정서적 지원은 결혼만족도나 개인의 행복에 매우 중요한 요소(Walker & Luszcz, 2009)가 된다.

부부끼리 편안한 시간을 가지는 것이 중요하다. 이는 서로의 생각을 누구보다 잘 알고 이해할 수 있도록 도울 것이다. 그리고 이해심은 부부 사이에 닥칠 시련들을 충분히 극복케 하는 원동력이 될 것이다. 그리고 좋은 부부관계 유지를 위해 서로에게 솔직하게 생각을 표현하는 일은 매우 중요하다. (남)

흔히 결혼하기 전에 싸워봐야 한다는 말도 있지 않은가. 부부는 언젠가 싸우게 되는데 그 싸움을 지혜롭게 해결해야 건강한 부부생활을 할 수 있다. (남)

“너는 왜 여자인데 집안일을 안 해?”, “너는 왜 남편이 되어서 돈을 이것밖에 못 벌어 와?” 이런 식으로 말하는 부부가 있다. 이러한 소통 방식은 부부관계를 망친다. 부부는 서로가 누구인지 알려고 노력해야 한다. 그리고 합의 하에 서로 적절한 역할과 과업을 분담하여 자신들만의 리그를 만들어 나가면 좋다. (여)

부부에게 갈등이 발생했을 때, 자신의 감정이나 생각을 숨긴다면 어떤 일이 벌어질까? 오해가 쌓이고 결국 불만으로 이어질 것이다. 그렇기 때문에 자신의 감정, 생각을 허심탄회하게 말로 표현하는 것이 필요하다. (여)

마지막으로 청년들은 좋은 부부란 인생의 동반자로 협력하며 살아가는 부부라고 언급하였다. 구체적으로 ‘시련을 함께 견뎌나감’, ‘협력하고 의지하는 부부’의 의미를 담고 있다. Driver, Tabares, Shapiro, Nahm, & Gottman(2003)에 따르면 행복한 부부들은 힘든 시기에 ‘우리의식(we-ness)’의 힘을 발휘하여 하나의 팀으로 협력하는 특징이 있다고 한다. 그리고 협력의 대처과정은 부부가 서로 스트레스 상황에서 균형적인 일상을 되찾아가도록 돕는다(Bodenmann, 2005).

만약 좋은 부부로서 행동하기가 어렵다면 지양해야 할 부부의 모습을 하지 않는 것부터 시작하면 된다. 서로 신뢰가 확고하면 어떤 일이든 함께 헤쳐나갈 수 있다. 노인이 되어도 둘이 서로 의지할 수 있다면 얼마나 좋을까. 부부는 기쁘거나 슬프거나 서로 응원해주고 용기를 주어야 한다. (남)

영화에서는 불타는 사랑이 결실을 맺을 때 해피엔딩이라 한다. 그러나 현실은 다르다. 영화같은 사랑 뒤에 우리들의 일상이 자리잡고 있다. 일상은 다소 지루하고 자칫 지겨울 수 있다. 우리는 호기심과 낭만 이후에 찾아올 시간도 기억해야 한다. 부부란 인생의 회전목마를 함께 타는 사람이라고 비유하고 싶다. 연애초기, 불타오르고 설렘은 전부가 아니지 않을까? (남)

부부는 미우나 고우나 서로의 곁에 가장 오래 남는 사람이지 않은가? 그렇기 때문에 억울하고 서운한 감정이 생겨도 해결해야 하는 노력이 뒤따른다. 가까우면 상처주기가 쉽다. 부부는 호탕하게 싸우자. 감정을 묵히지 않는 것이다. 좋은 부부란 같이 잘 노는 것이다. 즐거움이 일상의 활력을 불어넣는다. 즉 부부는 소꿉친구 같은 관계이자 인생의 동반자이다. (여)

부부는 남은 여생을 함께 보낼 동반자이다. 부부는 나에 대해, 배우자에 대해 탐구해야 한다. 갈등이 생기는 방법이나 표현하는 방법도 탐구해야 한다. 배우자와의 지난날의 기억과 경험을 교본삼아 탐구하는 모습은 서로에게 도움이 될 것이다. 자신의 직업적 발전을 위해 탐구하는 모습도 좋다. 이는 자식과 배우자에게 좋은 본보기가 될 것이다. (여)

조별 나눔

'혼밥'과 '혼술'이 만연하고 반려동물이나 반려식물로 충분히 행복할 수 있는 시대라고 말하는 요즘, 과연 내 옆에 동반자는 필요할까요? 반드시 결혼제도를 통한 법적 배우자여야 할까요, 아니면 친구나 회사동료 등도 인생의 동반자가 될 수 있을까요? 자유롭게 토론해봅시다.

살펴본 바와 같이, 우리는 건강하고 원만한 부부관계를 유지하기 위해 무엇이 중요한지, 어떠한 요소와 노력이 필요한지 등에 관하여 살펴볼 수 있었다. 필자들은 좋은 부부란 서로를 평등한 관계에서 존중해주고 신뢰를 갖고, 솔직하고 공감어린 대화와 표현을 통해 동반자적인 일상을 살아가는 방식이 부부의 질을 높일 수 있다고 확신하였다.

조별 나눔

한 부부의 사례를 소개합니다. 둘은 성격이 서로 다르다고 불만입니다. 이들은 상담전문가를 찾아가 성격검사를 해보기로 했습니다. 상담사는 MBTI 성격검사를 시도했고 그 결과 남편은 INTJ, 아내는 ESFP가 나왔습니다. INTJ(남편)는 독창적인 사고와 행동방식을 가지고 있으며, 자신이 가진 신념이나 문제에 대한 가치관의 고집이 세며, 나쁜 상황에 처하게 되더라도 좌절하거나 혼란스러운 상황에 빠지기보다는 해결책을 강구한다는 장점이 있습니다. ESFP(아내)는 친절하고 수용적, 현실적인 성격을 지니며, 사람들에 대하여 개방적이고 관용적인 편입니다. 또한 다른 사람의 일이나 활동에 관심이 많고, 사람뿐만 아니라 물건이나 동물에도 관심과 호기심이 많은 편이라고 합니다. 만약 여러분이 상담사라면 정보를 참고하여 이들에게 어떤 솔루션을 제시하겠습니까?

	남편(31세, 건축설계사무실 직원) : INTJ	아내(27세, 전업주부) : ESFP
주호소 내용	• 아내의 잔소리와 간섭이 심한 편임. • 아내가 직업을 찾고 진취적으로 살기 희망함.	• 남편과 소통이 어려움(아내를 가르치거나 문제해결중심적임). • 남편의 늦은 귀가가 잦음(영업으로 술자리가 많음). • 생일, 결혼기념일 등 이벤트가 전혀 없음(생일케이크도 받아본 적이 없음).

2. 부모가 자녀의 심리적 안전기지가 되기 위한 양육환경: "어떤 양육환경이 자녀의 심리적 안전기지를 마련해줄까?"

필자들은 부부에서 범위를 넓혀 어떠한 양육환경이 자녀들의 심리적 안전지기를 마련해줄 수 있을지에 관하여 질문해보았다. 자녀가 건강하게 성장 및 발달하는데 부모자녀관계는 가장 근접한 환경으로 매우 중요하며, '심리적 안전기지(secure base)'라는 용어는 발달 및 애착연구에서 중요하게 꼽히는 변인이다. 심리적 안전기지란 애착이론의 창시자인 에드워드 존 모스틴 보울비(Edward John Mostyn Bowlby)의 이론에 근거를 두어 살펴볼 때, 자녀가 양육자와의 관계에서 형성되는 안정적인 관계로 자녀가 인식할 때 부모가 자신의 편이 되어준다고 인식하는 믿음이라고 할 수 있다. 이러한 관계를 형성한 자녀들은 자신이 힘든 상황에 직면했을 때 부모가 도와줄 것이라는 확신(배진서, 2012)을 갖게 된다.

이 질문에 답하기 위해 필자들은 일단 청년들의 이야기에 귀기울여 보기로 했다. 2020년 9월부터 12월 사이 서울과 경기에 소재한 대학교에 재학 중인 대학생 94명을 대상으로 에세이(A4 1쪽)를 작성하도록 하였다. 저널쓰기는 학습 상황에서 자신이 생각하거나 느낀점을 자유롭게 기록하는 방식으로, 저널을 쓰는 과정에서 자신이 느끼거나 이해한 것에 대해서 반성적으로 사고를 하도록 돕거나(Brandt, 1991), 비판적 사고를 형성(Newman, 1988)하도록 하는 강점이 있다.

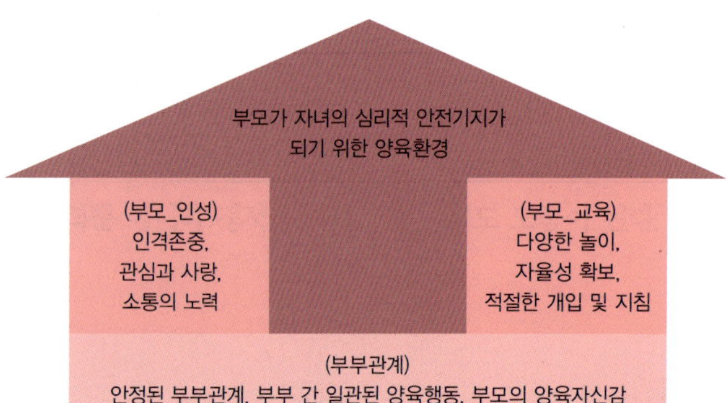

그림 2-1 대학생이 인식한 자녀의 심리적 안전기지를 위한 양육환경

자료분석 결과, 하위범주는 '안정된 부부관계 유지', '부부간 양육행동의 합의', '부부의 자녀양육에 대한 자신감 확보' 세 가지로 나타났다. 앞에서도 살펴본 바와 같이 부모자녀관계에서 부부관계는 이 연구에서도 매우 중요한 것으로 밝혀졌다. 예컨대 한 참여자는 아래와 같이 부모가 갈등을 겪을 때 자신이 얼마나 심리적으로 우울하고 불안했는지 등에 관해 서술하였다.

부모님이 싸우시던 날 몹시 불안했다. 부모의 기분은 아이에게 그대로 전염된다. 그렇다고 부부가 안 싸울 수 있는가! 부모의 불안은 자녀에게 고스란히 전달되며, 부모를 졸졸 따라다니는 분리불안으로 이어질 수도 있다. 부모가 헤어질 수도 있다는 생각 때문이겠다. (남)

누구나 위와 같은 경험을 했을 것이다. 필자 역시 어린시절 부모님이 언성을 높이거나, 어떤 일로 갈등이 불거지면 심리적으로 불편했던 경험이 있다. 이럴 때면 방에 들어가곤 했는데, 공부든 게임이든 무엇에도 집중하기 어려웠던 기억이 있다. 그런데 부부가 살아가는 일상에서 갈등은 필연적이라고 하지 않는가? 그렇다면 부부는 갈등을 어떻게 극복해야 할까? '조별 나눔'의 사례를 통해 서영이가 가급적 심리적으로 안정되면서도 부부가 갈등을 해결할 수 있는 방안을 토의해보자.

조별 나눔

7살 딸아이(김서영. 가명)를 둔 40대 부부입니다. 이들은 음식물 쓰레기와 재활용 분리수거 문제로 자주 다툼이 있습니다. 그 외에는 대체로 잘 지내는 편입니다. 남편은 음식물과 재활용 분리수거는 매우 정확하게 해야 한다고 주장하는 편이라 꼼꼼한 분리수거 방식을 택하지만, 아내는 그렇게까지는 하지 않아도 된다고 주장합니다. 이러한 다툼이 오갈 때, 서영이는 마치 무슨 일이 날 것 같은 불안감이 밀려옵니다. 방에 들어가 혼자 인형놀이를 해보지만 마음이 편하지 못합니다. 이와 같은 갈등상황이 있을 때, 부부는 어떻게 언쟁해야 한다고 생각합니까?

다음으로 자녀의 인격존중, 자녀에 대한 관심과 사랑, 자녀 간 긍정적인 소통이 인성적인 측면이라는 카테고리로 묶였다. 그러니까, 부모가 자녀의 심리적 안전기지가 되어주기 위해서는 무엇보다 자녀를 존중해주고 그들에게 관심을 가져주며 긍정적으로 소통하는 것이 중요하다. 그렇다면 구체적으로 어떠한 행위나 모습이 예가 될 수 있을까? 한 참여자는 자녀를 소유물로 생각하지 않고 부모의 입장만을 강요하는 것에서 벗어나는 것이 자녀를 존중하는 태도라고 설명하였다. 아울러 자녀를 주입식으로 교육하거나 어떠한 행동을 강제적으로 강요하거나 과도하게 통제하는 것은 부적합한 것이라고 언급하였다. 흔히 사람들은 '간섭(interference)'과 '관심(sincere interest)'은 다르다고 말한다. 현대사회의 바쁜 일상에서 부모가 자녀와 함께 공원 산책, VR체험 및 놀이동산 등 아이가 좋아하는 활동을 하며 함께 시간을 보내는 일이 쉽지 않으므로 더욱 의도적인 시간 확보가 필요하다.

또한, 당신의 가족 안에서 떠다니는 말들을 모두 캐치할 수 있다고 상상해보자. 그 말들을 '긍정의 주머니'와 '부정의 주머니'로 나누어넣는다면 어느 주머니에 더 많은 말이 담길지 상상해보자. 부모가 자녀와의 관계에서 긍정적으로 소통하고자 하는 노력은 매우 중요하다. 자녀에게 자주 짜증내거나 부부싸움 또는 자신의 직장 일이 잘 풀리지 않는다는 이유로 화에 휩싸여 감정조절에 실패한다면, 부정적인 언어 사용의 횟수가 늘어날 것이다. 따라서 부모는 자신의 감정을 조절할 수 있는 능력을 지녀야 하며, 아이의 인격을 무시하고 분노가 폭발하는 식의 부정적 방식은 아이의 성장에 좋지 못할 것이다. 부모의 긍정적이고 좋은 말 한마디는 자녀에게 자신감을 키워주고 아이가 거쳐야 할 과업 앞에서 용기를 내어 문제를 잘 해결해나갈 수 있게 하는 버팀목이 될 것이다.

존중은 자녀가 어떠한 생각을 하는지, 요즘 무엇에 관심이 있고 어떤 정서를 느끼는지 등 하나의 인격체임을 인식하고 받아들이는 것이다. 부모가 어떠한 이유든지 자녀를 존중하지 않는다면 수동적이고 주입식으로 교육할 수 있고, 이후 자녀는 자신의 주장을 내세우기 어려운 사람, 혹은 능동적이지 못한 사람으로 성장할 수 있다. 따라서 자녀를 인격적으로 대우하며 자녀가 스스로 문제를 이겨낼 힘을 키워주는게 중요하다.

마지막으로 참여자들은 부모가 자녀의 심리적 안전기지가 되어주기 위한 방안으로 다양한 놀이경험, 자율성 확보, 규칙설정과 개입, 제한선 설정을 모범이 되는 부모의 행동 네 가지로 꼽았다. '놀이'는 성장하는 자녀들의 신체, 정서 및 인지적 발달을 돕는다. 자녀들은 다양한 놀이를 통해 시각, 청각, 촉각 등 오감을 발달시키며 건강하게 성장할 수 있다. 따라서 자녀가 스스로 놀이감을 구매하거나 준비할 수 없는 어린 연령에서 부모는 자녀에게 적절한 놀이환경을 제공해줄 필요가 있다. 예컨대, 4조각 퍼즐을 얼마 전 마스터한 아이가 있다면 부모는 이제 무엇을 해야 할까? 아마도 8피스, 16피스 등 더 많은 조각의 퍼즐을 준비해주고 아이가 한 단계씩 도전해야 할 과제를 제공해주어야 하지 않을까 싶다. 놀이는 삶의 다양한 개념이나 법칙, 사회적인 관계를 터득하도록 돕는다.

놀이는 아이들에게 좋은 친구이다. 아이 스스로 무엇을 원하고 어떤 일이 즐거운지 찾아나갈 수 있게 돕는다. 그들은 상상을 통해 하늘을 날 수도 있고 멋진 군인이 되어볼 수도 있다.

아울러 부모는 자녀가 성장할 수 있는 촉진자의 역할을 수행할 때 그들의 자율성을 확보할 수 있다. 이를 위해 부모는 자녀가 해서는 안 될 일이 무엇이고 가능한 일은 무엇인지 경계선을 정해주어야 한다. 예컨대, 바닥에 쓰레기는 왜 버리면 안 되는지 사례를 통해 아이가 이해할 수 있는 언어로 도덕적인 기준을 알려주고 그 안에서 스스로 의사결정하고 행동할 수 있도록 자율성을 부여한다. 아이에게 선택권을 주는 것이 중요하다. 아주 어린아이의 경우, 자신의 욕구와 호기심은 충분하나 그것을 절제하기는 어려울 수 있다. 그러므로 부모가 자녀의 롤모델이 되어 따라할 수 있도록 돕고, 동시에 자녀는 부모의 권위를 인정해나갈 것이다. 양치하는 법, 식사 예절 등 기본적인 행위부터 습관과 예절에 이르기까지 일관되고 건강한 행동양식으로 본보기가 되어주는 것이 중요해 보인다.

자녀가 자율성을 확보하기 위해서 부모는 적절하고 명확한 제한선을 설정해야 한다. 이것운 부모의 역할이자 사랑이다. 아이들은 매일 부모를 만난다. 그들은 매일 부모를 관찰하고 부모의 행동을 따라할 것이다.

연구를 통해 필자들은 부모가 자녀의 심리적 안전기지가 되어주기 위한 양육환경에 관해 다음과 같은 결론을 내렸다. 무엇보다 가정 내에서 부모가 자녀에게 진정어린 관심을 보여주고 충분한 정서적 교류가 있을 때 자녀들은 부모를 심리적 안전기지로 삼게 되는 것이다. 그리고 자녀의 자율성 확보를 위해 무엇보다 부모의 정서적 지지, 적절한 규칙과 제한 설정이 중요함을 다시 한번 확인할 수 있었다. 그리고 어른들이 먼저 아이들의 모델이 되어주어야 한다는 점에서 그 중요성을 인식할 수 있었다.

조별 나눔

Q1. 자녀의 심리적 안전기지란 무엇이고 왜 중요한지에 관해 토론해봅시다.

Q2. 한국에서 '아버지'는 대체로 오랜 시간 생계부양 혹은 훈육자의 모습으로 머물러 있습니다. 현대의 아버지 이미지는 많이 바뀌고 있는 듯 하지만, 여전히 권위적인 모습은 남아있는 것 같습니다. 아버지와 자녀관계를 생각해봤을 때, 자녀의 심리적 안전감을 위해 아버지는 자녀를 어떻게 양육해야 할까요?

조별 나눔

Q3. 심리적 안전기지 확보를 위한 양육환경 조성에 있어 어머니와 아버지 간의 역할 차이가 있다고 생각하나요? 어떠한 점이 같을지, 혹은 다를지에 관해 논의해봅시다.

Q4. 자녀가 피아노 학원을 보내달라고 몇 시간 떼를 쓰고 있습니다. 자녀와 협상이 잘 안 되고 떼를 쓰는 상황에서도 부모가 자녀를 존중할 수 있을까요? 화가 나는 상황에서 자녀를 존중한다는 것은 얼마나 가능한지, 또한 그 자체가 가능한 일인지 설명해봅시다.

3. 대학생들이 인식하는 '좋은 부모'
: "좋은 부모란 어떤 부부일까?"

마지막 연구 사례로 대학생들이 인식하는 좋은 부모에 관해 탐색한 내용을 소개하겠다. 양육자는 다른 제삼자가 되는 경우도 있지만, 대개 부모의 돌봄 아래 성장해간다. 판다곰의 탄생을 TV에서 본 적이 있다. 판다는 덩치가 매우 크지만 출생할 당시 아기 판다는 1.9kg밖에 되지 않았다. 판다는 그리 오랜 시간이 지나지 않아 걷고 자신만의 생존방식으로 엄마의 도움 아래 빠르게 성장해갔다. 판다의 엄마 역시 인간과 마찬가지로 노심초사하는 모습을 잘 보여줬다. 나무에 위험하게 오르려고 하거나 야외를 마구 뛰어다니려할 때면 엄마 판다는 아기 판다를 제지하고 입으로 그를 물고 끌어왔다. 심지어 인간처럼 화가 나면 때리는 모습도 본 적이 있다. 하지만 인간의 돌봄 기간보다는 훨씬 짧은 양육의 기간이라고 생각한다.

과거 농경사회에서 남자가 돈을 벌고 여자가 집안일을 하는 이분화된 단순한 삶의 방식을 벗어난지 오래되었다. 현대를 살아가는 우리들은 과거에 비해 가족의 지지체계가 약화된 점(김연수, 2004) 뿐만 아니라 다양한 가치관과 행동양식으로 인하여 복잡한 시대를 살아가며 부모의 양육방식 역시 다양화되었다. 이러한 시대에서 어떤 부모가 좋은 부모라고 단정짓기 어려우며, 갈등상황에서의 구체적인 매뉴얼을 제시하기가 쉽지 않다. 이러한 맥락에서 연구진들은 부모가 되기 이전에 부모가 된다는 것의 의미에 관해 생각해보고 성찰해보는 일이 매우 중요하다고 생각한다. 이를 위해 연구진들은 대학생을 대상으로 '좋은 부모'에 대한 인식을 파악하고자, 2018년부터 2020년 대학생 122명(여 70명, 남 52명)을 대상으로 자료 수집하였다. 아울러 대학생들이 지닌 좋은 부모에 관한 인식 탐구는 그들이 지닌 현재 시점에서의 사회적인 의식구조가 어떠한지 확인할 수 있다는 점에서 의미(김은하, 2018)가 있다.

표 2-2 한국 청년들이 인식하는 좋은 부모에 관한 연구 답변

대주제	소주제	구체적인 내용
소통이 원만한 부모	경청과 공감	• 자녀의 말에 귀기울임 • 먼저 말하기 전에 자녀의 말을 들어줌 • 빈번한 소통이 가족구성원의 믿음을 돈독히 함 • 자녀와 양방향의 소통이 가능한 부모 • 정서적인 부분에서 자녀를 공감하고 이해하는 부모 • 아이들과 끊임없이 대화하고 공감함 • 대화를 부드럽게 이어나감
	애정과 칭찬	• 칭찬과 격려를 아끼지 않음 • 하루 한 번 칭찬함 • 긍정적으로 생각하며 긍정적인 언어를 사용함 • 적어도 하루에 한 번은 사랑한다고 말함 • 칭찬하는 부모 • 명령형보다는 권유형으로 요청함 • 따뜻한 격려, 사랑을 듬뿍주는 부모
차이를 그대로 존중해주는 부모	인격체를 존중함	• 부모의 생각을 아이에게 강제적으로 주입시키지 않고 아이의 생각을 존중함 • 자아를 실현할 수 있게 돕는 부모가 좋은 부모 • 부모로서 가장 기본은 자식을 존중할 줄 아는 부모 • 자식을 하나의 인격체로서 존중함 • 보상심리는 버리고 아이를 그 자체로 존중함 • 자녀의 입장에서 한 번 생각함
	자녀의 의사를 존중함	• 부모의 생각을 아이에게 강제적으로 주입시키지 않으며 아이의 생각을 존중해주는 것 • 자녀가 진정으로 하고 싶어 하는 활동을 하게 해주고, 그를 통해 자아를 실현할 수 있게 돕는 부모
시간과 활동을 공유하는 부모	가정 내에서의 시간과 활동 공유	• 가족회의시간 만들기 • 가정회의를 통해 함께 정해진 규칙이나 시간을 공유함 • 집 안에서 어떤 취미를 공유하는 것은 친밀감을 유지하는데 좋은 도구가 됨 • 아무리 바쁘더라도 일주일에 하루 정도 아이와 집에서 시간을 보내기 • 가족간 친밀감과 돈독함을 쌓기 위한 활동 개발 • 가족들끼리 홈트시간 확보
	가정밖의 다양한 문화활동 참여	• 국내여행을 다니거나 어린이 연극, 박물관, 도서관 등 다양한 경험을 함께 하는 부모 • 지역사회 프로그램(소풍, 딸기, 귤 따기 체험, 미술관 점토활동인 가족 손찍기참여)에 참여하기 • 도서관 프로그램 참여하기 • 자녀에게 여러 문화생활 참여를 격려함 • 음악회, 미술관, 전시회, 클래식 콘서트 및 뮤지컬 등 참여하기 • 여행테마 만들어 낯선 곳 여행하기

〈표 계속〉

표 2-2 한국 청년들이 인식하는 좋은 부모에 관한 연구 답변 〈계속〉

대주제	소주제	구체적인 내용
체벌을 지양하고 감정 조절이 가능한 부모	폭력하지 않는 부모	• 아이에게 절대로 윽박지르거나 욕을 하지 않음 • 절대 무슨 일이 있어도 매를 들지 않는 부모 • 자녀에 대한 물리적인 체벌을 하지 않는 부모 • 일이 생기면 대화로 해결함 • 체벌 또한 폭력이므로 아이에게 큰 상처를 줄 수 있는 위험적인 요소임
	감정 조절이 가능한 부모	• 아이가 잘못했을 때에는 자신의 감정대로 훈육하지 않기 • 화가 나는 순간에도 폭발하지 않기 • 아이의 잘못된 행동에 관해 폭언이 아닌 대화를 시도하는 부모 • 자신의 감정을 잘 컨트롤하고 통제할 수 있는 부모
분명한 지침과 설명이 있는 부모	정보제공 및 설명해 주는 부모	• 자녀가 길을 잃었을 때 옳은 방향을 제시해주기 때문에 조련사와 같음 • 성실하게 살아가는 법을 가르침 • 아이에게 경제관념을 가르침 • 성교육을 시키는 부모 • 올바른 인성과 준법정신을 함양시킴 • 도덕적인 규범을 이해하고 지킬 수 있도록 함
	단호하게 훈육하는 부모	• 자녀가 잘못 했을 때 올바르게 훈육함 • 자녀의 잘못된 행동들에 관해 확실하게 가르침 • 수평적인 관계를 중심으로 양육하나 경계를 넘는 경우 분명한 가이드라인을 제시함 • 필요할 때는 엄하게 대하기, 교정할 필요가 있을 때는 망설이지 말고 마음을 굳게 먹고 아이를 가르쳐야 함 • 훈계할 때는 마음 약해지지 않기
긍정적인 모델이 되어주는 부모	모범이 되고자 노력하는 부모	• 아이에게 보이는 사소한 것 하나까지 부모는 신경써서 행동할 필요가 있음 • 부모가 자신을 관리하면서 멋진 모습을 보여주고자 노력 • 배우자를 아끼고 사랑하는 모습 보여주기 • 부모가 먼저 노력하는 모습을 보여주면 자녀도 그렇게 되고자 노력할 것임
	행동으로 실천하는 부모	• 말이 아닌 부모가 먼저 공부함, 행동으로 모범이 되는 부모 • 직접 행동하지 않고 말로 가르치거나 설명만 하기보다는 솔선수범 하는 것이 말로 하는 것보다 훨씬 더 효과적이며 설득력 있음 • 좋은 부모의 덕목은 바람직한 가치관이나 인성 및 태도, 사람을 대하는 자세를 직접 일상생활에서 실천하는 것 • 아이는 일상생활에서 직접 보는 부모의 행동을 모방함 • 외형적인 행동 뿐 아니라 내적인 가치관까지도 모방하고 학습함

우선 대학생들에게 좋은 부모는 소통이 잘 되는 부모로 나타났고, 여기에서 소통은 경청, 공감, 애정과 칭찬의 내용이 주된 내용으로 밝혀졌다. 경청과 공감은 자녀의 말에 귀를 기울여주는 것이자 양방향의 소통을 위해 끊임없이 노력하는 것을 말한다. 그리고 애정어린 태도와 칭찬의 언어는 자녀가 건강하게 성장하는데 매우 좋은 인성적 토대가 된다. 그들의 몇몇 이야기를 들어보자.

생각 나눔

Q1. 1장에서는 배려, 신뢰, 이해와 존중에 관해 정의해보았습니다. 여기서는 경청, 공감, 칭찬과 격려 네 가지 단어에 관해 나만의 개념을 정의내려봅시다.

경청이란 ______________________________이다.

그 이유는 ______________________________

공감이란 ______________________________이다.

그 이유는 ______________________________

칭찬이란 ______________________________이다.

그 이유는 ______________________________

격려란 ______________________________이다.

그 이유는 ______________________________

Q2. 칭찬에 관해 좀더 깊이 분석해봅시다. 어린이집이나 유치원에서 주로 쓰는 방법 중 하나로 어떤 과업을 완수했을 때 포도나무 그림에 스티커를 붙여주곤 하였습니다. 스티커를 받은 아이는 기분이 좋아지고, 그 포도나무를 완성하기 위해 부지런히 무엇인가 했던 기억이 납니다. 교육적으로 이 방법은 가정에서도 많이 활용되고 있는데, 이 스티커 방법에 관해 여러분은 어떻게 생각하나요? 스티커에 집중한 나머지 과업 내용이 부실해지는 것은 아닐지 등에 관해 논의해봅시다.

나는 대화하는 아버지가 될 것이다. 내 자녀가 잘못했다고 생각을 해도 섣불리 훈계하지 않을 것이며 왜 그런 말이나 행동을 했는지 먼저 묻고 끝까지 들어줄 것이다. 그 이후에 나의 생각을 말해주고 둘만의 합의점을 찾기 위해 노력할 것이다. 나의 아버지는 나의 말을 잘 듣지 않으신다. 그 감정이 오래 쌓이면서 관계가 서먹해졌고, 난 너무 억울해 메시지로 길게 마음을 전달해 보았지만 무시당했다. 미래에 가족을 이루어 자식을 낳게 되면 그들과 진정한 소통을 반드시 할 것이다. 무엇이든 아버지에게만은 믿고 말할 수 있는 관계를 만들 것이다. (남)

가족 간의 소통은 서로에 대한 이해와 신뢰, 사랑의 밑바탕이 된다고 생각한다. 그러나 이러한 소통이 한 방향에서 일방적으로 행해질 시, 그 소통은 상대에게 닿지 않는 하나의 잔소리 혹은 반항에 그칠 뿐 서로에게 어떠한 긍정적 영향도 끼치지 못하리라 생각하였다. 이에 나는 부모와 자녀 간 양방향의 소통이 중요하다 결론지었다. (여)

다음으로 좋은 부모는 차이를 존중해주는 부모로 나타났다. 부모가 자녀의 생각, 의견, 취향 등 자신과 다른 자녀의 모습을 존중해주는 것은 쉬운 일이 아닌가? 무엇 때문에 어렵단 말인가? 예를 들어, 성격이 내향적인 부모는 왕성하고 활발하게 움직이기를 즐기는 외향적인 성격의 자녀 때문에 골치가 아프다. 그리고 엄마와 아빠, 그리고 언니처럼 '모범생'으로 사회적 시계에 맞게 살아가기를 바라는 부모의 눈에 자유분방하고 그림 그리기와 춤추기를 즐겨하는 둘째 딸아이의 모습은 못마땅하다. 연구에 참여한 몇몇 대학생들은 다음과 같이 증언하였다.

좋은 부모란 자식을 존중해주는 부모이다. 사람은 인생에서 차별, 비교를 당한다거나 무시를 받는 등 자존감에 상처입는 일을 종종 겪기도 한다. 그런데 부모가 일차적으로 아이를 존중해주지 않는다면 어떻게 될까? 아마도 사회에서 입은 상처를 치유받지도 못하고 의지할 곳을 찾지 못할 수도 있다. (여)

또한 좋은 부모란 시간과 활동을 공유하는 부모라고 하였다. 바쁜 현대사회를 살아가는 우리 시대에 무언가를 같이 공유하는 일은 훨씬 어려워진 듯하다. 연구에 참여한 학생들은 가족회의를 하고, 가족원간의 서로 취미를 공유하며, 건강을 위한 실내운동을 하고, 연극, 박물관, 도서관 방문, 클래식 콘서트, 뮤지컬 관람 등 여러 야외활동을 추천하였다.

배드민턴이 될 수 있고, 드라이브가 될 수 있다. 여행·영화감상 또는 산책이나, 맛집탐방도 좋다. 정기적으로 가령, 주말마다 가족들끼리 즐거운 활동을 함께 한다면 당연히 구성원 간 친밀도는 높아진다. (남)

어렸을 적 부모님과 함께 국내여행을 다니거나 어린이 연극, 박물관, 도서관 등에 다닌 것이 떠오른다. 다양한 경험을 했던 그 추억들은 어른이 된 지금에도 입가에 미소를 짓게 만든다. (여)

조별 나눔

당신도 성장과정에서 부모와의 관계에서 다름이 인정되지 않아 갈등을 겪었던 사건들이 많이 있을 것이다. 필자의 한 예를 들어보겠습니다.

저는 성격이 자유분방하여 하루의 일과를 계획하기 불편해합니다. 하루의 일과가 계획대로 정해지기보다 융통성 있게 그날의 컨디션에 따라 움직이는 편입니다. 가끔 아무 것도 손에 잡히지 않으면 종일 영화관에 있거나 어디론가 훌쩍 떠나버리기도 합니다. 그러나 계획적이길 바라는 어머니는 잘 이해하지 못합니다. 자녀는 부모를 이기기 위해 노력했고 부모는 자녀를 이기기 위해 힘겨루기를 합니다.

이 사례에서 누가 어떻게 무엇을 양보하고, 다른 성격적 차이를 어떻게 조율해나갈 수 있을지 논의해봅시다.

다음으로 대학생들은 신체적, 언어적으로 폭력하지 않는 부모를 좋은 부모로 꼽았다. 한국 과거사회에서 체벌이 허용되었던 시대가 있었지만 지금은 시대가 달라졌다. 물론 여전히 매를 들어 훈계해야 한다고 주장하는 이들이 있지만 그들을 지지하는 사람들은 그리 많지 않을 것이다. 당신은 부모에게 손찌검을 당하거나 어떤 이유로 폭력 당한 경험이 있는가? 물론 대부분 부모는 자녀가 잘 되기를 바라는 마음으로, 즉 부모가 원하는 어떠한 목표에 도달하기 위해 '폭력'의 방법을 사용할지 모르나 그 효과는 일시적인 경우가 대부분이다.

체벌이나 언어적 폭력 등 자녀를 힘으로 눌러 양육하려는 방식은 당장은 편할 지도 모르지만 결국에는 부모와 자녀 사이에 돌이킬 수 없는 갈등의 골을 키우고 자녀의 마음에도 상처를 남길 수 있음을 나의 경험을 통해서도 잘 알고 있다. (남)

마지막으로 좋은 부모는 분명한 지침과 설명이 있는 부모와 긍정적인 모델이 되어주

생각 나눔

당신이 부모가 된다면, 자녀와 어떠한 활동을 공유하고 싶은지 생각해봅시다. 세 가지 활동을 찾아 적고 그 이유를 기술해봅시다.

활동 1.

활동 2.

활동 3.

는 부모로 나타났다. 즉 부모는 일관성을 유지하여 자녀에게 규칙을 제공하여 혼란스럽지 않도록 해야 한다. 그리고 가능한 자녀가 모르는 부분이 있거나, 질문을 하는 경우 자세한 설명을 해주는 것이 중요하다. 그리고 행동과 실천이 없이 말로만 설명하기보다 행솔선수범의 모범이 되어 자녀에게 귀감이 되어주는 것이 중요한 것이다.

어렸을 때 부모님은 내게 용돈을 주시며 기록을 하게 하셨다. 난 일주일 동안 어디에 얼마나 돈을 썼는지 용돈기입장을 썼고, 주말에 부모님과 함께 그 사용내역을 확인하였다. 그리고 소비내용에 관해 함께 대화를 나누었다. 어떻게 돈을 써야 하는지에 관해 자세히 설명해주셨다. (여)

부모는 자식의 거울이라고 한다. 좋든 싫든 자식은 부모의 영향을 받고 자랄 수 밖에 없다. 자식이 모델로 삼고 싶은 거울이 되어야 한다. 거울을 볼 때마다 부끄럽고 피하고 싶다면 좋은 부모라고 할 수 없다. (남)

조별 나눔

고등학교 3학년에 재학중인 A는 어린 시절 부모를 잃고 싱글인 고모의 양육을 받고 있습니다. A는 어린 시절 엄마가 일찍 병으로 돌아가셨고, 아버지와 깊은 유대감을 갖고 성장해왔습니다. 하지만 어느 날 아버지는 공장에서 일하던 중 저체온증으로 사망하게 되었고, 이후 고모의 양육을 받고 있습니다. 좋은 부모는 긍정적인 모델이 되어주고 여러 규칙과 애정을 충분히 제공해주는 것이라고 하지만, 실제 우리들의 삶에서는 부모가 부재하거나 여러 다른 상황에 처한 미성년자들을 만나게 됩니다. A의 고모는 아침 7시 반이면 국밥집에 출근해 밤 11시나 되어야 집에 돌아오고 A는 기초생활수급자로 학교부근에서 간단한 패스트푸드나 편의점 삼각김밥으로 끼니를 떼우곤 합니다. 이 학생이 건강하게 성인기로 진입할 수 있는 방안에 관해 논의해봅시다.

3장 사랑의 시작, 그리고 부모되기

전주람

사랑이란 무엇일까요? 신민아, 조정석 주연의 영화 〈나의 사랑 나의 신부〉에서 주인공인 미영과 영민은 4년동안 연애를 했습니다. 연애를 한 기간이 오래된 만큼 그들은 여전히 서로를 사랑합니다. 물론 연애 초기만큼 열정적이지는 않습니다. 이 영화는 영민이 미영에게 프로포즈를 하면서 이야기가 시작됩니다. 9급 공무원인 영민과 미술학원강사 미영은 어느 신혼부부가 그러하듯 뜨거운 신혼 초를 보냅니다. 하지만 몇 달이 지난 후 결혼 전에는 보이지 않았던 거슬리는 것들이 눈에 보이기 시작합니다. 서로 마음에 들지 않는 것들도 생기게 됩니다. 미영은 영민에게 잔소리를 시작하고 영민은 그것을 대수롭지 않게 생각하고 눈치 없는 행동을 하곤 합니다. 그 외 많은 것들로 인해 결혼생활은 위태로워지고 갈등을 빚기 시작합니다.

무엇 때문에 사랑은 변하는 걸까요? 영민과 미영은 처음과 같이 지속적으로 열정적인 사랑을 유지할 수는 없는 걸까요? 영화, 소설과 드라마에서는 '사랑(Love)'과 관련된 이슈를 빼놓을 수가 없습니다. 우리는 매스컴을 통해 누가 어떠한 사랑의 관계를 맺는지, 또한 어떠한 이유로 사랑에 금이 가고 다른 사랑을 찾아 헤매는지 등에 관해 사랑의 단어를 자주 접합니다.

이 장에서는 '부모되기'에 앞서 결혼의 전 단계인 연애와 사랑에 관해 본격적인 논의를 하고, 실제 대학생들은 사랑의 요소에 관해 어떻게 생각하는지 연구사례를 통해 살펴보고자 합니다. 그런 후, 결혼 제도로 들어가 둘의 관계에서 어떠한 일이 발생하게 되는지, 부모됨의 동기와 선택에 관해 살펴보고 합니다.

1. 사랑이란 무엇일까

1) 사랑의 개념과 요소 : 사랑의 육각형

예비 부모가 될 대학생들은 '사랑(Love)'을 무엇이라고 인식할까? 청년들이 '사랑'이라는 그릇에 어떠한 요소들을 담고자 하는지 궁금해졌다. 필자인 최경과 전주람은 2020년 청년들 72명(여성 42명, 남성 30명)을 대상으로 사랑이란 무엇이라고 생각하는지, 사랑의 구성요소에는 어떤 요소가 포함된다고 생각하는지에 관해 탐색하였다. 여기서는 2020년 문화융합 42권 12호에 실린 〈대학생들이 인식하는 사랑의 요소에 관한 연구〉라는 제목의 학회지에서 못다한 이야기에 관해 소개하고 몇 가지 질문에 관해 함께 생각해보고자 한다. 우선적으로 사랑의 요소가 되는 청년들의 이야기부터 살펴보도록 하자.

우선 내용을 살펴보기에 앞서 당신은 현재 시점에서 '사랑'을 무엇이라고 생각하는가? 한 문장으로 당신의 생각을 정리해보자.

생각 나눔

Q1. 사랑이라는 단어는 어떤 이미지를 떠올리나요?

Q2. 사랑이란 ______________________ 이다.

그 이유는 ______________________________________

____

사랑을 정의하는 것은 생각보다 간단치 않다. 일단, 연구에서 청년들이 말했던 '사랑'의 개념과 요소에 관해 살펴보자.

참여자들은 사랑의 요소로 신뢰감, 솔직함과 진실함을 중요한 요소로 꼽았다. 참여자들은 '가짜 사랑'과 '진짜 사랑'을 구분할 필요가 있다고 주장하며, 부모의 스펙이나 경제적 수준이 강조되는 건 가짜 사랑이라고 강조하였다.

사랑의 또 다른 말은 배려라고 할 수 있듯이 상대방을 생각하고 입장을 바꿔서 행동하는 것은 모두 배려에서 나온 것이라고 생각한다. 만약 내가 누군가를 만날 때 편안함과 따스함을 느끼고 있다면 그 사람은 나를 위해 배려하고 있다는 뜻이기도 하다. 그렇기 때문에 상대방의 배려가 당연시 되지 않도록 나 또한 신경을 써야 할 것이다. 배려는 연인뿐만 아니라 사람 대 사람으로서도 중요한 요소이다.

불안은 사람을 지치게 만든다. 연인 사이에 불안이 있다면 그만큼 불행한 것이 없다. 믿음이 없다면 곧 갈등의 시작이 될 것이고 그렇기 때문에 연인 사이의 신뢰는 매우 중요한 요소이다. 살아가다보면 오해가 생기거나 종종 나쁜 일이 생기기도 한다. 그럴 때 상대방을 전적으로 믿어주고 모든 일을 상의할 수 있는 사람이 될 수 있다면 내가 사랑하는 사람은 얼마나 든든할까?

상대방의 가치관, 생활환경, 행동을 이해함으로써 자신의 생각을 강요하지 않고 바꾸려 하지 않아야 한다. 나와는 20년, 30년을 다르게 살아온 사람이기 때문에 나에게 맞추는게 아닌 그 사람 자체를 사랑하기 위해서 존중은 필수적인 요소라고 생각한다.

이처럼 참여자들은 '진실함'을 사랑의 중요한 요소로 인식하며, 진실한 관계가 유지되기 위한 조건으로는 서운함, 분노, 아쉬움 등 부정적인 감정을 올바르게 표현해야 하는 솔직함과 전적으로 믿어주고 의지하며 나아갈 수 있는 신뢰감 등을 필수적이고 중요한 요소로 언급한 바 있다.

조별 나눔

당신은 진실함이 반드시 '사랑'관계에 필수적인 요소가 된다는 주장에 동의하나요? 당신에게 '진실함'이 필요한지, 필요하다면 진실함은 구체적으로 어떠한 의미를 담고 있는지 논의해봅시다.

진실함이란 ______________________________ 이다.

그 이유는 ____

두 번째로 참여자들은 존중과 배려를 사랑의 중요한 요소로 인식하였다. 국립국어원 표준국어대사전(2022)에 따르면, 존중이란 상대방을 높이어 귀중하게 여기는 마음을 말한다. 우리는 연인간의 관계에서 상대방이 나의 입장을 헤아려주거나, 갈등이 발생했을 때 양보해주는 모습을 통해 배려와 존중을 경험한다.

존중이란 그 사람의 가치관과 생각을 이해하고, 차이를 인정하는 것이다. 누구나 배경지식과 환경, 경험은 다르다. 사랑한다면 그 사람의 삶을 전부 포용하라는 것은 아니지만, 적어도 그 사람 그 자체의 인격을 존중하고 배려해야 한다.

사랑의 또 다른 말은 배려이다. 즉 상대방을 생각하고 입장을 바꿔서 행동하는 것이다. 너무 사랑하는 사람이지만 나와 다를 수 밖에 없다. 나와 다르다고 하나하나 불만을 갖지 말고 상대방을 배려하고 이해하는 마음을 가져야 한다.

조별 나눔

Q1. 사랑하여 결혼한 부부도 살다보면 갈등을 자주 경험합니다. 상담에서 만난 결혼 10년차 커플의 이야기입니다. 남편은 부유한 환경에서 성장하였고, 아내는 가난한 집안환경에서 성장했습니다. 아내는 남편과 달리 성실하게 한 단계씩 은행에서 진급했어요. 이 둘은 결혼 10년차 부부였습니다. 두 사람은 장 보는 일로 갈등이 자주 있었습니다. 남편은 '원하는 걸 가격 신경쓰지 말고 마음껏' 장을 보라고 했고, 아내는 '가급적 세일하는 품목 위주'로 장을 보았습니다. 간단한 차이같지만 조율되지 않는 시간이 길어지자 남편은 세일품목에 집중하는 아내에게 불만이 커진 상태였고, 아내는 절약하지 않는 남편의 태도에 화가 났습니다. 이 둘은 어떠한 방식으로 서로의 차이를 좁혀나갈 수 있을까요?

Q2. 다음 커플은 이혼을 결심하고 법원을 찾았습니다. 남편은 아내가 정확하지 않고, 약속을 잘 지키지 않으며, 일(미술관 근무) 외에는 정돈된 부분없이 어지럽혀 있는 것에 분노하였습니다. 아내는 남편이 일(외교관) 외에는 자신과 자녀(딸 2명, 6세와 4세)에게 관심이 없는 부분에 대해 화가 나 있습니다. 둘은 대학 캠퍼스 커플로 만났고 10여년 이상 서로를 만나왔지만 더 이상 '성격차이'로 살 수 없다고 합니다. 성격차이를 좁힐 수 있는 방안에 관해 논의해봅시다.

세 번째로 참여자들은 사랑의 요소로 설레임과 편안함을 꼽았다. 그들이 언급한 것처럼, 당신은 특별한 이유없이 누군가 '생각나고', '보고 싶고', '이끌리는' 경험을 하였던 적이 있는가? 두근두근 설레는 마음은 시와 영화, 드라마에서 은유나 영상으로 다채롭게 표현되고 있다. 하지만 사랑초기의 설레임은 영원히 지속되지 않는 듯 하다. 참여자들이 말한 바와 같이 연애 초기의 '설레임'은 보다 편안하고 안정된 정서상태로 변화된다. 분명 친구관계에서는 경험할 수 없는 요소로 연인간 설레임은 사랑의 시작에 동기를 부여하나 그 감정은 연인간의 관계가 지속되면서 또 다른 정서적 상태로 변화된다.

연인과의 사랑에 있어서 설렘은 사랑의 시작점이다. 좋은 긴장감과 끌림은 상대방과 같이 있을 때 느껴지는 기분이다. 설레이는 감정은 인간의 성적인 욕구로 이어져 합일에 이르게 하는 사람의 필수적인 요소이다.

무언가 쿵하고 내려 앉는 느낌! 편한 느낌이 섞이는거 같기도 하다. 혼란스러운 감정이다.
우리는 이성적인 매력을 느끼는데, 그게 쿵하고 내려 앉는 느낌이랄까? 설레는 느낌?
요즘은 심쿵하다고 한다.
현재, 난 '심쿵'과 '서로에게 안정감을 주는 느낌'이 조합을 이루는게 사랑이라고 생각한다.

조별 나눔

연인간 '설레이는 마음', '두근두근한 마음'은 왜 지속되지 않는 걸까요? 어떠한 노력없이도 생각나고, 보고 싶고, 함께 하고 싶다면 좋지 않을까요? 당신의 생각을 조원들에게 설명해봅시다.

네 번째 요소는 인내와 헌신이다. 사랑의 관계도 모든 인간관계와 마찬가지로 자신의 기대에 어긋나거나 실망하는 등 우여곡절을 겪게 된다. 예컨대 발렌타인을 맞이하여 한 여성은 남자친구에게 실용적인 선물이 좋겠다고 판단하였다. 그래서 여성은 초콜렛보다는 건강식으로 선물(미숫가루)을 준비하여 연인에게 선물하였는데 남자친구의 표정이 좋지 못하다. 기분이 나빠진 여성은 그 선물이 마음에 들지 않느냐며 추궁해보지만 남자친구는 묵묵부답이다. 그러면서 '....좋아해'라고 말한다. 여성은 단 초콜릿보다는 아침에 바쁠 때 챙겨먹으라고 신경쓴 일인데, 남성은 별로 마음에 들어하지 않는 눈치이다. 우리는 내가 좋아하는 것과 상대방이 좋아하는 것, 반대로 자신이 싫어하는 것과 상대방이 싫어하는 것을 잘 구분하고 있는지 다시금 새겨봐야 하겠다.

나는 상대방을 분명 사랑한다.
그런데 상대방은 아니라고 한다.
나처럼, 사랑은 자신의 기대에 미치지 못할 때도 분명 있을 것이다.
이러한 상황에 대해 이해해야 한다.
그리고 알아야 한다.
이렇게 화살이 쌍방으로 오갈 수 없다는 사실을 말이다.
그렇지만 이때에도 기다리고 인내하자. 이것이 사랑이다.

가끔 사랑하는 사람을 위해 포기해야 할 때가 있다.
아니, 자존심을 꺾어야 할 때가 있다.
사랑을 위해 자신이 원하는 것을 잠시 미뤄둬야 할 때도 있다.
이 모든 것이, 사랑하는 사람을 위한 노력과 희생이다.

다섯 번째 요소는 긍정적인 말로 자신의 인식, 감정 등을 표현하는 것이다. 공감과 칭찬 및 격려 등의 긍정적인 말을 하는 것이 사랑을 시작하거나 지속하는데 있어서 중요한 요소가 된다. 그렇다고 항상 긍정적인 정서를 경험해야 하거나 긍정적인 정서가 부정적인 정서보다 더 우월하다는 것은 아니다. 중요한 건 연인관계에서 불만과 비난, 짜증 등 부정적인 언어보다 긍정적인 말과 표현을 사용하고자 하는 노력이 중요하다. 예컨대 상대방에게 어떠한 선물을 받거나, 양보나 배려를 경험할 때 '고마워', '이렇게 생일축하를 받으니 기분이 좋아!', '영화시간을 지키지 못해, 미안해' 등 자신의 정서적 상태가 어떠한지 표현하는 것이 필요하다.

표현을 하는 것은 가끔 부끄럽다.
하지만 표현을 통해 상대의 마음을 잘 알 수 있고, 나 역시 상대방에게 나의 마음을 전달할 수 있다. 이러한 사랑의 표현은 연인관계를 이어주고 활력을 불어넣는다.

상대에 대한 나의 마음을 표현하지 않으면 상대는 내 마음의 크기를 알지 못한다. 좋아한다, 사랑한다는 표현을 많이 한다고 해서 서로에게 실이 되는 것은 없고 득은 더욱 커진다고 생각한다.

여섯 번째 사랑의 요소로는 함께 또는 홀로 존재하기가 공존하는 것이다. 연인간 친밀감과 즐거운 일상을 위해 상대방과 함께 공유하는 것은 매우 중요한 일이겠지만 동시에 독립적인 영역을 인정해주는 것도 사랑의 중요한 요소라 할 수 있다. 어울림과 동시에 각자의 개성이 존중되는 관계가 중요하지 않을까 싶다.

자기만의 시간이 필요하다.
두 사람은 계속 매일 붙어 있으면 얼마 안가서 질릴 것이다.
그래서 자기만의 시간도 있어야 한다.

사랑을 색깔로 표현해보자.
분홍색은 뭔가 틀에 박힌 색처럼 느껴지기도 하지만 빨간색보다 연한색이다.
어디든 스며들 수 있는 색이면서도 서로에게 동화가 되는 색깔이다.
무언가 스며든다는 건 자연스럽게 하나가 될 수 있음을 뜻한다.
또는 그 자체로 예쁜 포인트로 독립적으로 존재할 수도 있는 색이다.

요약하면, 참여자들이 언급한 사랑의 요소는 '진실함', '존중과 배려', '설레임과 편안함', '인내와 헌신', '긍정적인 말과 표현', '함께 또는 홀로 존재하기' 총 여섯 가지 구성요소로 정리해볼 수 있다.

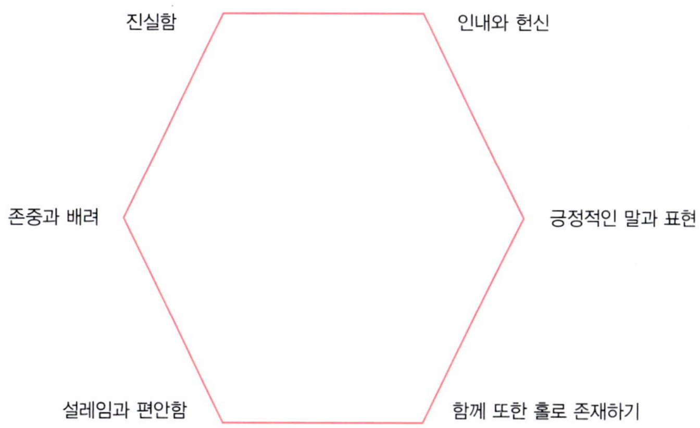

그림 3-1 한국 청년들이 말하는 사랑의 육각형

조별 나눔

당신이 생각하는 '사랑의 육각형'을 그리고, 위 도형과 어떠한 점이 같고 어떠한 점이 다른지 토의해봅시다.

2) 스턴버그와 리 학자가 말하는 사랑

스턴버그(Sternberg)와 그라젝(Grajek)은 1984년 〈The nature of love〉[5]라는 논문에서 사랑의 삼각이론을 발표하였다. 사랑의 세 가지 요소는 친밀감(intimacy), 열정(passion), 헌신(commitment)이다. '친밀감'은 사랑하는 관계에서 느끼는 가깝고 서로 연결된 느낌을 말한다. 즉 서로 맺어져 있다고 느끼는 정서적 속성이다. 예컨대 연인과 따뜻한 봄날 영화를 보거나, 바닷가에서 캠핑을 하는 등 그 일 자체가 즐거운 일상이 된다. 다음으로 '열정'은 낭만적인 감정을 일어나게 하거나 신체적 매력을 느끼고 성적 관계를 맺는 등 성적인 욕망을 일컫는다. 인간은 모두 성적인 욕망을 가지고 태어나며, 사랑하는 대상과 하나가 되고자 하는 욕구는 자연스러운 현상이다. 마지막으로 '헌신'은 의무, 약속 이행이라는 영어단어 commitment가 지닌 속성처럼 사랑하겠다, 관계를 계속 유지시키겠다는 의지의 표현으로 공식적으로 둘의 관계를 공표하는 것이다. 대표적으로 약속식이나 결혼식이 있다.

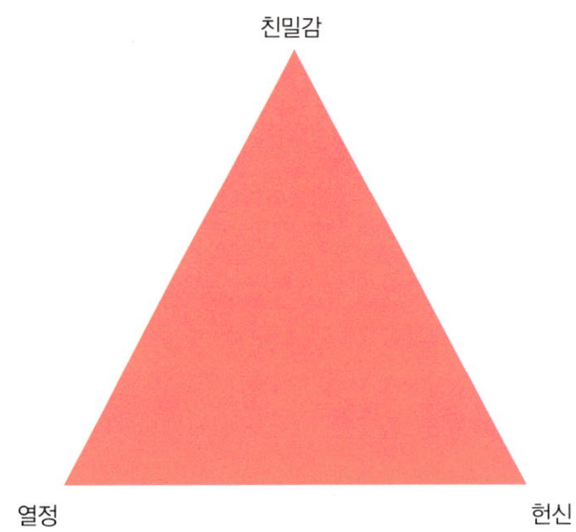

그림 3-2 스턴버그의 사랑의 삼각형 이론

그렇다면 과연 우리는 과학적으로 사랑의 유형을 분류할 수 있을까? 캐나다의 사회학자 존 알란 리(J. A. Lee)는 사랑을 색깔에 비유한 바 있다. 리는 사랑에는 기본색 세 가지와 2차색 세 가지, 그리고 3차색이 무한대로 나타날 수 있다고 주장하였고, 척도를 개발하여 자신의 사랑 유형을 체크할 수 있도록 하였다. 만약 연인이나 커플이 있다면 서로의 사랑 유형이 어떻게 다른지 비교해보자.

5 Sternberg, R, J., & Grajek, S.(1984). The nature of love. Journal of Personality and Social Psychology, 47(2), 312–329.

〈사랑 유형〉[6]

다음은 자신의 사랑 유형에 대하여 알아볼 수 있는 척도이다. 이 설문을 통해 자신과 타인이 어떠한 사랑 방식을 선호하는지 탐색하실 수 있다.

- 각 문항에 대해 적절한 답을 체크하고 해당하는 값을 더한다.
- 가장 높은 점수가 자신의 유형에 해당한다.
- 종종 두 개 또는 세 개가 같은 점수로 나오기도 한다.

문 항	전혀 그렇지 않다 1	그렇지 않다 2	보통 이다 3	그렇다 4	매우 그렇다 5
1. 나와 내 연인은 서로 첫눈에 감전된 것을 느꼈다.					
2. 내 연인이 나에 대해 모르는 것이 있어도 그것이 그(그녀)에게 상처를 주지 않을 것으로 믿는다.					
3. 가장 최선의 사랑은 오래된 우정으로부터 발전되는 것이다.					
4. 내가 연인을 선택하는 데 있어서 주된 고려사항은 그가 우리 가족에게 어떤 영향을 끼칠 것인가 하는 점이다.					
5. 내 연인이 나에게 관심을 두지 않을 때면, 나는 병이 난 것 같이 몸이 아프다.					
6. 내 연인이 고통당하는 것을 그냥 두고 보기보다는 차라리 내가 대신 당하겠다.					
7. 나와 내 연인은 하늘이 정해준 짝이라고 생각한다.					
8. 나는 때때로 내 연인이 내게 또 다른 연인(들)이 있다는 것을 알지 못하도록 조심해야 한다.					
9. 우리의 우정은 시간이 지남에 따라 사랑으로 점차 발전되었다.					
10. 연인을 선택하는 데 있어 중요한 고려사항은 그(녀)가 훌륭한 부모가 될 수 있는지의 여부다.					
11. 사랑을 하고 있을 때면, 다른 것에 집중하기가 어렵다.					

〈표 계속〉

6 최혜경(2004), 사랑학, 교문사.

문 항	전혀 그렇지 않다 1	그렇지 않다 2	보통이다 3	그렇다 4	매우 그렇다 5
12. 내 연인의 행복이 내 행복보다 우선되지 않는다면 나는 행복할 수가 없다.					
13. 나와 내 연인은 서로를 너무도 잘 이해한다.					
14. 내 연인은 실제로 내가 다른 여자(남자)들과 관계를 맺은 적이 있다는 것을 알게 되면 굉장히 화를 낼 것이다.					
15. 사랑은 알 수 없고, 신비스러운 것이 아니라 실제로는 깊은 우정과 같은 것이다.					
16. 애인을 사귈 때 그(녀)가 내 장래의 경력에 어떠한 영향을 끼칠지에 관해 고려해야 한다.					
17. 내 연인이 다른 이성과 함께 있다는 생각이 들기 시작하면 나는 가만히 있을 수가 없다.					
18. 내 연인의 행복을 이루기 위해서라면 나 자신의 소망도 기꺼이 포기할 수 있다.					
19. 내 연인의 신체적 매력은 내 이상형과 일치한다.					
20. 나는 내 연인과 기타 여러 명의 남자(여자)들과 장난삼아 사랑하기를 즐긴다.					
21. 좋은 우정으로부터 발전된 것이 가장 만족스러운 사랑관계이다.					
22. 나는 어떤 이성과 깊게 사귀기 이전에, 그 사람의 유전적 배경이 이후 자식을 가지게 될 경우에 내 것과 잘 조화되는지를 생각해본다.					
23. 만약 내 연인이 한동안 나를 등한시한다면, 나는 그의 주의를 끌기 위해 바보 같은 짓을 할 수 있다.					
24. 내 연인을 위해서라면 기꺼이 모든 것을 참을 수 있다.					

아래는 사랑 유형별로 해당하는 각 문항 번호이다. 각 문항마다 자신이 체크한 값을 적고, 그 값을 모두 더하면 자신의 유형에 대해 알 수 있다.

에로스 (1 + 7 + 13 + 19) = ___

루두스 (2 + 8 + 14 + 20) = ___

스토르게 (3 + 9 + 15 + 21) = ___

마니아 (5 + 11 + 17 + 23) = ___

프래그마 (4 + 10 + 16 + 22) = ___

아가페 (6 + 12 + 18 + 24) = ___

그럼 유형별로 어떠한 특징이 있는지 살펴보자. '에로스(eros)'는 강렬한 감정이 키워드이다. 흔히 이들은 처음 보는 순간 상대방에 대한 강렬한 애정을 느낄 수 있고, 강렬한 감정과 집착을 나타내며 성적 합일의 욕구도 강한 편이다. '루두스(ludus)'는 놀이나 게임을 의미하는 라틴어이다. 사랑의 방랑자라고 표현되기도 한다. 이 유형의 사람들은 흔히 여러 명의 연인을 동시에 사귀는 것이 가능한 편이다. 1:1의 관계에 크게 의미를 부여하지 않으므로 다양한 이성 편력에 대해 죄의식을 갖지 않는 편이다. '스토르게(storge)'의 사람들은 편안하고 정다운 관계를 추구한다. 이들은 친구와 같은 연인관계를 추구하며, 사랑보다는 신뢰가 더욱 소중한 가치라 생각하는 편이다. 다양한 활동을 하면서 장기간 말이 잘 통하고 관심과 취향이 비슷하여 친구로 사귀다가 연인이 되는 경우가 많다.

다음으로 '마니아(mania)'는 6가지 사랑 유형 중에서 가장 강렬한 소유욕과 질투심을 가진 유형이다. 이들은 상대방을 완전히 소유하거나 상대방에게 자신이 소유당한다는 생각에 사로잡히는 경우가 많다. 고도의 흥분과 절망 상태를 경험하기 쉽고 주로 젊은층이 많다. 마니아적 사랑을 하는 사람은 구체적인 대상과 사랑에 빠지는 것이 아니라, 사랑 그 자체를 사랑하는 경우도 있다. '프래그마(pragma)' 사랑을 하는 사람은 실용적이다. 마치 날마다 쇼핑 목록을 작성하듯 상대에게 원하는 자질의 목록을 머릿속에 그린다. 이들은 감정에 치우치는 것보다 의지나 이성에 근거한 현실주의적이고 합리적인 사랑이 중요하다고 생각한다. 마지막으로 '아가페(agape)'는 자기희생과 헌신하는 마음이 가장 크다. 이들은 자신보다 타인 중심적이며, 감정이 아닌 의지를 표출한다. 진정한 사랑은 받는 것이 아니라 주는 것이며, 자기자신보다는 상대방의 행복과 성취가 중요하다고 생각한다. 만약 이들은 상대방이 자신보다 더 나은 파트너를 만나 행복하다면 아마도 그 관계를 단념할 수 있을 것이다.

조별 나눔

리 학자의 사랑 유형을 분류한 바와 같이, 추상적인 단어인 '사랑'을 척도화할 수 있을까요? 당신의 의견은 어떠한가요? 아울러 해외 학자가 개발한 사랑 유형은 한국인에게 잘 적용될 수 있을지에 관해 논의해봅시다. 또한 조별로 '사랑'에 관한 척도 중 바꾸고 싶은 문항을 생각해서 적거나 사랑의 척도를 만들어 봅시다.

2. 가족의 형성과 발달

우리는 주변에서 연애를 하다가 실연의 아픔으로 힘든 시간을 보내는 커플, 결혼제도로 진입한 커플, 결혼생활을 하다가 성격차이, 고부갈등, 외도, 폭력 등으로 사랑에 금이 가게 되는 커플들을 만나게 된다. 다양성이 강조되는 요즘 시기에 우리는 연애와 결혼의 진입에 있어서도 다양한 유형의 커플들을 만나게 되는 듯 하다.

가족의 형성과 유지는 두 남녀가 법적인 관계를 맺으므로 법적인 구속을 받지 않는 연애와는 많이 다른다. 연애도 그러하겠지만 가족은 화합과 갈등, 자율과 의존, 애정과 권위, 쉼과 노동, 사랑과 증오, 개성존중과 결속, 협동 등 대립감정이 갈등을 일으키는 복합성의 특징을 가진다. 놀라운 것은 가족이 긍정적인 면만을 갖지 않음에도 불구하고 여전히 '가족'이라는 공동체가 존재한다는 사실이다.

조별 나눔

Q1. 당신은 하나의 '가족(family)'을 형성할 의사가 있나요? 그렇다면 그 이유는 무엇인가요?

Q2. '가족'을 형성하기 원한다면, 합법적 부부, 동거 부부 등 어떠한 형태로 나아가길 원하나요? 그 이유와 함께 논의해봅시다.

표 3-1 가족의 주요 발달과업과 가족문제

단계	발달과업	주요 가족문제
제1단계 새롭게 출발하는 가족	• 부부체계의 형성: 성숙한 남녀의 결합, 서로 만족할 수 있는 관계 수립 • 각자 원가족에서 정서적 자립: 원가족과 배우자와의 관계에서 적절한 균형 유지, 각자의 친인척과 맺는 관계를 부부단위로 새롭게 재편성 • 기본적인 가족기능을 원만히 수행: 물리적, 정서적, 심리적 요소도 중요 • 부모기에 대한 의사결정	• 가사, 재정관리 등 생활방식에서 불일치 • 부부간 성격차 및 성적 부적응 • 인척과의 갈등 • 대화체계 및 가족규칙 정립상의 갈등
제2단계 어린 자녀를 가진 가족	• 자녀를 포함한 부부체계의 재구성: 부모와 자녀 사이의 균형 유지, 경계가 명료하고 유연함은 자녀의 성장 촉진 • 부모로서의 역할 수행 • 부모 또는 조부모의 역할을 포함하는 확대가족관계 회복 • 첫 자녀 또는 다른 자녀들이 유치원, 학교 등으로 진학하는 데 따른 사회화의 발달 • 균형 있는 자녀양육태도 확립	• 자녀 출산 및 신생아기: 부부중심에서 자녀중심 생활로의 변화에 부적응, 자녀양육 스트레스, 자녀와의 관계로 소원해지는 부부관계로 인한 갈등 • 자녀 영유아 및 아동기: 부부간의 유대감 약화, 부정적인 양육태도, 부-모-자녀 간 삼각관계, 자녀의 학교생활부적응 및 성적 부진 • 영유아의 모성적 양육박탈/유아학대/장애아동을 가진 가족문제/학교 가기 싫어하는 아동의 가족
제3단계 청소년기의 자녀를 가진 가족	• 부모자녀관계의 재정립: 자립, 책임, 통제라는 제각기 다른 세면의 통합 중요 • 사춘기 자녀가 가족체계 안과 밖을 자유롭게 드나드는 것을 허용하는 형태로 부모자녀 관계가 이행 • 중년의 부부문제나 직업 등의 발달과제에 대한 재인식 • 노년세대에 대해 배려하는 방향으로의 관심 이행	• 청소년기 자녀의 변화에 대한 부적응과 의사소통의 어려움, 자녀의 반항 • 자녀교육 관련 학업적 성취 및 경제적 부담 • 식이장애/청소년의 가정폭력
제4단계 자립하는 자녀를 둔 가족	• 부부체계의 새로운 협력-친밀한 인생 • 성장한 자녀와 부모 간의 성인으로서 맺는 관계로 이행 • 자녀의 배우자와 손자를 포함한 형태의 새로운 확대가족과 관계형성의 문제 • 부모 또는 조부모의 신체적 정신적 장애나 사별에 대한 대처-상실감 처리 중요	• 부모 성인자녀 간의 밀착 • 빈 둥지 증후군(empty nest syndrome) • 갱년기 위기감, 중년기 우울 • 노부모 부양 부담 • 아내구타가족/알코올중독의 가족
제5단계 인생의 만년을 보내는 가족	• 자신 또는 부부의 기능 유지와 신체적 쇠약에 대한 관심 • 새로운 가족관계 또는 사회적인 역할 탐색 • 중년세대가 중심적인 역할을 하도록 지지 • 연장자의 지혜와 경험을 가족체계 속에서 살리는 기회 형성 • 배우자, 형제, 동료의 상실에 대응, 자신의 죽음을 준비, 인생의 통합	• 신체적인 노화 및 은퇴에 부적응 • 부부가 함께 있는 시간이 길어짐에 대한 부적응 • 성인자녀와의 갈등, 고부갈등으로 인한 소외감 • 배우자 사별 후 홀로 됨에 부적응, 죽음에 대한 두려움 • 상실을 경험한 가족/치매노인

개인의 일생을 보면 출생부터 죽음까지 하나의 경로를 거친다. 마찬가지로 가족 역시 두 남녀의 결합을 통해 가족의 형성이 시작되고 부부 모두가 사망하는 시점에 이르러 가족은 소멸하게 된다. 이처럼 가족학 영역에서는, 가족생활에서 경험하는 결혼, 출산, 양육, 노후의 각 단계에 걸친 시간적 연속을 가족생활주기라고 일컫는다. 가족생활주기의 개념과 발달과업은 학자들마다 다르게 설명되나 일반적으로 표 3-1과 같이 5단계로 정리해 볼 수 있다.

듀발(Duvall)은 결혼, 출산, 자녀의 성장, 죽음 등의 가족 수가 줄거나 느는 것을 중심적 사건으로 설정하여 가족생활주기를 부부확립기 가족, 자녀출산 및 영아기 가족, 유아기 가족, 아동기 가족, 청년기 가족, 독립기 가족, 중년기 가족, 노년기 가족 등 8단계로 나누었는데, 가족심리적 접근이 아닌 사회학적 관점에 머물렀다는 한계를 지닌다. 보웬(M. Bowen)은 가족생활주기의 전체상을 그려내는 것이 중요하다고 하였다. 3세대 사이에서 이루어지는 교류, 출산, 결혼, 질병, 이별 등이 어떤 경과를 거치는지를 아는 것이 가족을 이해하는 중요한 부분이라고 하며 삼세대 분석을 중요하게 생각하였다.

그 외에도 카터(Carter)와 맥골드릭(McGoldrick)은 어른(young adult, 어린 성인), 이혼 및 재혼 가정과 같은 새로운 경향으로의 가족을 반영해야 한다고 하며, 어른, 결혼에 의한 가족결합, 어린 자녀가 있는 가족, 청년기 자녀가 있는 가족, 자립하는 자녀를 둔 가족, 노년기를 보내는 가족 등 6단계의 가족발달단계와 발달과업을 제시한 바 있다. 이처럼 가족생활주기는 사회의 변화에 따라 변화하는 것을 알 수 있다.

표 3-2 어떤 가족에게도 소속되지 않은 젊은 성인

단계	발달과업	주요 가족문제
가족과 가족 사이의 중간적 존재	• 원가족으로부터의 분리와 독립 • 가족과의 관계에서 자기 확립 • 친밀한 또래관계의 발달 • 직업상의 정체감 확립	• 부모자녀 간의 지나친 밀착, 경직 • 결혼 및 미취업으로 인한 문제와 그로 인한 부모자녀 갈등

조별 나눔

Q1. 현재 자신은 어떤 가족생활주기 단계에 있으며 제시된 발달과업 중 대체로 잘 이루고 있는 과업과 그렇지 못한 과업을 나누어보고 설명해봅시다. 또한 이와 관련된 가족문제에 대해 이야기 나누어봅시다.

Q2. 1975년 미국의 전국 조사에서 무작위로 추출한 배우자 또는 성적 파트너와 동거 중인 18세 이상 여성에게 설문조사를 한 결과, 12.1%가 1년에 한 번 이상 파트너에게 폭력피해를 입었다는 설문조사결과가 있습니다. 우리나라에서도 부부 간 폭력, 부모와 자녀 간 폭력이 기사화 되는 것을 매일 같이 접할 수 있을 정도로 가족 간 폭력은 만연해 있습니다. 이러한 폭력은 가족 속에서 답습하여 반복되는 것으로 세대 간 전달된다는 점에서 문제가 심각합니다. 이러한 가정폭력의 연결고리를 끊기 위한 개인적, 사회적 방안에 관해 논의해봅시다.

Q3. 우리는 살아가며 여러 가지 이유로 사람들과의 관계를 맺고 이별을 합니다. 이별을 하는 과정에서 상실감과 좌절을 경험하기도 합니다. 가족 내에서도 이혼, 별거, 죽음 등의 이유로 상실감을 경험하게 됩니다. 어떤 상실경험이 있었는지, 어떠한 방법으로 극복하였는지 이야기 나누어 보고, 이를 바탕으로 상실감을 경험한 사람들을 어떻게 도울 수 있는지 방안에 관해 논의해봅시다.

3. '부모'라는 이름

어떤 커플은 결혼 후 '부모'라는 이름을 갖고 살아간다. 반면 어떤 커플들은 둘만의 여유로운 삶을 위해 '부모'라는 이름을 포기하며 그들만의 시간과 여유를 선택한다. 지금은 결혼과 부모되기를 '선택'으로 받아들이는 사회적 분위기가 만연해 있지만, 얼마전까지만 해도 한국은 결혼하는 것과 부모되는 것이 당연한 것으로 받아들여졌다.

한 여성은 자신의 부족한 점을 누군가가 채워주기를 원하며, 자신도 상대방을 의지하고 함께 인생을 살아갈 수 있는 동반자가 필요하여 결혼을 선택하기도 하고, 어떤 사람은 자식을 낳아서 잘 키우고 싶은 기본적인 욕구를 실현하고자 사랑하는 파트너를 만나기 원하기도 한다. 또한 필자의 친구는 나이가 들어가면서 혼자 있으면 초라해보일 것 같아서 결혼을 선택하였다. 그리고 아직도 많은 어른들은 '사람이 순리대로 사는 게 가장 행복한 거야'라고 말하며 미혼자들에게 압력을 가하기도 한다. '부모됨'의 선택 역시 마찬가지이다. 우리 사회는 '정상과 비정상'의 프레임을 작동시켜, '결혼을 하면 부모가 되는 것'을 당연한 것으로 말해 왔다.

당신은 '부모됨'을 선택할 것인가? 이 질문에 관하여 어떠한 답변을 할 수 있을지 상상해보자. 그리고 만약 부모됨을 선택한다면 가족에 어떠한 일이 벌어질지 상상해보자.

자녀 출산 이후 가족은 여러 변화를 겪는다. 가족(family)은 하나의 시스템이므로 자녀 출산으로 가족구성원이 증가되는 현상은 단순히 숫자의 증가만을 의미하지 않는다. 일차적으로 부모라는 새로운 역할이 부여되며 부모로서의 적응기를 거치게 된다. 누구의 엄마와 아빠라는 새로운 이름을 부여받게 되며 부모-자녀 관계라는 새로운 관계가 시작된다. 아마도 현대사회 대부분의 산모는 병원에서 아기수첩을 여러 아기를 돌보는 방법을 직간접적으로 배워갈 것이다. '엄마'라는 이름은 출산 전 '여성'이라는 이름과는 매우 다른 삶의 모습을 가져온다. 출산은 주변의 여러 축복세례 가운데 기쁜 소식임이 분명하지만 당사자에게는 신체적으로 우울감에 빠지기 쉬운 호르몬의 상태이자, 동시에 여러 새로운 역할이 부여되고 이전과 같이 자유롭게 친구를 만나거나 맛있는 음식을 먹으며 여유를 만끽할 시간이 충분치 못해 실제 심리환경면에서 취약할 수 있는 시기이다. 이는 여성에게만 국한된

현상이 아니다. 남편 역시 갓난아기의 울음소리로 밤잠을 설치게 될 수도 있고, 자녀를 책임져야 한다는 경제적 압박이 가중될 수도 있다. 아울러 양성평등이 요구되는 시대에 살아가는 남성들은 퇴근 후 아내의 자녀돌봄과 가사일을 자신도 도와야 한다고 인식하거나, 실제 아내의 요구에 의해 스트레스를 받을 수도 있다. 물론 반대로 아기가 주는 기쁨은 인간이 경험할 수 있는 최상의 선물일 것이다. 천진난만한 아기가 방긋 웃어주거나 천사처럼 누워 잠든 모습은 그 존재만으로도 생명의 놀라움을 선사할 것이다.

조별 나눔

Q1. '부모됨'을 선택할 것인가요? 그 이유는 무엇인가요?

Q2. 자녀 출산 이후 '가족'이라는 하나의 시스템에 어떠한 일이 발생될지 상상해봅시다. 가족원의 라이프스타일, 재정상황, 여가활동, 가사분량 및 역할 등에서 어떤 변화가 있을까요?

조별 나눔

Q3. 당신이 6세 남아를 둔 아빠라고 상상해봅시다. 그는 날마다 축구와 드론 날리는 일에 빠져 있습니다. 이에 아빠는 '책읽는 연습'을 습관으로 들이고자 하는데, 어떤 방법이 있을까요?

생각 나눔

Q1. 당신이 부모가 된다면, 자녀와 어떠한 활동을 함께 공유하고 싶은지 생각해봅시다. 세 가지 활동을 찾아 적고 그 이유를 기술해봅시다.

활동 1.

활동 2.

활동 3.

Q2. '여성'은 자녀출산과 동시에 '엄마'가 됩니다. 한국사회에서 대체로 보호받던 여성은 자녀출산 이후 수퍼우먼의 모습을 요구받곤 합니다. 요즘은 일도 잘하고, 아이도 누구보다 잘 키워야 하고, 그러면서도 집에서는 현모양처같은 살림 잘하는 여성의 모습이 강요될 때가 있습니다. 이러한 한국의 문화권 내에서 자녀출산 이후 여성이 '엄마'의 이름으로 행복하게 살아보려면 무엇이 필요할까요? 개인적, 사회적 및 국가적 차원으로 맞춰 논의해봅시다.

생각 나눔

Q3. 한국에서 대부분의 '아빠'는 경제적 부양을 담당하는 도구적 존재로 살아왔습니다. 자녀 출산 이후, 아빠들이 보다 활력있고 건강하게 살아가기 위해서는 무엇이 필요할까요? 당신 주변에서 '행복한 아버지'의 모델이 되는 사례를 찾아 논의해봅시다.

Q4. '부모'라는 이름을 갖기 전, 부부가 서로 논의해야 할 부분이 있을까요? 편한 부부라는 이름이 부부에게 가져올 긍정적, 부정적 측면들에 관해 생각해봅시다.

4장 자녀발달 단계에 따른 부모역할(1)

최경

인간은 사랑의 과정을 거쳐서 부모됨을 선택합니다. 부모가 된다는 것은 매우 기쁘고 설레는 일이지만, 처음으로 부모가 되어서 자녀를 돌보고 교육하는 것이 결코 쉬운 일만은 아닙니다. 아이(자녀)는 살아 움직이는 '하나의 생명체'라서 부모의 의지나 바람에 따라 저절로 크는 것이 아니라, 아이마다 각기 다른 특징을 가지고 있으며 자기만의 속도로 변화하고 성장하기 때문입니다. 따라서 부모는 인간의 성장과 발달 단계에 대한 이해를 바탕으로 자녀의 발달 단계가 변화함에 따라 적합한 역할이 무엇인지를 인식하는 것이 필요합니다.

인간의 발달을 태내기와 신생아기, 영아기와 유아기, 아동기와 청소년기로 나눌 수 있습니다. 먼저 태내기, 신생아기, 영아기, 유아기의 발달적 특성에 대해 살펴보고, 이에 적합한 부모의 역할에 대해 살펴보고자 합니다.

생각 나눔

이론적인 내용을 살펴보기 전에, 자신이 알고 있는 내용에 대해서 생각해보거나 예측해보는 것은 내용을 이해하는데 도움이 됩니다. 조별 활동으로 활용해보아도 좋습니다.

Q1. 인간의 발달단계를 어떻게, 몇 단계로 나눌 수 있다고 생각하는지 그 이유와 함께 이야기 나누어봅시다.

Q2. 내가 쓴 발달단계를 토대로, 성장에서의 각 발달단계마다 필요한 부모의 역할이 무엇이라고 생각하는지, 어떠한 부모역할을 경험했거나 혹은 부모가 어떻게 했는지 알고 있는지, 혹은 미래에 나는 각 발달 단계에 따라 어떤 부모역할을 하고 싶은지 적어 봅시다.

Q3. 다음 표의 내용은 수업 전 예측 혹은 수업 후 정리의 단계에서 자유롭게 활용해봅시다.

	발달 단계 명칭	내가 생각하는 부모로서의 역할 수행	내가 경험하거나 알고 있는 부모의 역할 수행내용	내가 하고 싶은 부모 역할 수행 내용
1				
2				
3				
4				
5				
6				

1. 태내기 특징 및 부모역할

1) 태내기(prenatal period)의 발달적 특성

인간의 생명은 세상에 태어나기 이전에 태내에서 난자와 정자가 만나면서부터 시작된다. 태아의 태내발달은 크게 3기로 구분하는데 수정에서 약 2주간을 발아기, 다음 6주간을 배아기, 이후 2개월에서 출산까지를 태아기라고 한다. 자궁벽에 착상한 배아가 급속한 세포분열을 하면서 여러 신체기관이 형성되고 기능이 시작되며, 기관의 크기와 무게가 급속히 증가한다. 구체적인 특성은 다음 표와 같다(김현자 외, 2021).

표 4-1 태내기의 특성

	발아기(배란기, germinal period)	배아기(embryonic period)	태아기(prenatal period)
기간	수정후 10~14일	2주에서 8주	8주에서 출생까지
특징	• 정자와 난자가 만나는 결합을 수정이라고 함 • 수정 후 하루 혹은 이틀 뒤에 자궁 속에 정착하는 것을 착상이라고 함 • 난자 배출 후 착상까지는 10~13일 정도 걸림	• 신체의 주요기관과 조직이 형성되고 분화되는 시기임 • 4주경에 심장이 뛰고 소화기관, 태반, 간, 신장 등이 형성됨 • 8주경에 입, 눈, 귀, 손, 팔과 다리, 성기 등의 모습이 나타남 • 산모의 양수와 탯줄을 통해 영양분을 공급받고 움직임이 활성화됨	• 생명으로 존중받아 '태아'로 불림 • 4개월경에 태내 반사운동이 나타나며 불안, 초조, 불쾌함과 쾌감 등을 느끼기 시작함 • 6개월 경에 청각이 발달하여 부모의 목소리를 들으며 기본적인 시각기관이 완성됨. 엄마의 목소리처럼 익숙한 소리와 리듬을 인식하여 반응하며 이를 선호함 • 7개월경에 부모와 대화를 나눌 시 심장박동이 빨라짐 • 9개월경에 머리를 아래로 향하는 자세를 취함

태아가 성장하는 태내 환경은 태아의 발육뿐 아니라 출생 이후의 발달에도 매우 중요한 영향을 미치기 때문에, 태내 환경에 영향을 미치는 직접 혹은 간접적인 여러 요소들을 잘 살펴볼 필요가 있다. 예를 들면, 아버지 및 주변관련요인이 납, 니켈 등 유해물질이 많은 곳에서 일하는 직업을 가지고 있는지 혹은 임산부인 어머니관련요인의 연령이

나 영양 상태나 정서 상태, 질병의 유형, 약물이나 흡연 또는 음주 등의 요인을 살펴볼 필요가 있다. 또한 아버지나 가족들의 정서적 지원 및 태교에 대한 관심, 가사노동의 분담 등은 산모에게 긍정적인 영향을 줄 수 있다.

2) 태내기 부모역할

생명체를 잉태하게 되는 태내기에서부터 부모역할이 시작된다. 이제 남자와 여자 혹은 부부에서 '예비 부모'로서의 역할이 생기는 것이므로, 생명체의 건강한 성장과 발달을 위해서 함께 부모로서의 역할을 계획하고 준비하며 함께 실행해나가야 하는 것이다. 태내기 부모역할은 부부가 가족이라는 공동체의 구성원이 된 태내의 아기와 애착을 형성하기 위해 노력하고, 협력하여 아기의 탄생을 준비하는 과정을 통해서 부모가 되는 과정을 경험하는 것이다. 따라서 산모 뿐 아니라 남편이 아기의 탄생을 위한 준비를 함께 하는 것은 산모가 임신으로 인해 신체적 혹은 심리적으로 느끼는 다양한 불안감을 완화시키고 긍정적으로 받아들일 수 있도록 도와주면서, 부모로서의 결속력을 경험하게 되는 의미있는 시간이 된다.

여러 학자들이 이야기하는 태내기 부모역할의 내용에 대해 살펴보면 다음과 같다.

첫 번째로는 '부모가 되었음을 인식하고 긍정적으로 받아들이는 것'이다. 즉, 임신을 확인하는 순간부터 임신을 긍정적으로 수용하고 이제 부모가 되었음을 받아들이면서 자신이 생각하는 부모의 모습에 대해서 생각해보아야 하는 시기이다.

표 4-2 임신기간의 증상

	임신 초기	임신 중기	임신 후기
기간	임신 시작~14주	15주~28주	29주~출산
특징	• 생리가 없으며 피로감을 느낌 • 속이 매스꺼우며 식사를 잘 못해서 체중이 감소함 • 6주경부터 입덧이 시작되고 12주경 사라짐 • 잦은 배뇨와 분비물이 증가함	• 아랫배가 조금씩 불러옴 • 유방이 커지고 복부에 임신선이 생김 • 식욕이 왕성해지고 특정음식을 좋아하거나 싫어하게 됨 • 태동을 느낌	• 배가 많이 부르며 거동이 불편해짐 • 숨이 차고 화장실에 자주 가며 변비가 생기기도 함 • 태아의 발길질을 느낌

두 번째로는 '임신 중에 일어나는 신체, 정서 등의 여러 가지 변화에 대해 인식하는 과정'이 필요하다. 이 시기에는 임신 및 육아 관련 서적을 통해서 임신 중의 다양한 변화에 대해 이해하면서 건강한 모체를 유지하고 태내 아기의 성장과 변화에 편안하게 적응하고자 노력해야 한다. 임신은 가족 모두에게 기쁘고 설레는 일이지만, 첫 임신의 경우에는 산모와 남편 모두 정확하게 설명하기 어려운 복잡한 감정을 느끼게 될 수도 있다. 따라서 임신으로 인해 처음 겪게 되는 다양한 일들을 부부가 함께 하는 것도 필요하지만, 주변의 친구나 친지들의 지원을 활용하는 것도 큰 도움이 된다.

세 번째로는 '건강한 태내 환경을 제공하고자 노력하는 것'이다. 산모와 태아는 신체뿐 아니라 심리적으로도 매우 긴밀하게 연결되어 있으므로, 금지하여야 할 음식이나 약물 등에 대해서 인식하고 있어야 한다. 산모는 스트레스나 불안이 되는 상황을 최소화하면서 즐겁고 편안한 기분이 될 수 있도록 노력하는 것이 필요하다. 독서나 음악감상, 가족이나 친구들과의 즐거운 대화, 전자제품 사용시간의 조절, 가벼운 산책이나 운동 등은 산모와 태아가 긍정적인 컨디션을 갖기 위해 노력하는 데 도움이 된다.

네 번째로는 '태교'이다. 태교란 태내교육의 줄임말로, 임산부가 태아에게 좋은 영향을 주기 위해 말이나 행동, 마음 가짐에 신경을 쓰는 것을 말한다. 태교의 유형에는 부드러운 목소리로 태아에게 이야기를 들려주는 태담, 태아에게 좋은 음악을 들려주는 음악 태교, 태아의 신체기관 발달을 돕고 출산 후 산모의 빠른 회복을 돕기 위한 운동 태교 등 다양한 방법으로 시행할 수 있다. 태교는 태아도 인격체로 인식하고 존중하는 마음이 포함된 것으로 태내에서 다양한 발달을 할 수 있도록 최선을 다하려는 부모의 정성과 사랑이 담겨 있다.

다섯 번째로는 '즐거운 마음으로 출산 준비하기'이다. 이 시기에는 산모의 건강 상태를 고려하고 의사의 도움을 받아서 분만의 방법(자연분만, 수중분만, 제왕절개 등)을 결정하고, 출산 후 산모의 휴식이나 아기의 돌봄에 관해 도움을 줄 수 있는 사람이나 기관 등을 알아보고, 아기에게 필요한 물품을 미리 준비하는 것이 적합하다. 예를 들면, 의류 속옷 3~5벌, 겉옷 3~5벌, 기저귀 30~40장, 포대기, 턱받이, 거즈(손수건), 목욕통, 목욕타월, 비누, 베이비오일, 아기요, 이불, 베개, 우유병, 우유병 소독용품 등 다양한 물품을 준비하는 것이 도움이 된다.

조별 나눔

Q1. 태내기의 부모역할에서 가장 중요하다고 생각하는 것은 무엇인지, 왜 그렇게 생각하는지 이야기를 나누어봅시다.

Q2. 부모님으로부터 들은 나의 태몽이나 태내기에 대한 이야기가 있다면 함께 나누어봅시다.

※ 부모와 아이들의 마음을 이해하기 위해 그림책을 읽어 봅시다.

그림책은 글과 그림이 함께 조화를 이루고 있는 책을 말합니다. 따라서, 글을 읽지 못하는 어린아이부터 어린아이에게 글을 읽어주는 성인에 이르기까지 누구나 즐기고 공감할 수 있는 책입니다. 실제로 아이에게 그림책을 읽어주며 그림책의 매력에 빠진 부모나 교사들도 많이 있습니다. 그림책에는 인간의 탄생부터 죽음에 이르는 다양한 삶의 모습이 여러 가지 색깔의 글과 그림으로 표현되어 있기 때문이지요. 그래서 그림책을 읽는 독자는 인생의 희로애락을 간접적으로 경험하고 이해하며 공감하게 됩니다. 한마디로, 그림책은 어린 영아에서부터 노인까지, 0세부터 100세까지 글과 그림을 읽으며 즐길 수 있는 책입니다.

그림책을 읽는 즐거움과 기쁨을 느끼는 사람들이 많아지면서, 최근에는 '그림책을 통한 힐링'이나 '그림책 테라피'라는 용어도 생겨나고 있습니다. 그림책에 담긴 다양한 삶의 모습을 읽으며, 자신이나 타인의 감정을 이해하고 치유하고자 하는 사람들이 늘어나고 있기 때문입니다. 독자는 짧은 분량 속에서도, 삶에 대한 느낌을 함축적으로 표현하고 있는 그림책이 주는 울림과 감동을 경험할 수 있기 때문입니다. 그래서 최근에는 그림책을 개인이나 집단을 대상으로 하는 심리 상담 프로그램이나 부모 교육 프로그램에서 많이 활용하기도 합니다.

※ 조별활동을 통해서 여러분이 그림책을 접할 수 있는 기회를 주고자 합니다. 그림책을 읽고 그 속에 담긴 아이나 부모의 마음을 생각해 보고, 글로 써 보거나 토론을 하는 것은 다양한 연령의 자녀가 있는 부모의 역할을 이해하고, 그들을 위한 부모교육 프로그램을 계획하는 데에 도움이 될 것입니다. 본 저서에 제시된 그림책들 외에도, 다양한 가족을 위한 부모교육에 도움이 될 만한 그림책들이 많이 있습니다. 집 근처에 있는 도서관을 이용하거나, 인터넷 검색을 통해서 그림책을 찾아보고 다양한 활동을 해 보시길 바랍니다.

※ 학생들이 그림책을 읽고 조별 활동을 한 내용을 예시로 소개하면, 다음과 같습니다.

그림책 『나는 사랑의 씨앗이에요』는 '꼬마'라는 정자가 주인공입니다. 정자가 얼마나 열심히 노력해서 난자를 만나 수정란이 되고, 엄마 뱃속에서 태내기를 어떻게 지내는지가 만화 그림을 통해 재미있게 표현되어 있습니다. 또한 그림책에 표현된 부모의 말 "우리는 널 기다리고 있단다.", "어서 오렴, 힘을 내."는 뱃속에 있는 꼬마가 세상 밖으로 나오기를 고대하는 부모의 마음을 잘 느낄 수 있었습니다. 꼬마가 엄마와 아빠의 사랑을 받고 태어난 '사랑의 아기'가 되는 과정을 느끼면서 이런 과정으로 나를 나으셨을 부모님의 마음도 느낄 수 있었습니다. 이 책을 읽고 친구들과 이야기를 나누면서 부모님에 대한 이야기도 많이 했고, 생명체의 신비와 인간의 생명력에 대해서도 이야기를 나눌 수 있었습니다.
그리고 태내기 부모마음을 이해하는 부모 교육활동을 이야기하는 과정에서는 태내기 부모의 마음이 '씨를 심고 잘 자라도록 햇빛을 쐬어주고 물을 주며 기다리는 마음'과 같다는 이야기를 나누었습니다. 그래서 결혼을 앞두고 있는 예비 부모를 위한 부모 교육 활동의 내용으로 '씨앗을 심고 가꾸는 활동'을 계획하면 좋겠다는 이야기를 나누었습니다. 또 현재 임신을 하고 있는 부모들 중에서도 임신으로 인한 다양한 변화를 겪거나 태아가 잘 자라고 있는지 불안해하고 있는 부모들이 있으므로 『나는 사랑의 씨앗이에요』 그림책을 읽어주거나, 엄마가 아기에게 들려주고 싶은 말을 녹음해보는 활동을 하여 임산부들에게 심리적 안정감을 제공하면 좋겠다는 이야기도 나누었습니다.

Q3. 그림책 『나는 사랑의 씨앗이에요: 나는 어떻게 태어났어요?』 (파스칼 퇴라드 글, 장 샤를 사라쟁 그림, 신혜정 역, 2002)를 읽으면서, 아기의 탄생 과정과 그 의미, 탄생의 신비에 대해서 생각하고 함께 이야기를 나누어봅시다.

Q4. 태내기에 느끼는 부모의 마음이 담긴 그림책 『내 심장이 콩콩콩』 (김근희 글, 그림, 2017)의 글과 그림(자수의 바느질)에서 느껴지는 부모의 마음을 느껴보고 태내기에서의 아이의 변화, 성장에 대해서 함께 이야기를 나누어봅시다.

2. 신생아기 부모역할

1) 신생아기(neonatal period)의 발달적 특성

태어나서 1개월까지를 신생아기라고 한다. 태아가 자궁 속에서 보호받던 생활에서 벗어나 독립적으로 바깥 세상에 적응해가는 시기이다(김수희 외, 2012). 신생아의 신장은 평균 50.8cm이고, 체온은 평균 37~37.5℃ 정도로 성인보다 다소 높은 편이다. 하루 중 16시간에서 18시간 정도를 자다 깨다가 하면서 하루의 대부분을 잠자는 시간으로 보낸다(김현자 외, 2021). 또한 신생아기는 태어나면서 가지고 있는 선천적인 반사능력과 아울러 감각능력이 발달하는 시기이다.

(1) 신생아의 주요 반사능력

신생아는 선척적으로 여러 가지 반사능력을 가지고 태어난다. 반사능력은 일정 시간이 지나면 사라지지만, 자극에 대한 신생아의 주요 반사능력을 살펴보면 다음과 같다(김수희 외, 2012).

표 4-3 신생아의 주요 반사능력

반사	행동묘사	발달과정
찾기(rooting)	아기의 빰에 뭔가 닿으면 그쪽으로 고개를 돌리고 빨 것을 찾는다.	3~4개월경 소실
빨기(sucking)	아기의 입 주위에 빨 만한 것이 있으면 빤다.	9개월경 소실
눈깜짝 (blinking or corneal)	갑작스런 밝은 빛에 노출되거나 각막 근처로 물체가 접근하면 눈을 깜박인다.	영속적
모로(moro)	놀라기 반사(startle reflex)라고도 한다. 큰소리나 신체적인 충격을 받았을 때 아기가 양팔을 벌리고 등을 활처럼 휜다.	6~7개월경 소실
바빈스키(babinsky)	아기의 발바닥을 쓰다듬으면 발끝을 바깥쪽으로 벌렸다가 안쪽으로 움츠러 들인다.	10~17개월경 소실
파악(grasping)	손바닥에 뭔가 닿으면 손가락을 그 물건 주위로 오므린다.	3~4개월경 소실
걷기(steeping)	갓난아기를 들어올려 발이 발바닥에 닿게 되면 발을 번갈아 짚으며 걷는 것과 유사한 움직임을 나타낸다.	2~3개월경 소실

(2) 신생아의 감각능력

신생아들은 비교적 발달된 감각능력을 가지고 있다(김수희 외, 2012). 신생아들은 주로 감각을 통해서 대상을 지각하고 환경의 자극에 반응하는데, 이것은 신생아의 지각발달에 기초가 되며, 이후 영아기의 인지발달과 운동발달에 영향을 미친다.

① 시각

출생시 신생아의 눈은 아직 구조적으로 미성숙하여, 물체에 초점을 고정시키거나 초점을 맞추지 못하지만, 생후 2일 경에는 빛의 강약에 따른 동공반사를 할 수 있다. 1개월 경에는 시각자극에 따라 눈을 돌리고 움직이며 물체를 따라거나 사물에 초점을 맞추고 응시할 수 있다. 2개월경에는 180도 각도에서 물체를 추적하는 수평주시가 가능하고, 점차 수직에서 원형으로 물체를 추적하는 것이 가능하다(정옥분, 2016; 김수희 외, 2012).

② 청각

신생아는 출생 직후 3일 동안은 귀에 양수가 남아 있어서 작은 소리는 듣기 어렵지만 점차 양수가 빠져 나가면서 소리의 크기, 지속시간, 방향 및 빈도를 구별할 수 있게 된다(Bower, 1982). 아기는 잡음보다는 잘 아는 사람의 목소리를 더 좋아하는데, 특히 태내에서 들었던 익숙한 목소리인 엄마와 아빠의 목소리에 잘 반응하고, 다른 아기의 울음소리에 따라 우는 반응을 보인다. 또한 부모는 신생아에게 기저귀 갈기, 목욕, 수유 등을 하면서 많은 말을 해주기 때문에, 청각은 촉각과 함께 신생아가 가장 많은 자극을 받는 부분이다.

③ 촉각

신생아의 촉각은 출생시 가장 발달되어 있는 감각이다. 얼굴(입술, 혀, 이마)과 손 및 발바닥이 가장 예민하며, 특히 온도감각과 통각이 잘 발달되어 있다(전선옥, 2017). 양육자는 신생아에게 신체적 접촉과 같은 촉각을 통한 돌봄을 많이 제공하는데, 이것은 신생아기의 촉감 변별능력뿐 아니라 정서적 안정감 형성에도 도움이 된다.

④ 후각

신생아의 후각은 비교적 잘 발달되어 있다. 생후 7일된 신생아들은 자기 어머니의 젖을 발라놓은 헝겊과 다른 어머니의 젖을 발라놓은 헝겊을 냄새로 구별할 수 있었다. 또한 다양한 냄새를 완벽하게 구별하는 것은 어렵지만, 암모니아 냄새나 썩은 달걀 냄새 등을 맡았을때 고개를 돌리거나 불쾌한 냄새에는 얼굴을 찌푸리는 반응을 보이고, 바나나나 초콜릿과 같은 달콤한 향을 맡으면 맥박과 호흡이 이완되는 반응을 보이거나 유쾌한 얼굴 표정을 짓는다(정옥분, 2016; 김수희 외, 2012).

⑤ 미각

신생아의 미각도 잘 발달되어 있는 편으로, 생후 2주일 정도 되면 맛을 구별할 수 있고 특히 단맛을 선호한다. 단맛을 맛보면 미소를 짓거나 입을 다시며 긴 시간 빨아먹기도 하지만 짠맛이나 신맛에는 얼굴을 찡그리거나 호흡이 불규칙해지기도 하고, 쓴맛은 싫어하는 표정이나 뱉는 행동을 보이기도 한다(곽금주 외, 2015; 김수희 외, 2012).

2) 신생아기 부모역할

신생아는 양육자에게 전적으로 의존할 수 밖에 없으므로, 부모는 신생아의 감각적인 특성에 유의하면서 잘 보살펴야 한다. 따라서 신생아 양육 과정에서 부모가 알아야 할 몇 가지 내용들을 살펴보면 다음과 같다.

(1) 신생아 돌보기

① 기본검사

신생아는 분만 직후에 입속에 있는 양수와 이물질이 제거되고, 탯줄을 잘라서 스스로 호흡하는데 필요한 처치를 받는다. 처치 후에는 육안으로 아기의 전반적인 상태를 점검하며, 아기의 신체적 건강상태를 측정하기 위해 아프가(Apgar) 검사와 브라젤튼(Braxelton) 행동검사를 한다(김수희 외, 2012).

가. 아프가 척도(Apgar Scale)

신생아의 건강상태를 측정하는 대표적인 검사로, 출산 직후에 발달정도를 측정하는 검사이다. 생후 1분과 5분 후에 검사하여 아기의 정상여부를 파악할 수 있다. 외모(피부색) 맥박(심장박동수), 반사자극 민감성(얼굴표정), 활동성(근육상태), 호흡 등의 5개 영역의 아기 상태에 따라 0점, 1점 또는 2점으로 측정한다. 합산 결과 7점 이상이면 정상, 5~7점이면 호흡을 위한 도움이 필요한 상태이며, 특히 4점 이하이면 위험한 상태로 즉각적인 조치가 필요하다.

표 4-4 아프가 척도의 내용과 평가 방법

하위척도		점수		
		0	1	2
A(appearance)	외모(피부색)	몸 전체가 푸르거나 창백함	몸통은 분홍색이지만 사지는 푸른색	몸 전체가 분홍색
P(pulse)	맥박(심장박동률)	없음	느림(100회 이하)	급속함(100회 이상)
G(Grimace)	반사자극 민감성(얼굴표정)	무반응	얼굴을 찡그림	재채기, 기침, 울음
A(Activity)	활동성(근육상태)	축늘어져 있음	약하고 비활동적	강하고 활동적
R(Respiration)	호흡	없음	약하고 불규칙	양호, 울음

나. 브라젤튼 행동평가척도(Braxelton Neonatal Behavior Assessment Scale)

신생아가 주위 환경에 반응하는 방식을 측정하여 발달 상태를 예측하기 위한 도구이며, 다음과 같은 네 가지 영역으로 평가한다.

표 4-5 브라젤튼 행동평가척도 평가영역

상호작용 행동	사람과 환경에 대한 민감성과 귀엽게 보는 행동
운동 행동	반사능력과 근육 상태, 손과 입의 협응력
생리적 조절	화가 난 후 진정할 수 있는 능력
스트레스에 대한 반응	시각적·청각적 자극에 놀라는 반응 또는 이에 적응하는 능력

② 목욕

신생아의 목욕은 수유 전이나 저녁 잠들기 전 1일 1회가 적절하고, 실내온도는 24~27℃, 목욕물 온도는 38~39℃가 적당하다. 목욕은 머리, 목, 팔, 다리 순서로 하며, 신생아의 배꼽은 세균감염에 취약하므로 물이 들어가지 않도록 조심하고, 목욕 후에는 소독하고 닦아 주는 것이 중요하다(전선옥, 2017).

③ 수유

출산 후 며칠동안 산모에게서 황색을 띤 진한 모유가 분비되는데, 이것을 초유라고 한다. 초유는 초유 이후에 분비되는 성숙유에 비해서 칼로리가 높고 면역체와 글로불린 등이 풍부하여 신생아에게 유익하므로 반드시 먹이는 것이 좋다(전선옥, 2017). 모유에는 항체나 면역체가 다량으로 포함되어 있어서 신생아에게 질병에 대한 저항력을 길러주는 데 도움이 된다. 하지만 엄마의 건강 상태에 따라 인공수유를 하기도 하며, 그런 경우에도 아기가 편안함을 느끼도록 눈을 맞추어 수유를 하면 된다.

(2) 가족관계의 재정립

① 신생아와 관계 맺기

신생아를 돌보는 과정에서 오감각을 충분히 자극해주는 것이 좋다. 신생아가 누워 있는 위쪽에 모빌을 준비하거나 목욕 또는 수유시에 부드러운 신체접촉을 하면서 아기 이름을 불러주고 안정적인 음악을 들려주는 등 시각, 청각, 촉각적인 자극을 통해 편안한 돌봄의 시간이 될 수 있도록 한다.

② 새로운 가족관계 맺기

신생아기는 가족구성원에 실제로 변화가 생기는 시기이다. 출산 후에 엄마나 아빠는 새로운 가족관계에서의 역할에 적응해야 한다. 엄마는 아직 경험이 없는 상태에서 우는 아기를 달래거나 아기가 아플 때 간호를 하는 등 갑자기 겪게 되는 다양한 상황으로 인해서 불안감과 힘듬을 경험할 수 있다. 또한 남편도 아직 조심스러워서 육아에 어떻게 참여해야 할지 모를 수 있다. 따라서 남편은 출산 후 아내가 겪는 심신의 어려움을 이해하고, 아내도 남편이 아직 부모로서 자신의 역할을 인식하기 어려울 수 있음을 이해하면서 서로 대화를 통해 남편과 아내가 부모로서의 새로운 가족관계와 역할을 이해할 수 있도록 노력하는 것이 필요하다.

조별 나눔

Q1. 신생아기의 부모역할에서 가장 중요하다고 생각하는 것은 무엇인지, 왜 그렇게 생각하는지 이야기를 나누어봅시다.

Q2. 그림책『네가 태어난 날엔 곰도 춤을 추었지』(낸시 틸먼 저, 이상희 역, 2009)를 읽으면서, 아기의 탄생을 기뻐하는 부모의 마음을 생각해보고, 함께 이야기해봅시다.
또한 부모로서 느끼는 기쁨 만큼 처음으로 자녀를 양육하는 데에 있어서는 어떤 불안함이 있을지 그 불안함은 어떻게 조절할 수 있을지 이야기를 나누어봅시다.

생각 나눔

※ 영아기의 부모역할을 이해하기 위해서는 자신이 알고 있는 영아기 혹은 인간의 발달에 대한 기본적인 이론을 정리해보는 것이 도움이 됩니다.

Q1. 영아기의 사회·정서발달에 있어서 중요한 개념인 '애착'에 대해 알고 있는 것을 정리하여 이야기해 봅시다.

- 애착과 관련된 에인즈워스(Ainsworth)의 '낯선 상황 실험'에 대해 이야기해 봅시다.
- 애착의 유형에 대해 이야기해 봅시다.

Q2. 피아제(Piaget)의 인지발달이론에서 영아기의 발달과 관련된 '감각운동기'의 특징에 대해서 이야기해 봅시다.

Q3. 에릭슨(Erikson)의 심리사회적 발달이론에서 이야기하는 8단계의 발달 단계에 대해서 생각해 보고, 각 단계에서의 과업과 위기에 대해서 정리해 봅시다. 그리고 영아기와 관련된 발달의 과업과 위기에 대해서 집중적으로 이야기해도 됩니다.

3. 영아기 부모역할

1) 영아기(infancy)의 발달적 특성

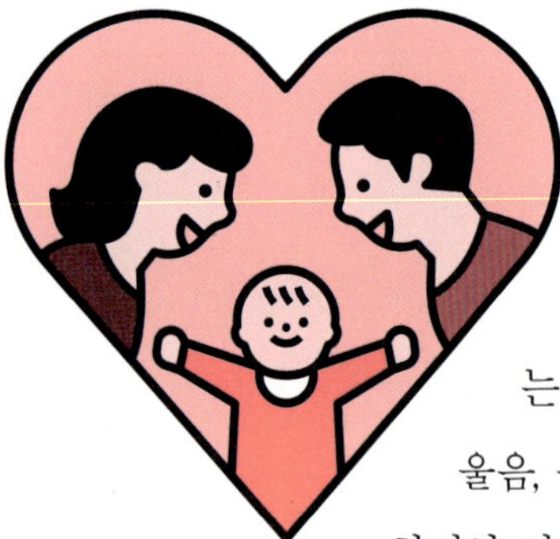

태어나서 만2세까지를 영아기라고 한다. 이 시기는 신체적 성장이 매우 빨라서 기고, 서고, 걷기 등의 기본적인 운동기술이 발달하는 단계이다. 오감을 활용한 탐색과 기본적인 운동기술을 바탕으로 세상을 능동적으로 탐색하기 때문에 인지 발달이 급속도로 이루어지는 시기이다. 또한 생애 초기에 이루어지는 부모와의 애착 형성, 몸짓과 울음, 옹알이와 단어 발화 등 언어 및 비언어적인 방법으로 의사소통을 시작하면서 타인과 사회적 관계를 경험하는 시기이다. 따라서 영아기는 신체적·정서적·인지적·사회적 측면에서 신생아기에 비해 놀라운 발달이 이루어지는 중요한 시기이다.

(1) 신체·운동 발달

영아는 대근육 발달에 있어서 머리를 가누고, 앉고, 기는 과정을 거쳐서 서고 걷기, 계단을 오르내리고 두발을 모아 점프할 수 있는 단계까지의 운동 발달이 이루어진다. 또한 소근육 발달도 이루어져서 손을 뻗어서 물건을 잡기에서 숟가락 사용하기, 엄지손가락과 집게손가락을 사용하여 물체를 쥐기, 5개 정도까지의 블록을 쌓기, 공을 손으로 잡아 던지기 등으로 소근육을 단순한 수준에서 정교하고 복잡한 수준으로 사용하는 행동을 할 수 있게 된다. 영아기는 아직 성인의 도움이 많이 필요하기는 하지만, 조금씩 성장하는 대소근육능력의 발달을 토대로 먹고, 입고, 놀이하는 등의 일상생활에 필요한 기본생활습관을 형성해나가는 시기이다.

(2) 인지발달

영아기의 인지발달은 신생아기에 형성된 감각능력의 발달이 더욱 확장되는 시기이다. 피아제(Piaget) 인지발달 이론에 따르면 감각기관과 신체·운동 발달을 통해서 세상을 이해하는 감각운동기이다. 영아는 반사행동과 오감각의 능력을 바탕으로 환경을 적극적으로 탐색하면서 사물과 환경에 대한 다양한 개념을 형성하게 된다(김수희 외, 2012). 영아는 자신의 오감각으로 주변의 사람이나 사물을 끊임없이 탐색하고 놀이한다. 탐색의 결과물을 관찰하고 질문하고 다양하게 변화시켜보면서 그 대상의 특성을 이해하고 다른 것과의 차이를 발견하는 과정에서 대상에 대한 인지구조를 형성한다. 영아들은 딸랑이나 공, 블록을 가지고 여러 가지 방법으로 흔들고 굴리고 던지고 쌓는 과정에서 놀잇감의 속성을 조금씩 이해하게 된다. 또한 반복적으로 까꿍놀이를 하면서 보였던 것이 사라질 수도 있지만 다시 나타날 수도 있다는 것을 이해하게 된다. 따라서 만2세 무렵의 영아들은 이제 사물이 눈앞에 보이지 않아도 어딘가에 영속적으로 존재하는 것을 아는 대상 영속성(object permanence)의 개념을 인식하게 된다. 머릿속에 사물에 관한 이미지를 그려낼 수 있게 되면서 지금 보이지는 않지만 전에 보았던 나비의 날개짓을 팔로 표현해내는 등의 상징적인 사고를 하고 표현하게 된다.

(3) 언어발달

영아기는 몸짓과 울음, 옹알이와 한 단어 및 두 단어 문장 등 비언어적인 몸짓과 음성언어의 방법으로 의사소통을 시작한다. 또한 부모가 들려주는 이야기를 듣거나 그림책을 보면서 문자 언어를 접하고, 종이에 끼적이기나 간단한 미술활동을 통해서 자신의 생각이나 느낌을 표현하기도 한다. 영아가 그림으로 표현한 것에 성인이 관심을 가지고 무엇을 그린 것인지 글로 표현하고 읽어주면, 영아가 기초적인 읽기와 쓰기를 경험하는 데 도움이 된다.

영아의 언어 및 비언어적 표현에 반응하는 부모의 표정이나 말투, 목소리의 크기, 영아와의 의사소통에 참여하는 태도 등이 영아기의 언어 발달에 중요한 요소가 된다. 일상생활에서 부모가 영아에게 들려주는 다양한 어휘나 간단한 문장, 그림책 읽어주기, 노래 부르기, 묻고 대답하는 등의 간단한 놀이 활동들은 영아에게 언어 및 언어 사용의 즐거움을 느끼게 하고, 차례를 기다리며 의사소통하는 방법에 대해 인식하게 한다.

(4) 사회·정서발달

영아기는 부모 또는 주양육자와의 관계를 통해서 애착을 형성하는 시기이다. 애착(attachment)이란 영아가 부모 또는 양육자에 대해서 느끼는 심리적·정서적 유대감을 의미한다. 애착은 영아가 이후의 발달에서 정서적 안정감을 가지거나 다른 사람과의 관계를 맺는 데에 있어서 매우 중요한 역할을 하는 것이다. 애착행동은 울음, 미소, 소리내기 등의 신호행동이나 애착대상 쳐다보기, 따라가기, 접근하기 등의 지향행동, 기어오르기,

껴안기, 매달리기 등의 적극적 신체 접촉행동으로 표현될 수 있다(김수희 외, 2012).

애착이 형성되면서 5개월 무렵부터 1세경에는 낯선 사람이 다가오거나 만지려고 하면 불안을 보이는 낯가림을 보이다가 서서히 감소된다. 또한 13~18개월 경에는 애착을 형성한 대상과 분리되는 것을 불안해하는 분리불안(separation anxiety)을 보이다가 3~4세가 되면 조금씩 줄어들게 된다(한성심 외, 2008).

신체접촉을 하는 것은 부모와 아이의 정서적 안정감과 유대 형성에 중요한 역할을 한다. 부모와 영아의 피부접촉, 즉 스킨쉽의 중요성을 밝히는 예시로 '캥거루 케어'를 들 수 있다. 캥거루 케어는 캥거루가 일찍 태어난 새끼를 육아낭에 넣어 키우는 것에서 유래된 것으로, 콜롬비아의 한 병원에서 인큐베이터와 장비의 부족을 대체하기 위해 미숙아를 엄마 품에 안아 키우도록 한 것이다. 그 결과 산모와 신생아의 접촉이 미숙아의 감염위험을 줄여주고 우울증에 빠진 산모의 감정을 치료하는 효과가 발견돼, 현재는 정상아를 낳은 산모들에게도 '캥거루 케어'가 큰 인기를 끌고 있다. 이를 통해 피부와 뇌는 풍부한 신경회로로 연결되어서 정보를 주고받기 때문에 아기를 쓰다듬어 주고 안아주고 토닥여주면 뇌 발달도 촉진되는 긍정적인 효과가 있는 것으로 인식되고 있다(베이비뉴스, 2018.04.19).

영아기의 정서는 처음에는 크게 쾌와 불쾌에서 조금씩 분화된다. 생후 1개월 아기는 배가 고프거나, 춥거나 덥거나 등의 불편함을 느끼면 울음을 표현하고, 6개월 정도되면 싫어하는 것에 대해 특히 뚜렷한 혐오를 보여서 싫은 음식이 입에 들어가면 얼굴을 찌푸리는 반응을 보인다. 5개월 무렵에도 자신의 욕구가 채워지지 않는 상황이 되면 얼굴을 빨갛게 붉히면서 숨이 차서 우는 분노의 정서를 보이기도 하고, 6개월 정도면 강한 소리 등 무서움을 느끼는 상황에서 눈물을 흘리거나 눈을 꼭감는 표현을 할 수 있다.

쾌의 정서는 젖을 먹은 후에 근육의 긴장이 풀리는 만족감을 보이거나, 생후 6개월에 깔깔거리는 '큰 웃음'으로 나타나기도 한다. 11개월에는 어른에 대한 애정이 뚜렷이 나타나서 어른의 목에 팔을 감고 매달리거나 어른의 볼을 만지는 표현을 하기도 한다. 인형이나 장난감에 대해서도 애착을 형성해서 그 물건을 가지고 다니는 애착행동이 18~24개월에 절정을 이루기도 한다(김수희 외, 2012).

2) 영아기 부모역할

(1) 영아의 기본적 욕구 표현에 민감하고 일관성 있게 반응하는 양육자

에릭슨의 심리사회적 발달단계에 의하면 영아기는 신뢰감과 불신감을 형성하는 시기이다. 부모가 영아의 수유와 수면 및 배설, 신체적 접촉과 안정감 및 놀이와 관련된 기본적인 욕구를 잘 관찰하면서 부드럽고 조심스럽게 보호해주는 것이 필요하다.

부모는 영아가 다양한 속도와 울음으로 나타내는 신호에 민감하고 즉각적이며, 일관적으로 반응해주는 것이 필요하다. 영아의 욕구나 신호를 부모가 수용해야 할 때도 있으나, 영아가 떼를 쓰거나 위험한 행동을 할 때는 부모가 그 욕구를 분별하고 해석하여 충족시켜 주어야 한다.

부모의 일관적인 양육태도는 부모가 자신의 감정에 따라 영아의 요구에 반응하는 것이 아니라, 영아의 욕구를 잘 분별하여 아이가 안정감을 느낄 수 있도록 양육을 하는 것으로, 애착의 질, 즉 안정적인 애착과 관련이 있다. 부모가 영아의 욕구에 민감하고 일관된 반응을 해주면, 영아는 부모와 주변 세계에 대해 신뢰감을 느끼게 되고 부모와 자녀 간에 안정적인 애착이 형성된다. 부모와의 안정적인 애착은 영아가 부모를 안전기지로 삼아서 주변 세상이나 사람을 자유롭게 탐색하게 하고, 이를 바탕으로 자율성과 타인에 대한 신뢰감 및 긍정적인 사회성 발달을 이루는데 도움이 된다.

(2) 다양한 감각자극을 통해서 영아의 자율성과 탐색의 욕구를 응원하고 지지해주는 양육자

영아기는 피아제가 말하는 감각운동기에 해당되므로, 부모는 영아가 감각능력과 운동기술들을 충분히 연습할 기회를 주는 것이 바람직하다. 영아가 시각, 청각, 촉각, 후각, 미각 등의 오감각을 충분히 경험하면서 두 가지 이상의 감각을 동시에 사용할 수 있는 감각협응능력이 발달하도록 도와주면, 영아의 감각 및 신체 발달 뿐 아니라 인지능력의 발달에도 도움이 되기 때문이다. 따라서 영아가 조금씩 발달하는 대소근육 운동기술들을 다양하게 경험해 볼 수 있도록 걷기나 계단오르기, 점프하기, 달리기, 그림그리기, 블록 쌓기, 공놀이 등을 할 수 있는 안전한 공간을 마련해주고, 충분한 시간을 제공해주어야 한다.

또한 영아기는 스스로 서고 걷는 것이 가능해지면서 조금씩 자율성을 형성해가는 시기이다. 이것은 에릭슨이 18개월부터 3세경은 자율성이나 수치심 혹은 회의감을 형성할 수 있는 시기라고 한 것과 관련이 있다. 걸음마기 영아들의 탐색력과 자율성은 이 시기에 급증하는 '싫어'라는 언어적인 표현으로도 쉽게 알 수 있다. 부모는 '싫어'라는 표현이 영아가 부모로부터 독립된 존재라는 것을 인식해가고 있다는 신호로 이해하면서, 영아가 하고자 하는 것을 안전한 상황에서 해볼 수 있는 기회를 주는 역할을 해주는 것이 필요하다. 예를 들면, 공을 손에 들고 아무 곳에나 던져보려는 영아에게 '그렇게 아무 곳에나 던지면 위험하니까 하지마'가 아니라, 작은 볼풀장을 마련해주고 그 안에서 마음껏 던져보는 행동을 해볼 수 있는 기회를 주는 것이다. 영아가 자신이 원하는 것을 하지 못하거나 실패해서 수치심이나 회의감을 느끼도록 하는 것이 아니라, 안전한 곳에서 원하는 행동을 자율적으로 충분히 봄으로써 자신의 능력에 대해 자신감을 느끼도록 하는 것이다.

조별 나눔

Q1. 영아기의 부모역할에서 가장 중요하다고 생각하는 것은 무엇인지, 왜 그렇게 생각하는지 이야기를 나누어봅시다.

Q2. 그림책 『불아불아』 (이상교 글, 최숙희 그림, 2007)를 읽으면서 과거에서부터 영아와 즐겁게 해왔던 가정에서의 놀이 방법과 그 의미에 대해 생각해봅시다.

Q3. '캥거루 케어'처럼 부모와 자녀의 신체적 접촉을 통해 영아의 발달을 돕는 방법에는 영아와 마사지를 하는 방법이 있습니다. 영아와의 마사지 방법을 다양한 자료에서 함께 찾아보고, 종이에 사람 모양을 그려서 손으로 함께 따라 해봅시다.

Q4. 그림책 『응가하자, 끙끙』 (최민호 글·그림, 2004)을 읽으면서 영아기에 화장실에서의 배변습관 형성의 아이를 응원하는 부모의 마음과 역할에 대해서도 함께 이야기해봅시다.

Q5. 그림책 『안돼, 데이빗!』 (데이비드 섀넌 글·그림, 지경사, 1999)을 읽고, 영아의 자율성과 부모의 역할에 대해서 이야기를 나누어봅시다.

생각 나눔

※ 유아기의 부모역할을 이해하기 위해서는 자신이 알고 있는 유아기의 발달에 대한 기본적인 이론을 정리해보는 것이 도움이 됩니다.

Q1. 피아제(Piaget)의 인지발달이론에서 유아기의 발달과 관련된 '전조작기'의 특징에 이야기해 봅시다. 유아기에 국한하지 않고, 피아제의 인지발달 단계인 '감각운동기', '전조작기', '구체적조작기', '형식적조작기'에 대해서 정리해 보아도 좋습니다.

Q2. 유아에게 '놀이'는 세상을 이해하는데 매우 중요한 방법입니다. '기능놀이'와 '상징놀이(가상놀이)'에 대해서 알고 있거나, 생각하는 것을 이야기해 봅시다. 차이점을 이야기해 보아도 좋습니다.

Q3. '상징놀이'에는 '단순 상징 행동 단계'와 '단순 상징 행동 조합', '복합 상징 행동 조합', '계획적 상징 행동 단계', '사회적 역할 놀이' 단계로 나누어 볼 수 있습니다. 단계의 명칭을 생각하면서 이 명칭에 해당하는 놀이의 사례에는 어떤 것이 있을지 생각해 봅시다.
'소꿉놀이'의 상황을 상상하면서 위의 '상징놀이' 단계에 해당하는 예를 생각하여 이야기해 보아도 됩니다.

4. 유아기 부모역할

보통 만 3~5세까지를 유아기라고 하는데, 유아기는 영아기에 비해 속도는 완만하지만 꾸준한 신체 성장이 이루어진다. 인과관계를 파악하는 사고력이 조금씩 발달하고, 물활론적 사고를 토대로 한 상상력과 호기심, 창의력 등의 인지능력이 발달하는 시기이다. 또한 어휘력과 문장구성능력 등 다른 사람과의 의사소통능력이 발달한다. 다양한 정서표현 및 조절이 가능하여 또래와의 사회관계를 형성하는 등 사회·정서 측면에서도 많은 발달이 이루어진다.

1) 유아기(early childhood)의 발달적 특성

(1) 신체·운동 발달

유아기는 신체의 균형이 잡혀가면서 성인과 비슷한 신체 비율의 형태를 보인다. 신체·운동 능력과 더불어 신체조절력과 순발력, 지구력 등이 발달하면서 걷기와 달리기, 뛰기 등의 이동 동작과 뻗기, 구부리기, 돌기, 흔들기, 비틀기 등의 비이동 동작, 다양한 기구나 줄, 후프나 공을 활용한 조작적 동작 등 다양한 움직임을 자유롭게 수행할 수 있다. 따라서 줄넘기를 하거나, 발을 번갈아가면서 깡총 뛰기, 보조바퀴가 달린 두발자전거 타기, 굴러오는 공을 발로 차기 등의 다양한 대근육 놀이활동을 할 수 있고, 소근육 발달도 비교적 정교하게 이루어져서 가위로 종이 자르기, 도형 그리기, 종이 접기, 구슬을 실에 꿰기, 신발끈 묶기 등을 할 수 있다.

유아기의 신체·운동 발달을 위해서는 영양과 규칙적인 운동 및 휴식이 필요하다. 유아기에는 건강을 유지하고 골격의 성장을 촉진하기 위해 균형잡힌 식사를 제공하는 것이 필요하고, 활발한 신체활동 후에는 충분한 휴식을 통해서 자신의 건강을 잘 관리할 수 있도록 규칙적인 생활습관을 가지는 것도 필요하다(김수희 외, 2012).

(2) 인지발달

유아기는 피아제의 전조작기에 해당하는 시기로, 영아기에 형성된 상징적 사고를 바탕으로 다양한 가상놀이가 이루어지는 단계이다. 가상놀이(pretend play)란 소꿉놀이나 병원놀이와 같이 가상적인 사물이나 상황을 실제 사물이나 상황으로 상징화 함으로써, 현재의 한계를 벗어나서 과거나 미래 또는 다른 장소를 넘나드는 놀이를 하는 것을 말한다(김수희 외, 2012). 예를 들면, 공을 수박으로 혹은 블록을 케이크로 상상하여 소꿉놀이를 하거나 병원에서 보았던 의사의 모습을 표현하기 위해 목에 줄을 걸고 청진기로 인형을 진찰하기도 하고, 빗자루를 다리 사이에 끼우고 세계를 넘나드는 마녀놀이를 하는 것이다. 상징적 놀이는 현재 상황을 다양하게 변형하고 확장하도록 돕기 때문에 창의성 발달에 도움이 된다.

유아기는 상징적 사고가 가능하지만 아직 행위의 원인과 결과의 관계를 정확하게 파악하기 어렵고 보존개념이 형성되어 있지 않은 단계로, 자기중심적 사고와 직관적 사고, 물활론적인 사고를 보이는 시기이다(김현자 외, 2021).

자기중심성은 타인의 생각이나 감정, 지각과 관점이 자신과 다르다는 것을 인식하지 못하고, 타인이 자신과 똑같이 생각하고 행동한다고 믿는 것이다. 유아기의 자기중심성은 이기적인 것이 아니라 자신의 생각에만 집중하여 동시에 다른 사람의 관점을 이해하지 못하는 것을 의미한다(한성심 외, 2008). 그러나 극놀이 등을 통해서 다른 사람의 입장을 경험하는 다양한 기회를 가지게 되면, 만4, 5세로 갈수록 점차 타인의 관점을 이해하는 능력이 향상되기도 한다. 또한 유아기에는 아직 보존개념이 형성되어 있지 않아서 사물의 변화를 전후의 논리성이나 인과성을 고려하여 생각하기보다는, 겉으로 보여지는 사물의 특징과 상황에만 근거하여 사고하는 직관적인 사고를 보인다.

물활론적인 사고란 모든 사물에 생명이 있다고 믿는 것, 즉 모든 사물이 살아 있다고 생각하기 때문에 인형이나 책상이 살아 있다고 생각하는 것을 말한다(김수희 외, 2012). 따라서 인형이 말을 할 수 있다고 생각하거나 인형이 혼자 있으면 추울 것이라고 이야기하기도 하고, 시계나 차, 구름은 움직이니까 살아 있다고 생각하는 것이다. 그러나 물활론적인 사고는 4~5세가 되면 감소하기 시작하여 7세경이 되면 살아 있는 것과 그렇지 않은 것을 구분한다(Bullock & Lutkenhaus, 1990).

(3) 언어발달

유아기는 언어발달이 활발히 진행되어 4, 5세가 되면 모국어를 유창하게 구사할 수 있고, 성인과의 의사소통에도 큰 어려움은 없게 된다. 수용언어(듣기, 읽기)에 비해서 표현언어(말하기, 쓰기)가 조금 더 일찍 발달되기는 하지만, 세 단어 이상의 문장을 사용할 수 있다. 물론, 부분적으로 '선생님이가'처럼 주격조사를 잘못 사용하거나 '했다요', '안 밥 먹어' 등의 문법규칙을 확대 적용하는 오류를 보이기는 하지만, 수수께끼 놀이, 이야기 꾸미기 등의 다양한 방법으로 자신의 생각이나 느낌을 적극적으로 표현하고자 노력한다. 또한 주변의 다양한 그림글자나 상징에 관심을 가지고, 자신이 아는 글자는 천천히 하나씩 읽어 보려고 하고 글자를 쓰는 것에도 관심을 가진다. 물론 글자를 쓰는 초기에는 거울글자를 쓰는 등 성인과는 다르게 다소 창안적인 글자를 쓰기도 하지만, 자신의 생각을 글자와 비슷한 형태로 표현해보고자 즐겁게 시도하는 모습을 보인다.

(4) 사회·정서발달

유아기는 영아기에 비해 정서가 많이 분화되어서 기쁨과 슬픔, 분노와 놀람 같이 비교적 단순하고 명백한 정서들 뿐 아니라 시샘과 뽐냄, 난처함 등과 같은 보다 복잡한 정서를 이해할 수 있게 된다. 또한 유아기에는 당혹감과 수치심, 죄책감과 부러움 등의 자아인식과 관련된 정서가 나타나고(전선옥, 2017), 어휘의 발달도 이루어져서 자신과 타인의 정서를 이해하고 표현하고 조절하는 능력이 발달한다. 자기조절능력이 발달한 유아는 유아교육기관에 잘 적응하고, 또래와 상호작용을 잘하는 등 사회적 유능감이 높은 것으로 나타나서(이화선, 손수민, 2017; 지성애, 김승희, 2010), 유아기의 사회·정서능력은 아동기의 또래관계 형성에 중요한 역할을 한다.

유아기에는 다른 사람들이 자신을 어떻게 보고 자기에게 어떻게 반응하는가를 경험하면서 자아개념이 형성되게 되고, 자아존중감이 형성되게 된다. 자아에 대한 인식은 다른 친구들과 관계를 맺는 데에도 영향을 미치게 된다. 만4세 정도되면 사회정서 능력이 성장하여 자신을 둘러싼 환경에서 요구되는 규칙을 따라야 한다는 것을 인식하게 되고, 자신의 행동을 조절하고자 노력하는 모습을 보이기도 한다. 유아는 또래와의 놀이에서 즐거움을 경험하면서 친구들과 잘 지내는 방법이 어떤 것인지 관심을 가지게 되고, 자신뿐 아니라 친구의 감정에도 관심을 가지게 된다. 이러한 과정들로 자기중심적인 사고에서 점차 타인의 생각과 감정을 조망하고 수용할 수 있게 되고 공감 및 감정이입 능력도 향상된다. 친구와의 관계에서 양보와 기다림, 배려 등을 배워가면서 갈등상황에서의 해결방법도 점진적으로 터득해간다.

2) 유아기의 부모역할

(1) 유아에게 다양한 놀이와 자발적인 경험을 제공하는 지원자

유아의 모든 생활은 놀이를 통해 이루어진다고 할 수 있다. 유아는 놀이를 통해 자신의 능력을 연습하고, 실험하고 시도해볼 수 있기 때문이다. 유아는 스스로 다양한 놀잇감을 가지고 즐겁게 놀이하고 체험하는 과정을 통해서 신체와 인지, 언어 및 사회·정서발달의 전반에서 폭넓고 종합적인 발달이 이루어진다. 따라서 부모는 가정 내에 있는 그릇, 재활용품이나 폐품에서부터 자연물에 이르기까지 다양한 놀이재료를 제공해주어서 유아가 관심이나 흥미에 따라 자유롭게 선택하고, 경험할 수 있는 환경을 제공해주는 것이 좋다.

유아는 안전하고 다양한 놀이 환경들 속에서 직접 놀이하는 과정을 통해 성공적인 경험을 하기도 하고 시행착오를 하기도 한다. 놀이에서는 다양한 도전과 모험이 허용되기 때문에, 유아가 마음껏 자신을 시험할 수 있는 놀이의 기회를 충분하게 제공해야 하는 것이다. 안전이 어느 정도 확보된 환경에서 유아가 자율적이고 자발적으로 놀이를 하는 경험은 유아의 인지발달 뿐 아니라 자율성과 성취감 등의 사회·정서발달에도 긍정적인 영향을 준다.

유아기에 가장 많이 하는 말 중의 하나가 바로 '내가, 내가 할게. 내가 해볼게.'이다. 이것은 유아가 세상에 대한 호기심을 가지고 있으며 스스로 무언가를 해보고자 하는 욕구를 가지고 있음을 보여주는 것이다. 부모가 보기에 유아가 하기 어려운 것임에도 유아는 직접 해보고 싶어 한다. 따라서 이 시기에는 아직 아주 작은 일이라도 유아가 직접 경험해볼 수 있는 기회를 주는 것이 좋다. 부모가 보기에는 아직 서툴러서 시간이 오래 걸리고 때로는 실수를 하는 것처럼 보여도 세수하기, 옷 입기, 신발 신기 등 일상생활에 관한 것에서부터 다소 모험적인 일에 이르기까지 부모가 옆에서 지켜보고 기다려 주면서 유아가 자신의 능력을 충분히 시험해 볼 수 있는 기회를 주는 것이 필요하다. 부모는 유아기 자녀의 이러한 특성을 유아가 독립적인 인격체로서 자신감을 가지고 세상을 살아갈 수 있는 준비를 스스로 해내는 과정이라고 이해하면서, 안전한 환경 속에서 끊임없이 시도하고 해낼 수 있도록 응원하고 격려해야 한다.

(2) 자녀를 존중하면서 바람직한 생활습관을 가지도록 돕는 양육자

유아기는 대소근육의 발달과 신체조절능력이 많이 생기고 삶의 규칙이나 질서를 인식하는 능력도 형성되기 때문에 청결, 식사, 정리정돈, 인사, 언어예절 등 생활습관 및 인성의 기초가 형성되는 시기이다. 따라서 이 시기에 부모는 자녀가 바람직한 생활습관 및 인성을 가지도록 도와야 한다.

'세 살 버릇 여든까지 간다'라는 옛말처럼, 생활습관의 형성은 예전에는 주로 '훈육'이라는 용어로 이해되어 왔다. 훈육에는 '가르친다'는 의미가 포함되어 있어서, 자녀의 발달 특성을 고려하기보다는 '어른들이 옳다'고 믿는 것을 다소 일방적인 방식으로 알려주어야 한다는 인식이 많았다. 따라서 부모는 자녀가 바람직하지 못한 행동을 했을 때는 벌을 주거나 회초리와 같은 체벌을 해서 통제하는 것도 어느 정도는 필요하다고 생각하였다.

그러나 최근의 부모교육에서는 자녀의 생활습관의 형성을 위해 '훈육' 대신에 '영유아를 존중하는 생활지도'의 개념을 강조하고 있다. 부모가 자녀의 바람직하지 못한 행동을 발견하여 지도하고자 할 때, 부모가 지나친 비난이나 금지의 말을 사용하거나 체벌을 하는 것은 자녀에게 바람직한 행동이 어떤 것인지에 대해서 알려주는 데에 전혀 도움이 되지 못하며, 오히려 부모와 자녀의 관계를 방해할 뿐이다. 따라서 문제행동이 나타났을 때 규칙과 벌로 행동을 통제하는 '훈육'이 아니라, 유아의 발달수준을 이해하고 존중하면서 유아의 눈높이에 맞게 알려주는 지도를 해야 하는 것이다. 유아가 생활 속에서 상황에 적절한 행동을 스스로 판단하여 실천할 수 있는 자기조절력을 갖도록 도와주는 지도, 즉 안내를 해야 하는 것이다(조윤주, 최일선, 2020).

따라서 부모는 유아가 바른 생활습관을 형성하는 것이 부모의 일방적인 가르침으로 이루어지는 것이 아니라, 유아가 다양한 상황에서 스스로 조절해보는 지속적인 경험을 통해 형성되는 것임을 인식하는 것이 필요하다. 그래서 유아기 자녀의 기질이나 성격 등을 고려하여 점진적으로 소통하고자 노력해야 한다. 부모는 자녀에게 바람직한 행동의 모범이 되어 주고 자녀가 부모나 학교 혹은 사회에서 행동하기를 요구하는 기대와 규칙 및 제한을 눈높이에 맞게 알려주면서 일관적으로 지도하는 것이 필요하다. 부모가 자녀의 생활을 지도하는 방법에서 가장 자주 인용되는 '단호함'은 화를 내거나 무섭게 하는 것이 아니라, 부모가 일시적인 감정에 치우치지 않고 부모의 가치관에 따라서 일관된 원칙을 가지고 지도하는 것을 말하는 것이다. 단호함은 부모가 아이의 마음에 대해 공감을 해주면서도, 자녀가 알아야 할 바람직한 행동이나 규칙이 무엇인지에 대한 일관적인 양육의 방향을 가지고 알려주면서 자녀와 소통을 하는 것이기 때문에 유아도 자존감을 손상받지 않으면서 스스로 행동해야 하는 것이 무엇인지를 인식하게 되는 것이다. 부모관계에서 배운 긍정적인 의사소통 방식과 자녀에 대한 존중은 유아가 타인과의 관계에서 필요한 공감과 예의 및 규칙의 필요성에 대해서 인식할 수 있게 해준다. 장기적으로 자녀의 바른 생활습관 뿐 아니라 인성 형성에 긍정적인 영향을 주는 것이다.

(3) 주도성과 또래관계에서 필요한 사회성이 조화를 이루도록 돕는 조력자

유아기는 기본적인 운동능력과 왕성한 호기심을 바탕으로 자신이 하고 싶은 일들을 적극적이고 활발하게 수행하면서 주도성을 발달시키는 시기이다. 유아는 지적 및 언어적인 측면에 있어서도 '왜', '어떻게'의 질문을 많이 하는 등 매우 주도적으로 세상을 탐색하려는 욕구를 가지고 있다. 주도성은 또래관계에도 반영되어서, 유아는 친구들과 놀이를 통해 적극적으로 상호작용하면서, 다양한 관계를 형성하게 된다. 물론 유아기는 넘치는 에너지와 주도성 때문에 때로는 친구들에게 공격적인 행동을 하는 등의 부정적인 행동을 보이기도 한다. 하지만 유아기는 사회적인 규칙에 대한 인식과 타인에 대한 조망수용능력뿐 아니라 도덕성도 조금씩 발달하고 있으므로, 유아의 주도성이 타인에 대한 공감 및 배려와 조화를 이룰 수 있도록 돕는다면 긍정적인 변화가 가능하다.

따라서 부모는 유아에게 긍정적이고 사회적인 관계에 대해 직접 모범을 보여주거나 친사회적인 행동을 담은 그림책을 접하게 해주는 것이 좋다. 극놀이를 통해 나누기, 양보하기, 위로하기, 협력하기 등의 친사회적 행동을 간접적으로 경험해보는 다양한 기회를 제공해주는 것이 필요하다. 또한 부모가 유아의 친사회적 행동을 발달시키기 위해서는 유아의 바람직하지 않은 행동을 금지만 하기보다는, 유아가 우연히라도 친사회적인 행동을 했을때 격려와 칭찬을 해주어서 친사회적 행동을 했을 때의 긍정적인 감정을 느낄 수 있도록 하는 것이 좋다. 이를 통해서 유아는 또래와의 사회적인 관계에서 필요한 긍정적인 행동이 무엇인지를 인식하고 행동할 수 있게 된다.

이처럼 부모는 유아가 자신의 행동이나 타인과의 관계에서 주도성을 가지고자 하는 욕구를 지지하고 격려해주면서도, 주도성이 타인과 긍정적인 관계를 유지하면서 생활할 수 있도록 도와주는 것이 바람직하다.

조별 나눔

Q1. 유아기의 부모역할에서 내가 가장 중요하다고 생각하는 것은 무엇인지, 왜 그렇게 생각하는지 이야기를 나누어봅시다.

Q2. 유아의 지도에서 부모가 가져야 할 엄격함, 공감과 단호함의 의미를 생각해보고, 자녀와의 관계에서 어떻게 적용하는 것이 적절할 것 인지에 관해 함께 이야기 나누어봅시다.

Q3. 그림책 『왜요?』 (린제이 캠프 글, 토니로스 그림, 2002)를 읽으면서 세상의 모든 것이 궁금한 아이들의 마음과 그 마음에 반응하는 부모의 모습에 대해 생각해봅시다. 그리고 아이들의 호기심이 가지는 긍정적인 역할에 대해서 생각해봅시다.

Q4. 다음의 그림책을 읽으면서 유아기에 주도성과 책임감이 왜 필요한 지, 그리고 주도성과 책임감을 발달시킬 수 있는 부모의 역할에 대해서도 함께 이야기 나누어봅시다.

- 그림책 『화분을 키워주세요』 (유진 자이언 글, 마거릿 블로이 그레이엄 그림, 공경희 옮김, 2019)
- 그림책 『포기가 너무 빠른 나비』 (로스 뷰랙 글, 그림, 김세실 옮김, 2021)
- 그림책 『끝까지 제대로』 (다비드 칼리 글, 안나 아파리시오 카탈라 그림, 엄혜숙 옮김, 2021)

Q5. 긍정적이고 사회적인 관계를 위해서 하지 말아야 할 것을 알려주는 것도 필요하지만, 긍정적인 관계가 왜 필요한지 그 긍정성을 느끼는 것도 매우 중요합니다. 아래의 두 책을 읽으면서 아이들에게 바람직한 사회적인 관계를 인식하도록 하기 위해 필요한 부모의 역할에 대해서 생각하고 이야기 나누어봅시다.

- 그림책 『시소』 (고정순 글, 그림, 길벗 어린이, 2020)
- 그림책 『둘이서 둘이서』 (김복태 글, 그림, 보림, 2019)

5장 자녀발달 단계에 따른 부모역할(2)

최경

인간의 발달에서 아동기와 청소년기는 형식적인 학교교육 기관에 다니는 학령기라는 공통점을 가집니다. 학교에는 집단 생활에 요구되는 다양한 규율이나 규칙이 존재하고 수행해야 하는 다양한 과업들이 있습니다. 아동과 청소년들은 자신이 속한 학교에서 요구되는 다양한 과업들 속에서 자신의 능력을 펼치기 위해 협력하고 경쟁하면서 자신의 가치와 존재의 의미를 발견하기도 합니다. 때로는 친구관계나 학업에 대한 어려움이나 다양한 상황에서 겪게 되는 실수나 실패로 좌절감을 겪기도 하지만, 학령기에 속한 아동기와 청소년기의 아이들은 그 어떤 시기보다 열심히 세상을 탐구하면서 자신의 능력을 확장시켜 나가고 그 속에서 자신의 성품을 형성해갑니다. 또한 학교뿐 아니라 다양한 스포츠나 소모임 활동 등에 참여하게 되면서, 갈등과 경쟁, 두려움과 우월감 뿐 아니라 우정과 협력, 배려와 존중 등 인간관계에 필요한 소중한 가치에 대해서 인식하고 자신만의 가치관을 형성해가는 시기입니다.

따라서 아동기와 청소년기의 발달적 특성에 대해 알아보고, 이에 적합한 부모역할에 대해 살펴보고자 합니다.

생각 나눔

※ 학령기의 부모역할에 대해 학습하기 전, 아래 질문에 답해봅시다.

Q1. 자녀가 아동기로 진입할 때 가족원들의 라이프스타일에 어떠한 변화가 있을지 기술해봅시다.

Q2. 헬리콥터 맘과 빗자루 맘이라는 용어가 있습니다. 이 두 가지 유형은 어떠한 부모역할을 할 것이라고 생각되는지 이야기해봅시다.

1. 아동기 부모역할

1) 아동기(childhood)의 발달적 특성

(1) 신체발달

아동기에는 대근육과 소근육의 운동기능이 매우 발달하여, 원하는 대로 신체를 자유롭게 움직일 뿐 아니라 속도의 정확성, 안정성과 민첩성 등이 매우 발달한다(강문희 외, 2011). 아동기는 기본적인 운동기술 뿐 아니라 또래와 함께 하는 놀이와 스포츠 게임 규칙을 준수할 수 있는 능력이 발달하여 수영이나 줄넘기, 스케이팅이나 자전거 타기 등의 스포츠 활동에 적극 참여하면서 자신의 능력을 인식하고 자신감을 형성하기도 한다. 소근육운동기술도 발달하여 글자 쓰기도 더 표준적인 형태로 할 수 있으며, 정교하게 소근육을 사용할 수 있게 되어서 11세 정도되면 간단한 공예품을 만들 수 있다(김이영 외, 2014).

(2) 인지발달

아동기는 피아제의 인지발달 이론에 의하면 구체적 조작기로, 유아기에 비해 복잡하고 융통적인 사고가 가능해져서 타인의 관점을 이해하는 조망수용능력이 안정적으로 발달하고, 유목화나 서열화 같은 기본적인 논리적 사고와 추론이 가능하다. 그러나 아직 아동기는 직접 경험하지 않은 추상적이고 가설적인 문제를 해결하는 것은 어렵다.

(3) 언어발달

아동기에는 동사의 시제, 존칭어, 접속사나 부사를 사용하여 다양한 문장을 문법적으로 적합하게 구사할 수 있게 된다. 읽기에 있어서도 친숙한 이야기를 유창하게 읽을 수 있고, 성인과 유사한 크기와 형태로 글씨를 쓸 수 있다. 또한 자신의 생각을 논리적으로 글로 표현할 수 있다. 따라서 아동기에는 학교에서의 학업수행에 필요한 발표력, 문법력과 독해력이 발달하고, 사회적 상황에 맞게 말을 할 수 있는 의사소통능력도 발달한다.

(4) 사회·정서발달

아동기는 자신과 타인에 대한 객관적인 인식이 형성되는 시기이다. 아동기는 유아기에 비해서 자아에 대해 객관적인 생각을 하게 되기 때문에, “나는 엄마 심부름을 잘하는 효녀입니다”, “나는 피아노는 잘 치지만 달리기는 친구가 더 잘해요” 등으로 또래와 비교해서 자신의 능력을 평가할 수 있게 되고, 자신의 장점과 단점을 객관적으로 표현할 수 있게 된다. 학교에 들어간 이후에 아동들은 또래들과 자신을 비교하게 되면서 구체적인 과제에서 어떤 수행결과를 보였는가를 토대로 긍정 혹은 부정적인 자아개념을 형성하게 된다. 또한 아동은 점차 자신에 대한 인식을 타인의 견해나 객관적인 수행능력에 맞춰서 판단하려는 성향이 나타나므로, 학업에서의 성취나 신체의 외적 특성에 대한 긍정적 평가나 신체활동의 성과, 타인과의 사회적 관계에서의 원활함이 자아존중감 형성에 영향을 미친다. 즉 학업적 자아존중감은 국어, 산수 등의 교과목에서 도달하는 성취수준을 통해 구체화될 수 있고, 신체적 자아존중감은 외모나 신체적 능력, 사회적 자아존중감은 또래관계나 부모와의 관계 등으로 나뉘어질 수 있다.

긍정적 자아개념을 가진 아동은 자신이 하고 싶은 일을 선택하고 설정한 목표를 향해서 나아갈 수 있으며, 장애물도 극복하려고 노력하기 때문에 성취목표를 달성할 확률이 높다(정지은·김민태, 2011). 또한 자신의 삶을 긍정적으로 받아들이고 타인과의 관계에서도 적극적이며 긍정적인 관계를 맺을 확률이 높다.

2) 아동기 부모역할

(1) 아동의 근면성 및 긍정적인 자아개념 형성을 돕는 격려자

초등학생에 해당되는 아동기는 에릭슨의 심리사회적 발달단계에 있어서 근면성과 열등감의 갈등을 겪는 시기이면서 동시에 청소년 및 성인으로 성장하기 위해서 필요한 기본적인 사회적 기술이나 능력을 습득하는 시기이다.

아동들은 학교나 방과 후에 다양하고 새로운 활동에 참여하여 그 일을 잘 해내면 스스로 성취감과 만족감을 느껴서 자신의 일을 열심히 하려는 근면성을 발달시키게 되며 자신에 대한 긍정적인 자아개념이 발달한다. 그러나 반대로 자신이 하는 일에서 능력을 잘 발휘하지 못하여 성취감을 얻지 못하고 무력감을 느끼거나, 타인으로부터 긍정적인 인정을 받지 못하여 자신의 능력이 부족하다고 느끼게 되면, 열등의식을 가지게 되어서 부정적인 자아개념을 형성하게 된다. 아동기에 경험하는 긍정적인 자아개념은 학업성취와 비교적 높은 상관을 가지고 있다(김오남 외, 2002).

근면성이나 긍정적인 자아개념은 학습 뿐 아니라 여러 영역을 통해서 형성될 수 있으므로, 아동에게 학업 뿐 아니라 다양한 분야에서 여러 기술과 재능을 경험하고 발휘할 수 있는 기회를 제공하는 것이 좋다(강은주 외, 2016). 따라서 아동기 자녀의 부모는 아동이 다양한 분야에서 끊임없이 성취감을 맛볼 수 있도록 도와줌으로써 근면성과 자아효능감의 발달이 이루어질 수 있도록 돕는 것이 필요하다. 자아효능감은 자신에게 주어진 과제를 성공적으로 수행해 낼 수 있다는 믿음으로, 긍정적인 자아개념에 바탕이 된다. 이를 위해서 부모는 아동의 능력 수준에 맞는 활동을 제공해주는 것이 필요하다. 부모가 아이의 수준보다 너무 높은 과제를 제공하거나 높은 성취를 원하면, 자녀가 그 성취에 이르지 못하게 되었을 때 무력감을 느끼게 되고 부정적인 자아개념을 형성하게 된다. 따라서 부모는 자녀에게 적합한 수준의 과제나 활동을 제공하고, 그 수준의 성취를 지원하고 격려함으로써, 아동이 자신의 능력에 대해 자아효능감과 자아존중감을 가지고 긍정적인 자아개념을 형성할 수 있도록 도와주어야 하는 것이다.

(2) 학습의 기회를 제공하고 학습의 욕구를 지지하는 지원자

아동기는 학문에 기초가 되는 다양한 지식들을 배움으로써 세상을 이해하기에 필요한 기본능력을 형성하는 시기이다. 아동기 자녀를 위한 학습지도에서 가장 중요한 것은 스스로 학습의 즐거움을 느끼고 시도해보려는 자율성을 갖도록 하는 것이다.

처음부터 자녀가 학습에 있어서 자율성을 가지는 것은 어렵다. 따라서 부모는 자녀와 함께 공부하는 공간에 있거나 자녀에게 공부하는 모습을 보여주는 것, 자녀와 함께 학습의 목표나 계획을 생각해보면서 아동이 공부를 해야 하는 필요성을 인식하고 학습을 위해 자신이 할 역할을 인식하도록 하는 것이 필요하다. 또한 부모는 자녀에게 학습성취의 결과만을 중시하기보다는 아동이 공부를 하는 과정에 관심을 가지고, 성취감을 느끼도록 도와줌으로써 아동이 학습이란 어떻게 하는 것인지를 스스로 편안하게 경험하고 느껴보도록 하는 것이 좋다.

따라서 자녀가 학습에 대한 긍정적인 동기를 가지기 위해서는 부모가 아동의 수준에 적합한 다양한 학습방법에 관심을 가지고 지원을 해주는 것이 필요하다. 또한 학습은 방법적인 측면 이외에도 아동이 학습을 하려는 동기와 흥미를 가질 수 있는 심리적인 지지가 될 수 있는 학습 환경을 만들어주는 것이 중요하다. 부모가 자녀의 학습동기 및 능력의 향상을 위해서 제공할 수 있는 바람직한 심리적 요인의 예로는 '피그말리온 효과'를 들 수 있다. 피그말리온 효과는 그리스 신화에 나오는 피그말리온에서 유래된 것으로, 무언가에 대한 사람의 믿음이나 기대 및 예측이 실제로 일어나는 경향을 말하는 것이다. 즉, 부모가 아동의 능력을 믿고 기대하고 격려해주면 자녀는 자신감이 생겨서 열심히 할 수 있게 되고 부모의 기대는 현실이 된다는 것이다. 이것은 자녀에게 과장된 기대를 가지고 잘 될 것이라고 믿으면서 자녀에게 부담을 주라는 의미가 아니다. 부모가 자녀의 학습을 위해서 도움이 될 수 있는 기본적인 내용을 제공한 후에는 부모의 속도에 자녀를 맞추는 것이 아니라, 자녀가 자신의 속도에 맞춰 자율적으로 학습을 해 나가면서, 자신의 능력을 펼칠 수 있도록 믿고 기다리라는 의미로 이해하면 된다.

(3) 학교생활과 또래관계에 필요한 인성의 발달을 돕는 촉진자

아동이 초등학교에 입학을 하면 규칙적인 사회생활과 집단생활을 하게 된다. 따라서, 늦지 않고 학교에 갈 수 있도록 시간을 정하여 일어나거나 규칙적인 생활을 위해 필요한 식생활습관을 형성하고 휴식과 운동 등 건강을 위한 습관을 형성하는 것이 필요하다. 또한 학습에 필요한 과제를 하는 것과 자신에게 필요한 물건을 스스로 챙기고, 집단생활에 필요한 청결이나 정리정돈을 하는 것 등 학교의 일과와 질서에 잘 적응할 뿐 아니라 그 안에서 자신이 스스로 알아서 해야 할 일을 잘 수행해내어야 한다. 집단생활을 하기 위해서는 집단의 질서를 이해하고 그에 적합한 규칙을 준수할 뿐 아니라, 타인을 이해하고 배려하며 기다리는 등의 바람직한 인성을 형성하는 것이 필요하다. 따라서 아동기의 부모는 자녀가 바람직한 식습관 및 청결과 위생습관, 규칙적으로 휴식하고 운동을 하는 습관, 거짓말하지 않고 정직하기, 예의바르게 말하고 행동을 하는 것 등 개인 및 집단에서 지켜야 할 바른 생활습관에 대한 모델링을 보여주는 것이 필요하다. 부모가 자녀에게 강압적이고 공격적으로 대하는 가정에서 자란 아이들이 학교에서 공격적이거나 파괴적인 행동을 보인다고 하였다(Mcfadyen-ketchum, Bates, Dodge, & Pettit, 1996). 따라서 부모는 자신의 생활습관을 점검하고 자녀에게 바람직한 인성의 모범이 될 수 있도록 노력하는 것이 필요하다(강은주 외, 2016).

또한 아동기에는 자신의 생각이나 감정이 어느 정도 명확해지기 때문에, 자신의 욕구를 상대방에게 자신의 논리를 세워서 표현하고 설명하려고 시도한다. 하지만 아동기에는 사회집단의 규칙을 인식하고는 있어도, 왜 자신의 마음대로 할 수 없는지 완벽하게 납득하기는 어렵다. 따라서 아이에게 집단에서 지켜야 할 질서와 규칙에 대해 설명하고 알려줌과 동시에 아이와 함께 의논하면서 아이의 의견을 수렴하기도 하고 조금씩 그

규칙을 이해하고 적응해나갈 수 있는 기회를 주는 것이 필요하다. 아동의 생각을 존중하면서 일관성있는 점진적인 방법으로 사회집단의 규칙을 이해하고 받아들일 수 있는 시간과 기회를 주는 것이 중요한 것이다.

때로 일부 아이들이 학교의 규칙적인 일과나 집단에 필요한 질서 속에서 스스로 해야 할 바람직한 생활습관이나 태도를 이해하지 못하여 학교나 집단생활에서 잘 적응하지 못하는 부적응행동을 보이는 경우도 있다. 아동들이 가끔 거짓말을 하거나 훔치는 행동, 예의 없이 말을 하거나, 욕을 하는 행동, 숙제가 있는데도 숙제가 없다고 부모에게 말하거나, 늦게 자고 늦게 일어나거나 과도하게 많이 자는 행동, 미디어에 몰두하는 행동을 보이기도 하는 것이다.

아동기의 아이들은 거짓말하지 않기, 물건을 훔치지 않기, 다른 사람에게 공격적으로 행동하지 않기 등과 같은 도덕적인 규범을 어느 정도 알고는 있으나, 아직은 그 기준이 명확하게 성립되어 있지 않다. 따라서 여러 가지 이유로 아직은 불안정적인 행동을 보일 수 밖에 없다. 따라서 부모는 자녀가 잘못된 행동을 했을 경우에 무조건 자녀를 비난하거나 자녀에게 학교나 집단의 규칙을 무조건 따르도록 강요하는 것이 아니라, 자녀가 자신의 잘못된 행동을 인식할 수 있는 기회를 주고 그것을 해결할 수 있는 방법을 함께 생각해보거나 알려주는 과정이 필요하다. 예를 들면, 자녀가 모르고 남의 것을 가지고 집에 온 경우에 혼내고 마는 것이 아니라, 왜 그런 행동을 했는지에 대해 함께 이야기하고 상대방에게 자신의 잘못을 사과하고 돌려주는 방법이 있다는 것을 알려주면서 부모가 자녀와 함께 실행해보는 것이다. 바람직한 생활태도나 인성은 한 번에 가르친다고 이루어지는 것이 아니므로 부모가 일관적인 기준을 가지고 지속적으로 안내해야 하며, 그 방법에 있어서 아동의 눈높이를 이해하고 자녀를 개인으로서 존중하면서 지도하고자 노력해야 한다. 부모가 자녀의 부정적인 행동을 비난하거나 지적하는 것만으로는 자녀가 바람직한 행동의 긍정적인 가치를 충분히 인식하기 어렵다. "거짓말하지 마"라고 이야기하기보다는 자녀가 바람직한 행동을 할 기회를 주고 그때의 경험을 통해서 뿌듯하고 기쁜 마음을 느낄 수 있는 기회를 주는 것이 바람직하다. 예를 들면, "혼날까봐 거짓말을 했는데, 정직하게 말하니까 나를 이해하고 혼내지 않으시는구나. 앞으로는 거짓말하지 않고 솔직하게 말해야 겠다."라고 생각할 수 있게 되는 것이다. 따라서 부모는 자녀가 바람직한 행동을 했을 때의 장점을 이해할 수 있도록 하면서 아동기의 바른 생활태도와 인성의 발달을 돕는 것이 중요하다.

조별 나눔

Q1. 아동기의 부모역할에서 가장 중요하다고 생각하는 것은 무엇인지 , 왜 그렇게 생각하는지에 관해 이야기를 나누어봅시다.

Q2. 그림책 『쿠키 한입의 인생 수업』 (에이미 크루즈 로젠탈 저자 글, 제인다이어 그림, 만화, 책읽는곰, 2014)을 읽고, 아동기에 알아야 할 가치, 부모가 아동기 자녀에게 알려주어야 할 가치와 그 개념에 대해서 생각해봅시다.

Q3. 그림책 『아름다운 가치 사전1,2』 (채인선 글, 김은정 그림, 한울림 어린이, 2015)를 읽고, 아동기에 알려주고 싶은 가치를 적고, 그 가치는 언제 어떻게 느끼고 사용할 수 있는지 생각해봅시다. 나만의 가치 사전을 만든다면 어떤 가치를 적고, 그 가치의 개념과 사례를 사전에 어떻게 적을지 생각하고 만들어봅시다.

예)

* 감사란, 소풍 가는날, 엄마가 일찍 일어나 김밥을 싸주실 때 느끼는 고마운 감정

* 감사란, 배드민턴 치는 법을 가르쳐준 아버지에게 "아빠, 고맙습니다."하고 말씀드리는 것

위의 예시들처럼, 내가 선택한 가치를 일상생활 중에 언제 느끼는 지를 생각하여 ㄱ부터 ㅎ까지 나만의 가치사전을 만들어 봅시다.

2. 청소년기 부모역할

1) 청소년기(adolescence)의 발달적 특성

청소년의 연령은 청소년보호법에서는 만 19세 미만을, 우리나라 청소년 정책의 기본이 되는 청소년 기본법에서는 9세 이상에서 24세 이하로 규정하고 있으나, 일반적으로 청소년은 중학교와 고등학교 시기를 의미한다.

청소년기는 아동기에서 성인기로 성장하는 단계로, 아동기에 비해서 신체적·심리적으로 뇌의 발달이 이전과는 다르게 다양한 변화를 이루기 때문에, 제2의 급성장기 또는 제2의 탄생기, 심리적 이유기, 질풍노도기라고도 부른다. 즉, 아동과 어른의 변화 과정에서 생기는 불안정과 불균형으로 인해 긴장과 혼란을 경험하는 시기라고 할 수 있다(김현자 외, 2021).

(1) 신체적·생리적인 두뇌발달

청소년기에는 성호르몬의 증가로 골격 및 생식기관의 발달이 급격하게 이루어지면서 남녀가 각각 남성 또는 여성으로 체형이 변화되며 2차 성징이 나타난다. 호르몬인 에스트로겐과 테스토스테론이 분비되면서 남성 및 여성으로서의 신체 구조를 형성하게 되는 것이다(이복희 외, 2005).

청소년기에는 뇌의 발달에 있어서도 변화를 겪게 된다. 생각이나 판단 및 계획, 충동이나 감정의 조절을 담당하는 전두엽은 아직 미성숙하였는데, 감정과 욕구를 담당하는 편도체는 커지고 감정의 기복을 완화시켜주는 감정조절체의 역할을 하는 호르몬인 세로토닌의 분비는 성인이나 아동기에 비해서 40%나 적게 이루어진다. 또한 수면과 관련되어 있는 멜라토닌의 분비가 지연되기 때문에 늦게 자는 현상이 발생하게 된다(최성애·조벽, 2012).

(2) 자아정체성 발달

청소년기의 가장 주요한 발달 과업은 바로 자아정체성의 발달이라고 할 수 있다.

마르샤(Marcia, 1987)는 에릭슨의 자아정체감의 개념을 보완하여 자아정체감을 자신에 대한 태도나 가치 및 신념으로 간주하였다. 자아정체감은 청소년기에 형성해야 할 매우 중요한 과업이지만, 성인기에도 지속적으로 변화할 수 있는 것으로 보았다. 마르샤는 각 개인의 자아정체감 상태를 삶의 목표나 미래의 계획에 몰두하는 '수행 경험'과 자신에 대한 의문을 제기하고 고민하고 탐구하는 '위기 경험'에 따라 정체감 성취, 정체감 유예, 정체감 유실, 정체감 혼미의 네 가지로 구분하였다.

표 5-1 마르샤의 자아정체감 형성의 네 가지 범주

위기 \ 수행	있음	없음
있음	정체감 성취 (위기 해결)	정체감 유실 (위기 경험 없음)
없음	정체감 유예 (위기 진행 중)	정체감 혼미 (위기 경험 없음)

정체감 성취란, 자신의 가치나 직업, 신념이나 인간관계를 형성하기 위해서 노력을 하여 정체감 위기를 극복한 상태가 된 것을 말한다. 정체감 성취는 심리적으로 건강하며 높은 성취 동기나 도덕적 추론 능력을 가지고 많은 문제에 대해 스스로 결정할 수 있는 상태를 말한다.

정체감 유예란, 자신의 중요한 문제나 가치, 삶의 목표들에 대해 아직 깊이 참여하지는 못했으나 스스로 탐색중이며 많은 노력과 고민을 하고 있는 상태를 말한다.

정체감 유실이란, 역할에 참여하고는 있지만 자신에게 중요한 문제에 대해 스스로 고민하지 않고 타인의 결정이나 가치를 그대로 받아들여서 행동하는 상태를 말한다.

정체감 혼미란, 자신의 가치나 목표에 대해서 스스로 탐구하거나 고민하지 않고 아무런 관심도 없는 가장 부정적인 상태를 의미한다.

에릭슨의 발달이론에 비추어 볼 때도 정체성의 성취와 유예는 스스로 자신의 가치나 직업 등 자신의 문제에 대해서 스스로 고민하고 노력하는 모습을 보이므로 심리적으로 건강한 것일 수 있으나, 정체성 유실이나 혼미는 부적응적인 것이라고 할 수 있다(정옥분, 2016).

(3) 사회인지발달

엘킨드(David Elkind)는 청소년기의 자아중심성은 '상상적 관중'과 '개인적 우화'의 특징을 보인다고 하였다(정탁준, 2016).

청소년기의 상상적 관중 또는 상상적 청중(Imaginary Audience)이란, 자신을 무대의 주

인공이라고 생각하고 다른 사람을 상상의 청중으로 만들어서 구경꾼이라고 생각하는 것이다. 따라서 자신의 옷이나 행동, 모습 등에 대해서 매우 신경을 쓰거나 다른 사람들의 눈에 띄고 싶은 욕망으로 시선을 끄는 행동을 하기도 하고, 강한 자의식으로 여러 사람들 앞에서 유치한 행동을 하기도 한다는 것이다.

개인적 우화(Personal Fable)란, 청소년기에 보이는 허구적이면서 비합리적인 독특한 자아개념을 말하는 것으로, 자신은 많은 사람들에게 너무 중요한 사람이라고 믿고 자신의 생각이나 감정은 너무 특별해서 다른 사람이 이해할 수 없을 것이라고 생각하는 것이다. 그래서 다른 사람에게 일어날 수도 있는 죽음이나 위험 등은 나에게는 일어나지 않을 것이라고 믿기도 하는 것이다.

2) 청소년기 부모역할

(1) 청소년기의 다양한 변화와 성장의 욕구를 이해하는 수용자

청소년들은 2차 성징과 아울러 다양한 신체적이고 심리적인 변화의 발생을 경험하게 된다. 청소년기에는 감정을 담당하는 편도체는 커지지만 아직 감정조절을 담당하는 전두엽은 미성숙한 상태이고, 성호르몬이 과다 분비되는 상태이다. 따라서 청소년기는 감수성이 풍부해지기도 하지만 때로는 충동적이며 공격적인 성향이 나타나는 현상을 보이기도 한다. 따라서 정서적으로 불안정한 청소년들에게 부모가 긍정적이고 수준 높은 예술을 다양하게 경험할 수 있는 기회를 제공해주는 것이 필요하다.

또한 청소년기에는 편도체의 기능을 조절할 수 있는 전두엽이 발달할 수 있도록, 자녀에게 전두엽의 기능인 관찰, 주의집중, 계획, 성찰하는 생활태도를 길러 주는 것이 좋다. 그렇다고 너무 논리적인 답을 요하거나 지나치게 이성적인 사고를 요구하는 것은 오히려 더 심한 감정적인 반응을 유도할 수 있으므로 주의하는 것이 좋다(최성애·조벽, 2012). 즉, 청소년들이 생각하는 것을 즉각적이고 감정적으로 표출하기보다는 자신의 생각이나 정서를 언어로 정리해서 표현할 수 있는 기회를 주어야 하는 것이다. 이것은 청소년기 자녀의 풍부한 감수성이 예술작품 등의 창의적인 결과물로 산출되는 데에 도움이 된다.

또한 청소년기는 자신의 성적인 변화와 함께 성에 대한 호기심이 왕성한 시기이므로 부모는 자녀가 올바른 성 인식에 대한 바른 정보를 얻을 수 있도록 도와줌으로써, 자녀가 성 충동에 대해서 불안과 죄의식을 느끼지 않고 바르고 긍정적으로 인식하도록 돕는 것이 바람직하다. 청소년은 성적인 발달과 함께 이성친구에 많은 관심을 가지게 되며 이성교제를 시작하기도 한다. 부모들은 다양한 변화를 겪고 있는 청소년기의 이성교제에 대해서 불안해하거나 걱정을 하기도 한다. 그러나 청소년기는 부모로부터 독립적이고 자율적인 존재임을 인정받고 싶어 하는 특성을 가지고 있다. 부모가 자녀의 의사나 욕구를 지나치게 억압하거나 무시하는 것은 자녀와의 관계나 소통을 어렵게 만들 수 있다. 이성에 대한 자녀의 생각이나 욕구를 이해하여 건전한 만남에 대해 함께 이야기를 나누고, 부모에게도 소개하면서 건전하게 이성교제를 시작할 수 있는 기회를 주는 것도 적합하다. 청소년기의 이성교제가 단순히 성적인 호기심에서 출발하는 것이 아니라 부모의 이해와 지도하에 서로 책임감 있고 건전하게 이루어진다면 이성에 대한 양보와 배려, 희생 등을 통해서 더 나은 사람이 되려고 노력하는 등 긍정적인 측면을 가질 수 있다. 따라서 청소년기 자녀의 성적인 관심에 대해서 부모는 지나친 통제보다는 어느 정도 존중과 수용적인 태도를 통해서 자녀가 스스로 책임감을 느끼고 조절할 수 있도록 인정하고 기다려주는 것이 필요하다(황혜경·주상려, 2019).

(2) 청소년의 자아정체성 형성을 돕는 상담자

청소년기는 '나는 누구이며 어떻게 살 것인가'에 대해 많은 고민을 하는 시기이다. 그래서 에릭슨은 청소년기의 성격발달을 자아정체성의 위기를 극복하는 과정이라고 설명하기도 한다. 청소년은 아동기에서 성인기로 이행되는 시기로, 신체적으로는 이미 성인과 같은 수준에 도달했으나 경제적 및 물질적으로는 여전히 부모에게 의존하고 있는 상태이다. 그러나 심리적으로는 부모로부터 독립적이고 자율적인 존재임을 인정받고 싶어하는 욕구 속에서 다양한 갈등을 겪게 된다. 독립과 의존이 혼재되어 있는 상태인 청소년들은 역할과 책임에 대해서도 혼란을 경험한다.

자아정체성의 형성은 자신의 가치, 미래에 대한 비전, 타인과의 관계 등에 대해 많은 고민과 탐색을 하는 과정에서 스스로 자신이 살고자 하는 삶의 방향이 무엇인지를 인식하는 것을 말한다. 청소년기에는 또래관계가 발달하면서 자신의 관심 분야에 관련된 모임을 만들어서 다양한 대인관계를 경험하고, 또한 미래 자신이 가질 직업에 대한 계획을 수립하기도 한다. 그러나 때로는 자신이 선호하는 사람이나 추구하는 이상적인 신념을 절대시하거나 과도하게 우상화 하여서 자신의 생각과 다른 견해를 가진 사람들과 갈등을 겪기도 한다. 이처럼 자신의 정체성을 형성해나가는 과정에서 청소년들은 위기나 시행착오를 경험하기도 하지만, 자기만의 방식으로 해결해내가는 과정을 통해서 자아정체성을 형성해나가는 것이다.

청소년이 자아정체성을 형성해나가는 과정은 성인의 입장에서 보기에는 위태로워 보이기도 하고, 더 빠르고 바람직한 방법을 두고 어렵고 힘든 방법을 택하는 것 같아서 시간을 허비하는 것처럼 보이기도 한다. 그래서 이 시기에 부모는 청소년에게 시행착오의 어려움을 줄여주고 좀 더 쉬운 방법을 알려주고자 지나치게 통제를 하거나 개입을 하게 된다. 그러나 이것은 청소년이 자기정체성을 형성해나가는 것을 어렵게 한다. 마르샤는 이러한 부모의 태도가 자녀의 정체성 발달의 유형 중 정체성 유실과 정체성 혼미의 결과를 초래할 수 있다고 하였다.

자아정체성은 청소년이 삶의 과정에서 만나는 여러 가지 일이나 인간관계에 대해 스스로 고민하여 선택하고, 결정한 것에 대해 책임을 지고자 노력하려는 의지의 과정을 통해서 형성되는 것이다. 따라서 부모가 자녀의 바람직한 자아정체성 형성을 도와주는 가장 좋은 방법은 작은 결정이라도 자녀가 스스로 결정하게 하는 것이다. 부모가 자녀의 실수에 관대하고 허용적인 태도를 보이면서 한 발 물러서서 지켜보는 것은 자녀가 자신만의 가치관을 형성하는데 도움이 된다. 따라서 청소년기의 부모는 자녀에게 관리자가 아니라 컨설턴트(상담자)의 역할을 하는 것이 적합하다. '헬리콥터 맘'과 같은 부모의 마음은 자녀에게 더 좋은 것을 알려주고자 자녀의 모든 것을 다 관리해주는 부모를 의미한다. 이러한 부모의 태도는 자녀의 자율권과 선택권을 박탈한 것으로, 자녀는 부모에게 감시 또는 지배를 당하는 느낌이 들 수 있다. 그래서 아이는 부모에게 거부감과 반발심을 갖게 되거나, 부모가 선택해서 자신이 하게 된 일의 과정이나 결과에 대해서 책임을 지지 않으려는 경향이 생길 수 있다. 그러나 상담과 조언의 방식으로 접근하는 부모는 청소년기 자녀에게 다양한 가능성이나 정보를 제공하되, 일방적으로 해결책을 제공하지 않는다. 자녀가 깊이 생각한 후에 스스로 판단하고 선택할 수 있도록 기다려 주는 것이다. 이러한 경우에 자녀는 스스로의 선택에 대해서 책임을 지고자 노력하게 되고, 결과가 좋지 않더라도 그 과정에서 많은 것을 느끼게 된다.

조별 나눔

Q1. 청소년기의 부모역할에서 가장 중요하다고 생각하는 것은 무엇인지, 왜 그렇게 생각하는지 이야기를 나누어봅시다.

Q2. 그림책 『진정한 챔피언』 (파얌 에브라히미 지음, 레자달반드 그림, 이상희 옮김, 모래알 키다리, 2019)를 읽고, 이야기를 나누어봅시다.

- 캡틴의 입장이 되어 보고, 캡틴 부모의 입장도 되어 보면서 그 마음(부모님 마음에 드는 삶 vs 나답게 사는 삶)을 생각해봅시다.
- 나는 어떤 부모가 되고 싶은지, 왜 그래야 한다고 생각하는지도 이야기 나누어봅시다.
- 그림책 『진정한 챔피언』을 마르샤의 자아정체감 네 가지 범주를 기준으로 나누어보고, 나는 지금 대학생으로서 자아정체감 형성의 어느 범주에 있는지도 생각해봅시다.

조별 나눔

※ 본 교재에서 다루지는 않았지만, 성인기 자녀와 부모의 역할에 대해서 생각해보는 시간을 가지고자 합니다. 최근 들어 성인기 자녀와 부모의 관계의 특성을 언급하는 용어 중에 '캥거루족'과 '찬 둥지 증후군', '빈 둥지 증후군'이라는 말이 있습니다.

Q1. 이 용어들의 의미를 정리해 봅시다.

Q2. 이런 용어들이 왜 나오게 되었다고 생각하는지 이야기해 봅시다.

Q3. 성인기에 바람직한 부모와 자녀 관계는 어떤 것이라고 생각하는지에 대해 이야기를 나눠봅시다. 이 생각을 바탕으로 '캥거루족'과 '찬 둥지 증후군', '빈 둥지 증후군'을 겪는 가족에게 적절한 해결방법은 무엇이라고 생각하는지 이야기를 나눠봅시다.

6장 부모교육의 주요이론

전주람

이 장에서는 부모교육의 주요 이론 파트로 'PET(Parent Effectiveness Training)', 'STEP(Systematic Training for Effective Parenting)', '상호교류 분석이론' 총 3개의 주된 부모교육의 이론을 살펴보고자 합니다. 이를 통해 부모들이 자녀를 구체적으로 어떻게 교육해야 하는지, 긍정적인 소통과 민주적인 방식으로 원만한 관계를 위해 무엇이 필요한지 등에 관해 논의하고자 합니다.

프로그램 내용을 학습하기 이전에, 우리는 부모교육에 참여하는 부모의 입장이 되어 보는 상상과 반대로 부모교육 프로그램 개발자 위치에서의 고민과 상상을 통해 부모교육에서 보다 필요한 일이 무엇인지 되짚어볼 수 있겠다.

생각 나눔

Q1. 당신이 어린 유아를 둔 엄마로서 부모교육 프로그램 참여한다면 어떠한 내용에 관해 학습하기를 원하는지 3가지로 정리해봅시다. 그 이유는 무엇인가요?

Q2. 당신이 어린 유아를 둔 아빠로서 부모교육 프로그램 참여한다면 어떠한 내용에 관해 학습하기를 원하는지 3가지로 정리해봅시다. 그 이유는 무엇인가요?

Q3. 당신이 부모교육 프로그램 개발자라면 어떤 부분에 주력할까요? 그 이유는 무엇인가요? 자신만의 철학을 3가지로 정리해봅시다.

예) 자녀가 자율적으로 의사결정할 수 있도록 합니다.

- 당신의 상상력을 이론에 비춰 생각을 이어가 봅시다.

1. PET(Parent Effectiveness Training)

토마스 고든(1918년 3월 11일 ~ 2002년 8월)

PET 이론은 'Parent Effectiveness Training'의 약자로 1962년 토마스 고든(Thomas Gordon, 1918~2002)이 개발한 부모교육 프로그램이다. 토마스 고든은 캘리포니아주 출신의 미국의 심리학자로 오하이오주립대학교, 시카고대학교 교수로 근무하고 있던 칼 로저스의 제자이기도 하였다.

그의 이론은 당시 부모교육 프로그램이 '자녀'에 초점을 두어 자녀의 행동 변화를 위해 노력하는 것과 차별화된 방식이었다. 고든(1980)은 자녀들의 정서적 문제를 정신의학적 접근으로 다루는 것이 아닌 부모-자녀 간의 인간관계에서 생긴 문제로 보며 둘의 관계를 개선시킬 수 있는 방법을 일차적으로 부모 대상으로 교육하는 것이 중요하다고 보았다. 이처럼 고든은 부모를 변화시키는 것이 부모-자녀관계 개선의 핵심이라고 보았고, 당시 미국의 교사, 교육행정가 및 부모들을 대상으로 실시하면서 체계화시켜 왔다.

이후 그의 이론은 1975년 뉴욕타임즈(New York Times)에 '하나의 거국적 운동'이라고 소개될 만큼 빠르게 확산되었고, 세계 42개국에 보급되어 교육되었다. 한국에서는 1989년부터 프로그램이 시작되었고 약 10만 명 이상의 사람들이 참가하였다. 이 프로그램은 인본주의적 가치를 토대로 명확하고 효율적인 의사소통, 원만한 부모-자녀관계 증진을 목적으로 개발되었다.

PET 부모교육 프로그램은 인본주의적 가치를 지향하면서 부모-자녀 간의 효과적인 의사소통 전략을 체험을 통해 학습하도록 하는데 주된 목적이 있다. 구체적으로 PET는 세 가지의 목표를 지닌다. 첫 번째로 자녀의 행동을 제대로 이해할 수 있는 수용능력을 키운다. 두 번째로 부모-자녀 간 문제 발생시, 문제의 소지자가 누구인지를 파악한다. 세 번째로 적절한 문제해결을 위해 효율적인 의사소통기술을 익혀 활용할 수 있다.

PET 프로그램에서는 부모-자녀관계에서 네 가지 요소를 강조한다. 첫 번째로 상호존중이다. 인간관계에서의 갈등은 주로 서로 존중하지 않는 태도에서 비롯된다. 특히 부모-자녀관계에서 기능적인 관계 유지를 위해서는 부모가 자녀의 성격, 기질 등 특성에 관해 존중하고, 동시에 자녀도 부모를 존중하는 태도가 기본적으로 중요하다. 두 번째로 즐거운 시간 갖기이다. 무엇보다 가족의 즐거운 분위기는 모든 관계의 기초가 될 것이다. 부모-자녀관계가 원만하기 위해서는 가족 모두가 편안하게 대화하며 만날 수 있는 시간이 필요하다. 때로는 바쁜 일과 중에서 잠깐이라도 자녀와 함께 즐거운 시간을 보낼 수 있도록 노력해야 한다. 세 번째로 격려하는 것이다. 부모는 자녀를 평가하고 훈계하는 일도 필요하지만 무엇보다 계속 격려하고 용기를 북돋아주어야 한다. 자녀의 바람직하지 않은 잘못된 행동은 교정하면서도 자녀가 자신에게 주어진 과업에 관해 노력하는 과정이나 목표를 이룬 성과 등에 관해 격려해주어야 한다. 마지막으로 사랑나누기로, 자녀들이 심리적 안전감을 느끼고 살아가기 위해서 부모는 사랑의 마음을 갖고 대하는 것이 매우 중요하다. 사랑은 어떠한 훈련과 교육보다도 가장 근간을 이루는 요소가 된다.

부모-자녀관계 4가지 요소

- 상호존중
- 즐거운 시간 갖기
- 격려하기
- 사랑나누기

1) PET 프로그램의 주요 개념

PET 부모교육 프로그램에서 주로 포함하는 내용으로는 '나-전달법', '적극적 경청', 그리고 '갈등 해결과정에서 무승패법' 세 가지를 들 수 있다.

(1) 나-전달법(I-message)

부모-자녀관계에서 나-전달법(I-message)은 말하는 사람의 감정, 신념, 가치 등에 대한 주장이다. 나-진술(I-statement)은 말하는 사람의 감정, 신념, 가치 등에 대한 주장이며, 일반적으로 '나(I)'로 시작하는 문장으로 표현된다. 반대로 너-전달법(You-message) 또는 너-진술(you-statement)은 '너'라는 단어로 시작하여 듣는 사람에게 중점을 두게 된다. 심리학자 토머스 고든이 1960년대에 어린이들과 토머스 기차놀이치료를 하면서 이 용어를 만들었다. 그는 부모들을 위한 그의 책에서 이 개념을 강조했다. 나-전달법을 전달할 때에는 부정적인 정서를 강조하지 않도록 주의한다. 가급적 문제시되는 '사실'을 중립적으로 기술하고(예. 네가 장난감을 치우지 않으니까) 폭발적으로 감정을 전달하지 않도록 한다.

부모가 자녀의 행동에 문제가 있다고 판단될 경우, 자녀의 행동 변화를 위해 부모인 '나'의 입장이나 상황을 말하는 것이다. 자녀의 행동을 비난 없이 서술하며 부모가 느낀 감정을 진솔하게 표현하는 것이 중요하다. 아울러 자녀의 행동이 부모에게 어떠한 영향을 미치는지 구체적으로 설명해야 한다. 예컨대 "OO야, 아빠가 퇴근하고 왔는데 거실이 장난감으로 어지럽혀 있다보니 정신이 복잡하고 불편한 마음이 든다."라고 자신의 입장이 어떠한지를 주어로 하여 말할 수 있다.

이와 같은 '나-전달법'은 느낌의 책임을 자신에게 돌리고, 청자에 대해 부정적인 평가를 하지 않기 때문에 부작용이 일어날 가능성이 적다. 또한 청자로 하여금 자성적인 태도를 형성하기 쉬워 관계를 저해하지 않는다. 반면 '너-전달법'은 비난, 평가하는 말로 해석되어 방어적 반응이 일어나기 쉽다. 또한 상대방으로 하여금 죄의식을 갖게 하거나 자존심을 상하게 할 수 있다.

- 너-전달법 : (거실바닥에 어지럽혀 있는 장난감을 보며)
  너 저렇게 어지럽히지 마!
- 나-전달법 : 네가 그렇게 어지럽혀 두면 내 머리가 복잡해.

이러한 나-전달법의 방식을 습득하기 위해서는 세 가지 사항을 숙지하는 것이 중요하다. 우선 상대방의 문제행동을 비난하지 않고, 자신에게 상대방의 행동이 어떠한 미치는 영향이 어떠한지 구체적으로 이야기한다. 그리고 마지막으로 그 영향에 대한 느낌이나 감정을 전달하는 것이 필요하다.

나-전달법 방식

- 상대방의 문제행동을 비난하지 않고 서술한다.
- 상대방의 행동이 나에게 미치는 영향을 구체적으로 서술한다.
- 그 영향에 대한 느낌이나 감정을 전달한다.

다음은 엄마와 아들의 대화를 A와 B의 경우로 나누어 자세히 살펴보고 비교분석하였다. A와 B의 대화 방식은 무엇이 어떻게 다른가?

〈A 경우〉

엄마 OO야, 나랑 대화 좀 하자.

아들 ...

엄마 아들! 엄마랑 얘기좀 하자니까.

아들 무슨 얘기가 하고 싶은데?

엄마 엄마가 일하면서 집안일을 하려니까 너무 힘들어. 네 방은 네가 좀 청소해주면 안될까?

아들 엄마, 나는 공부하기도 바빠요. 곧 고등학교 가는데...

엄마 너, 공부만 하는게 아니잖아. 게임하는 시간 아끼면 엄마 도와줄 수 있지 않니?

아들 ... 아니..

엄마 이 집에서는 도와주는 사람이 없구나.. 내 팔자야!

〈B 경우〉

엄마 OO야, 나랑 대화 좀 하자.

아들 ...

엄마 아들! 엄마는 OO랑 대화하고 싶어.

아들 엄마랑은 말이 잘 안 통해요.

엄마 네가 그렇게 말하기까, 난 서운하네 아들. 요즘 엄마가 일하면서 집안일을 하려니까 너무 힘들어. 네 방은 네가 좀 청소해주면 안될까?

아들 엄마, 나도 요즘 공부하느라 바빠요.

엄마 아 맞다. 요즘 아들이 성적 올려본다고 애쓰는거 엄마가 알지. 그래도 엄마도 일도 하고 집안일도 하니까. 네가 토요일 1시간만 방 정리해주는건 어떨까?

아들 음... 그래?

엄마 그래, 엄마는 아빠랑 너랑 누나 가족이 여럿인데, 혼자 청소하는거 같아 마음이 좀 그러네..

아들 알겠어요. 나도 공부 신경쓰이긴 한데 엄마 얘기 듣고 보니까 엄마 혼자 일 많이 하는거 같아 힘들 거 같아요.

조별 나눔

최근 일주일간 가정 또는 학교에서 누군가와 마음이 불편했던 간략한 한 가지 사건을 찾아봅시다. 그런 후, 화자-청자의 역할을 정하여 '나-전달법'와 '너-전달법' 두 가지 상황으로 시연해봅시다. 그리고 충분히 경험한 후 무엇이 어떻게 다른지 비교해봅시다.

〈A 상황(나-전달법)〉

〈B 상황(너-전달법)〉

Q1. A 상황에서 화자였을 때(또는 청자였을 때) 무엇이 느껴지는가요?

Q2. B 상황에서 화자였을 때(또는 청자였을 때) 무엇이 느껴지는가요?

'너-전달법'은 강제적이고 권위적인 요소를 포함하는 의사표현 방식으로 듣는 이로 하여금 자신의 의도와 상관없이 불완전하게 자신의 정체성이 일방적으로 결정되고 판단된다고 느끼기 쉽다. 그러나 '나-전달법'은 듣는 이로 하여금 자신의 행동으로 상대방이 어떠한 상황에 놓이고 어떻게 영향받는지를 알게 됨으로써 역할수행능력을 촉진할 수 있을 뿐만 아니라 말하는 이는 자신의 의사를 차분한 대화로 전달함으로써 듣는 이로 하여금 대화의 중요성을 인식시킬 수 있다. 정리하면, 나-전달법은 대화에 있어서 말하는 이의 진실성을 상대방에게 전달할 수 있는 유효한 방법이라고 할 수 있다.

(2) 적극적 경청(Active Listening)

듣기, 경청과 적극적 경청은 무엇이 다른가? 우선 사전적 정의를 살펴보면 '듣기'는 '남의 말을 올바르게 알아듣고 이해하는 일. 쓰기, 읽기, 말하기보다 초보적인 것'이라고 정의하며, '경청'은 '귀를 기울여 들음'이라고 소개하고 있다(표준국어대사전, 2022). 그렇다면 '적극적 경청'이란 무엇이 다를까? '적극적 경청'이란 '상대편이 하는 말의 의미를 파악하고 적극적으로 공감하며 듣는 태도'(표준국어대사전, 2022)로 정의내리고 있다.

이러한 적극적 경청은 PET에서 역시 문제를 소유한 자녀를 돕는 기술로 유용하다. 즉 자녀의 메시지를 판단하지 않고 감정이나 마음을 공감해주는 것이다. 예컨대 "엄마, 이번 시험 망치면 어떻게 해요?"라고 자녀가 말한다면, "아, 이번에 OO가 시험을 망칠까봐 불안한가보구나"라고 반응해줄 수 있다. 이러한 적극적 경청은 단순한 '듣기'가 아닌 온 몸과 마음을 다해 상대방의 마음을 듣는 것을 말한다. 박현찬과 조신영의 《경청》이라는 책에서 'FAMILY'의 법칙을 소개한다.

FAMILY 법칙

- F(Family) : 상대방에 대해 우호적인 감정을 갖는 것
- A(Attention) : 상대방에게 주목하는 것
- M(Me too) : 맞장구를 쳐주는 것
- I(Interest) : 관심과 흥미를 나타내는 것
- Y(You are centered) : 상대방으로 하여금 말하는 내가 중심인물이라는 느낌을 갖게 하는 것

'경청'의 도구로는 재진술, 반영, 명료화, 요약의 4가지를 이해하는 것이 매우 중요하다. 재진술이란, 내담자의 진술 중 상황, 사건, 대상, 생각에 대한 핵심내용을 상담자의 말로 바꾸어 되돌려 주는 기술을 의미한다. '재진술(paraphrase)'로 반응해주면 상대방의 이야기를 경청하고 있음을 나타낼 수 있고, 자신의 진술 내용에 초점을 맞추게 하는데 도움이 된다. 아울러 상대방으로 하여금 자신이 어떤 이야기를 하고 있는지 인식하고 정리하도록 도와줄 수 있다. 예컨대, "그러니까 ○○의 생각은 비오는 날이어도 노란 원피스를 입고 유치원에 가고 싶다는 말이구나"와 같이 유사한 단어를 포함하여 구체적이고 분명하게 읽어준다. '반영(reflection)'이란, 내담자의 진술에서 생긴 감정을 상담자의 말로 되돌려주는 기술이라고 할 수 있다. 재진술과 유사하나 감정에 초점을 맞춘 진술로 이해하면 된다. 이러한 반응은 상대방으로 하여금 이해받는 느낌을 갖게 하고 특정 상황, 사람생각 등에 대한 감정표현을 가능하게 한다. 예컨대, "시험공부를 했는데 시험을 망쳐서 속상하고 당황스럽군요"와 같이 감정을 읽어준다. 그리고 '명료화(clarification)'란 상대방의 모호한 진술의 진정한 의미를 명확하게 하기 위한 질문 형태의 기술을 말한다. 이는 진정한 사고, 감정, 행동 경험의 명확한 탐색을 가능하게 하는 강점을 지닌다. 예컨대, 친구와 싸우고 기분이 나빠 방에 있는 아들이 '친한 동석이랑 싸워서 기분이 너무 나빠요'라고 말한다면 무엇이라고 말할 수 있을까? '나쁘다'라는 단순한 표현을 보다 구체화해주기 위해 어떤 말을 할 수 있을까? '기분이 나쁘다는 것은 친한 동석이랑 싸워서 앞으로 동석이랑 잘 지내지 못할까봐 걱정이 된다는 뜻일까?'라는 식으로 자녀가 자신의 '나쁜 감정'을 구체화해나갈 수 있도록 하는 것이다. 마지막으로 요약이란, 내담자가 말한 둘 이상의 언어적 표현의 요점을 간추려서 청자의 말로 되돌려주는 기술이라고 할 수 있다. 이때 자녀의 경험, 상황, 대상, 생각과 관련된 감정을 포함시키는 것이 중요하다. '요약(summary)'은 두서 없는 말이나 감정, 생각 등을 정리해줄 뿐만 아니라 특정주제를 면밀하게 탐색할 수 있도록 자극할 수 있다.

몇 가지 연습을 통해 실제 경청 능력을 향상시켜 보자.

경청 연습

Q1. '앵무새 말하기'는 경청의 매우 기초적인 작업이 된다. 화자–청자의 역할을 정해 다음 예시를 보고 연습해보자.

(예시 1)

A: 놀이감을 안치웠다고 아빠한테 혼났어요.

B: 놀이감을 안치웠다고 아빠한테 혼났구나.

(예시2)

A : 성적이 떨어져서 저 자신에게 실망스러워요.

B : 성적이 떨어져서 네 자신에게 실망스럽구나.

(예시3)

A : 음료수를 샀는데 계단에서 넘어져서 쏟아져버렸어요.

B : 음료수를 샀는데 계단에서 넘어져 쏟아졌구나.

(예시4)

A : 햄버거 안 먹었는데 자꾸 살이쪄요.

B : 햄버거 안 먹었는데도 자꾸 살이 찌는구나.

Q2. 고등학생 딸이 다음과 같이 말한다면, 어떻게 재진술해주겠는가?
고등학생 영희가 두 손을 가지런히 무릎에 올리고, "내 짝궁 민영의 성격을 모르겠어요. 어떤 때는 착했다가도 또 어떤 때는 본 척도 안해요."

Q3. 아래 여학생은 어떤 감정을 경험할까? 감정(예. 속상함, 화가 남 등)을 포함한 문장을 한 개 만들어 보고 반영 연습을 해보자. 반영은 자신의 감정이 아닌 상대방의 감정을 포함하는 것이 중요하다.
학교폭력 가해학생으로 지목된 초등학교 6학년 여학생이 다음과 같이 말하였다. "친구들이 먼저 저를 때리고 욕했어요. 그런데 제가 가해자가 되어야 하나요? 사실 저는 피해자이거든요. 이 학교 다니고 싶지 않아요."

Q4. "엄마, 난 너무 뚱뚱해. 그래서 나가기 싫어. 방학 때 살이 너무 많이 쪘어. 어떻하지? 친구들이 놀릴까봐 창피해"라고 중학생 딸이 말한다면, 어떻게 명료화시킬 수 있을까? 아래 빈칸을 채워보자.
창피하다는 것은 ________________________________ 뜻일까?

요약 연습

- 지금까지 우리가 나눈 대화를 정리해보면, ~
- 혹시 더 얘기하고 싶은 것은 있니?
- (계속 자녀가 말할고 할 때) 아, 잠깐만요. 지금 한 말의 핵심이, ~
- (이제 학원 갈 시간이네) 엄마랑 대화한 걸 요약해줄 수 있을까?
- (이제 아빠 회사 갈 시간이네) 아빠랑 대화한 걸 요약해보면, ~

Q1. 당신이 누군가와 대화할 때 어떤 사건에 관한 '장황한 말'을 누군가가 요약해준 적이 있을 것이다. 그런 상황에서 어떤 감정이 경험되었는가?

Q2. 다음 내용을 3문장으로 요약해보자.

(고등학교 2학년 남학생) "아빠는 일을 안 하세요. 옛날부터 엄마만 돈을 벌었어요. 속상하죠. 엄마만 힘들게 일하시는거죠. 그리고 저랑 누나를 돌보지도 않아요. 돈도 안 벌고, 우리랑 대화도 안 되는거죠. 술도 자주 마시구요. …… 한 번은 친구 집에 놀러 갔는데요. 친구집은 잘 살고 좋더라구요. 아빠가 돈도 잘 벌고 애들한테 친절하고 집에서도 잘 하신다고 해요. 친구 아버지는 집안일도 잘 도와주고 부자더라구요. 너무 저희 집이랑 비교되는 거 있죠. 저도 아마 그런 집에서 태어났더라면 지금보다 성적도 좋고 그랬을 걸요.

그러니까 네가 한 말은 ________________________ 이구나.

그러니까 네가 한 말은 ________________________ 이구나.

그러니까 네가 한 말은 ________________________ 이구나.

조별 나눔

Q1. 사례를 읽고, A 상황에서 화자였을 때(또는 청자였을 때) 무엇이 느껴지는지 롤플레이해봅시다. 그리고 B 상황에서 화자였을 때(또는 청자였을 때) 무엇이 느껴지는지 충분히 나눠봅시다.

7살 세연(가명)이는 어린이집에서 돌아와 시무룩합니다. 회사 퇴근 후 지쳐있던 어머니는 세연이가 무엇 때문에 기분이 안 좋은지 걱정이 되었지만 동시에 일하고 돌아와 피곤하였으므로 빨리 일상을 정돈한 후 잠자리에 들고 싶었습니다. 그때, 세연이는 엄마에게 다가와서 자신이 발표를 하고 싶었는데 선생님이 시켜주지 않아 속상하다고 어린이집에서의 상황을 설명하려고 했습니다.

• A 상황(적극적으로 경청해주지 않는 상황)

엄마 :

세연 :

엄마 :

세연 :

엄마 :

세연 :

·

·

• B상황(적극적으로 경청해주는 상황)

엄마 :

세연 :

엄마 :

세연 :

엄마 :

세연 :

·

·

조별 나눔

Q2. 비난, 경멸, 방어, 냉담 등 의사소통의 걸림돌이 되는 소통의 종류를 5가지 발견해봅시다. 그리고 그 내용과 이유에 관해 자세히 살펴봅시다.

·

·

·

·

·

Q3. 당신의 의사소통은 어떠한가요? 자신이 지닌 의사소통의 강점과 자원 3가지를 찾아 조원들에게 소개해봅시다.

·

·

·

(3) 무승패법(No-Lose Conflict Resolution)

무승패법이란 부모와 자녀가 협력하여 해결책을 모색하는 방법이다. 그렇게 되면 둘 모두에게 손해가 없고 대안찾기 과정을 통해 문제를 해결해나갈 수 있다.

무승패법은 6단계의 상황을 거친다. 첫 번째로는 문제를 정의하고, 두 번째로 가능한 해결책을 모색한다. 그 다음으로 가능한 해결책에 대해 평가하고 최선의 해결책을 결정해나간다. 그런 후, 가능한 해결책에 대한 평가, 최선책의 결정, 수행방법의 결정, 평가의 순서를 거친다.

무승패법 6단계

1단계 : 문제의 정의
2단계 : 가능한 해결책 모색
3단계 : 가능한 해결책에 대한 평가
4단계 : 최선의 해결책 결정
5단계 : 수행방법 결정
6단계 : 평가

위 6단계의 과정이 성공적으로 이루어지기 위해서는 몇 가지 사항을 전제로 해야 한다. 우선 반영적 경청과 나-전달법의 기술이 습득된 것으로 전제로 하며, 누구도 이기거나 지는 일이 없고 상처를 받아서는 안 된다. 그리고 하나 이상의 해결책을 제시하며 결정사항에 무리하게 집착하지 않는 것이다. 또한 갈등 상황이 없는 상황에서 사용하며 자녀가 중도에 포기할 경우 벌을 주거나 기존의 방식으로 돌아가지 말고 대안책을 가급적 찾아보도록 노력해야 한다.

조별 나눔

초등학교에 재학중인 연준(가명)이는 방과후 4~5시간 게임에 몰입합니다. 아버지와 연준이는 '너무 긴 시간을 게임에 쏟고 있는 일'이 문제라고 파악했습니다(갈등 확인). 그런 후 아버지는 연준이를 가르치거나 비판하지 않고 동등한 입장에서 의견을 주고 받으며 비판없이 게임에 몰입하는 이야기를 듣기로 합니다(해결책 탐색). 그리고 양쪽 모두 수용 가능한 해결책이 있는지 찾아봅니다. 수용적인 분위기는 연준이가 아버지와 대화하는데 큰 도움이 되었습니다. 연준이는 앞으로 한달간 방과후 1시간 이내만 게임하기로 상호협의하여 결정하였습니다(해결책 평가). 이러한 결정에 관해 아버지는 책임감 있게 약속을 지켜줄 것을 약속하고(최상의 해결책 결정), 다음날부터 연준이는 게임충동에서 벗어나기 어려웠지만 실행에 옮기는데 성공하였습니다(결정된 최선의 해결책 시행하기). 한 달이 지난 뒤, 아버지는 결정된 해결책이 잘 수행되고 있는지, 게임시간이 줄어 어려운 점은 없는지에 관해 함께 대화를 나누고 주말에는 조금 시간을 늘려 하루에 2시간 정도 게임을 즐길 수 있도록 합의하였다(평가).

Q1. 연준이가 불만없이 게임의 시간을 줄여나갈 수 있었던 성공요인을 다섯 가지로 정리해봅시다.

·

·

·

·

·

Q2. 연준이의 게임몰입이 지속되는 최악의 시나리오를 구상해봅시다. 그리고 최악으로 치닫는 요소들을 자세히 발견해봅시다. 이는 우리가 '피해가야 하는 요소'를 발견하는 일로 유용하게 적용될 수 있을 것입니다.

2) 사례를 통해 살펴보는 PET 개념의 실제 프로그램 적용

이 장에서는 유진희와 김진숙(2018)의 〈부모효율성 훈련이 어머니의 양육태도와 행복감에 미치는 영향〉의 연구에 소개된 부모효율성 훈련 프로그램을 소개하고자 한다. 연구자들은 2017년 9월 6일부터 11월 22일까지 회당 120분씩 총 10회에 걸쳐 유아와 초등학생 자녀를 둔 12명의 어머니를 대상으로 진행하였다. 이 프로그램에서, 참여자들은 프로그램 참여후 자신의 양육태도를 바람직한 방향으로 변화시키고, 자녀와 의사소통의 효율성을 높이는데 도움을 받은 것으로 나타났다.

연구자들은 경북 P시에 거주하는 어머니 12명을 대상으로 진행하였고 일반화의 한계를 지적하며 향후 후속연구에서 자녀의 나이, 지역 등 표집 대상으로 다양하게 확대하여 프로그램을 검증할 것을 제언하였다. 그럼에도 불구하고 연구자들은 어머니들의 자녀양육에 대한 양육기술과 의지, 긍정적 마음, 자녀와의 관계 개선 등으로 어머니 자신의 삶의 질과 행복감을 향상되었다는 결론을 제시한 바 있다. 물론 각 회기별 프로그램 내용은 표 6-1과 같다.

표 6-1 부모효율성 훈련 프로그램

회기	주제	목표	내용
1	오리엔테이션	프로그램의 이해 및 목표설정	• 자기소개 • 참여목표 설정
2	현실점검	문제파악 및 요인분석	• 네모꼴 수용도식 이해 • 문제소유 가리기 실습 • 의사소통걸림돌
3	반영적 경청 (1)	도움을 주는 의사소통기술 이해 및 습득	• 의사소통의 걸림돌 경험 공유하기 • 반영적 경청과 그 외 효과적인 경청방법 • 반영적 경청의 실습, 효과와 이점 • 비언어적, 언어적 요청 이해
4	반영적 경청 (2)	도움을 주는 의사소통기술 실천	• 반영적 경청의 실습(2인 1조) • 반영적 경청의 적절한 조건과 피드백
5	나-전달법 (1)	도움을 청하는 의사소통기술 이해 및 습득	• 나-전달법의 3요소 • 문제소유자(부모-자녀)에 따른 차이 이해 • 나-전달법 실습 및 완전히 체계화하기 • 기어바꾸기
6	나-전달법 (2)	도움을 청하는 의사소통기술 실천	• 나-전달법 실습 • 나-전달법 사용 시 일반적 실수 • 나-전달법 종류별 경험과 느낌 말하기 • 문제없는 영역에서의 나-전달법 • 가정환경 재구성과 점검하기

〈표 계속〉

표 6-1 부모효율성 훈련 프로그램 〈계속〉

회기	주제	목표	내용
7	갈등해결 (무승부법 1)	갈등을 해결하는 의사소통기술 이해 및 습득	• 갈등이란?(제1, 2의 방법이란?) • 무승부법(양승법, 무패법, 민주적갈등해결방법) • 문제해결 6단계 실습
8	문제해결연습 (무승부법 2)	갈등을 해결하는 의사소통기술 실천	• 무승부법을 이용한 문제해결 실습 • 욕구에 대한 정확한 이해–언어적 욕구표현 • 무승부법의 효과와 이점 • 무승부법 적용 실천계획 수립
9	가치관 대립 해결	갈등을 해결하는 의사소통기술 실천	• 가치관 대립의 인식 • 자녀의 가치관에 영향주기 • 가치관 대립 실습, 상담 훈련 • 목표설정 점검해보기 • 타인과의 원만한 관계를 위한 자신의 신조
10	양육계획 수립	복습과 실천	• 달라진 자신의 모습 찾아보기 • 미래 지속가능한 실천계획 단계적 설계하기 • 소감 나누기 • 격려와 칭찬, 축하하기

1회기에서 강사는 자신을 소개하고 참여자들 역시(만약 자원봉사자가 있는 경우도 모두 빠짐없이) 편안하고 안전한 환경조성을 위해 자기소개의 시간을 갖는다. 자기소개의 방법은 창의적이고 다양한 방법으로 진행할 수 있으나, 한 예로 이름표를 나누어 주며 별칭을 지어보거나, 자신의 성격을 형용사 3개로 표현해보는 등 집단의 성격에 맞게 미리 준비할 필요가 있다. 그리고 강사는 프로그램의 목표, 내용과 방법에 관해 명확하게 참여자들이 이해할 수 있도록 설명해야 한다. 또한 1회기 시작 이전에 '부모교육 동의서'를 받거나 집단에서 지켜야 할 몇몇 규칙에 관해 명확히 하는 것이 좋다. 예컨대, 참여자들이 요청하지 않은 충고와 조언을 하지 않는다거나, 매 회에 부과된 과제를 이해하고, 집단에서 이야기된 내용에 관해 비밀을 지킬 것 등이 있다.

2회기에서는 문제를 파악하고 요인을 분석하는 등 현실점검을 하기 위해 '네모꼴 수용도식'이라는 개념을 통해 자신의 상태를 파악해나갈 수 있도록 한다. 강사는 참여자들의 마음에 창이 있다고 상상해보도록 하며, 자녀의 행동에 관해 수용할 수 있는 부분과 비수용할 수 있는 부분을 워크시트를 활용하여 따져보게 한다. 그런 후 문제소유를 가려내고 소통의 걸림돌이 되는 말(명령, 강요, 경고, 위협, 훈계, 설교, 충고, 비난, 분석, 동정, 캐묻기, 화재바꾸기, 빈정거림 등)에 관해 자각할 수 있도록 한다.

3, 4회기에서는 의사소통기술의 이해, 습득과 실습과정으로 반영적 경청과 반대되는 상황을 직접 경험해보고 어떠한지 공유한다. 예컨대 '침묵'하는 상황은 맥락에 따라 긍

정적일 수도 있고 부정적일 수도 있다. 경청하는 자세를 유지하면서 침묵한다면 화자에게 흥미와 관심을 나타내는 것일 수도 있지만, 상대방이 어떠한 반응을 기대함에도 불구하고 말하지 않는다면 '당신과 이야기하고 싶지 않다'는 사인이 될 수도 있다. 강사는 학습자들이 역할극을 통해 '응', '그래!' 등의 표현으로 화자의 말을 이해하고 있는지 충분히 피드백할 필요가 있다. 그리고 궁극적으로 부모-자녀관계에서 행동 이면에 있는 실제 생각과 감정을 헤아려 알아차려주는 '반영적 경청'을 일상생활에서 실천할 수 능력을 배양할 수 있도록 해야 한다.

5, 6회기에서는 나-전달법의 개념을 이해하고 실천할 수 있는 능력을 배운다. 나-전달법은 자신의 느끼는 감정과 경험을 표현하는 것으로 다른 사람을 평가하거나 해석하지 않는다. 이러한 방식은 자녀가 자신의 마음을 정직하게 개방하여 말할 수 있도록 용기를 주게 되는 방법이 된다. 예컨대, '너는 그림을 아주 잘 그리는구나'(평가)보다는 '아빠는 네가 그린 색상이 아주 마음에 드는구나'(나-전달법)로 말하는 것이다. 나-전달법에서 중요한 것은 행동, 구체적 영향, 감정을 포함시켜 말하는 것이다. 행동이란, '양말을 뒤집어 벗어놓으면', '엄마가 밥을 먹으라고 몇 번을 말해도 방에서 나오지 않으면' 등이다. 영향이란, 자녀의 행동이 미치는 구체적인 영향으로 신체나 감각을 괴롭히거나, 하고 싶은 것을 할 수 없도록 방해하는 것으로, '(양말을 뒤집어 벗어놓으며) 엄마가 지나다가 밟고 다니게 되어', '(밥을 안먹으면) 내가 다시 식탁을 치워야하는 상황이 되니까' 등이다. 그리고 감정이란, 자녀의 행동과 구체적 영향으로 인해 기분이 나쁘거나 걱정이 되고 화가 나는 등의 감정 표현에 해당한다. 이때 주의할 점은 자녀에게 폭발적으로 감정을 전달하지 않도록 하며 행동에 대한 비판이나 비난은 절대적으로 하지 않아야 한다.

7, 8회기는 무승패법으로 위에서 살펴본 무승패법의 문제해결 6단계의 개념(문제의 정의부터 평가)을 학습하고 실습한다. 이 과정에서 강사는 부모들이 각자의 상황에서 문제되는 상황에 관해 적용하여 실습하도록 한다. 예컨대, 한 부모는 밤 12시 이전에 귀가해달라고 나-전달법으로 수차례 요청했음에도 불구하고 여고생인 딸은 친구와 늦은 밤까지 놀다 집에 들어오곤 했다. 이러한 욕구갈등 상황에서 부모는 어떻게 해야 하는지, 딸에게 어떠한 방식으로 말해야 하는지, 치미는 분노는 어떻게 다스리는게 좋은지에 관해 논의하고 적절한 해결책을 찾도록 시도하며 실천계획을 수립하도록 한다. 이는 부모가 자녀들과 민주적인 방식으로 문제를 해결하는 방식을 학습할 수 있도록 도울 것이다.

9회기에서는 가치관 갈등을 다룬다. 가치관은 자신이 믿는 신념이므로 잘 변하지 않는다. 부모들은 자녀들이 질 높은 삶을 살아가기 바라며, 이 때문에 자신의 가치관을 의

도치 않게 강요할 수 있다. 대체로 어린 자녀의 경우, 가족이라는 근접환경에서 부모들을 지켜보며 부모의 가치관에 일치되게 행동하는 경향이 있지만, 자녀의 삶이 부모와 분리되기 시작하면 또래, 선생님, 매체, 학교 및 종교 등 여러 외적인 요인으로 기존 가치관과 충돌하게 된다. 이때 자녀가 습득하게 되는 새로운 가치관과 부모의 가치관이 충돌하게 되는 경우 가치관 대립에 대처하는 요령이 필요하다. 이 과정에서 부모는 라인홀드 니부어 신학자가 '내가 변화시킬 수 없는 일들을 받아들일 수 있는 평온을 주시고....그 차이를 알 수 있는 지혜를 주소서'라고 말한 바와 같이, '평온을 비는 기도'를 스스로에게 하며 자신의 가치관을 내려놓고 자녀의 가치관을 받아들여야 할 수도 있다. 마지막 10회기에서는 자신의 달라진 모습에 관해 통찰하고 향후 지속가능한 실천계획을 단계적으로 설계하며 참여자들간 공유하고 다짐한다. 강사는 참여자들에게 개별적으로 충분히 변화된 부분을 지지하고 격려하며 프로그램을 마무리한다.

조별 나눔

Q1. PET관련 학회지와 논문을 참고하여, 초등학생을 둔 아버지를 대상으로 부모교육을 주 1회 총 5회기로 프로그램을 기획해봅시다. 어떤 점에 주력하는 것이 중요하다고 생각하나요? 또한 프로그램의 역동성과 동기부여를 위해 어떤 활동을 시도해볼 지에 관해 조별로 프로그램을 기획해봅시다.

목표 :

1회기 :

2회기 :

3회기 :

4회기 :

5회기 :

기타(특히 주력하고자 하는 부분) :

Q2. 조별로 강사(1인)–참여자 역할을 정하여 개발한 프로그램을 실시해보고 참여자는 강사의 프로그램 내용, 자질 및 역량에 관해 충분히 피드백해봅시다. 특히 강사의 강점 및 자원에 관해 찾아봅시다.

프로그램 내용 :

강사의 강점 및 자원 :

강사의 자질 및 역량에 관한 평가 :

생각 나눔

부모는 때때로 치미는 분노를 억누르는 등 부정적 감정을 가라앉히기 위해 내려놓는 시도를 하기도 합니다. 종교가 있다면 기도를 할 수도 있을 것입니다. 아래 시를 읽고 느낀 점을 나누어봅시다. 그리고 당신만의 '내려놓기' 요령이 있다면 공유해봅시다.

평안을 위한 기도(Serenity Prayer)

오 하나님
제가 변화시킬 수 없는 것은
그대로 받아들이는 마음의 평화를 주시고
변화시킬 수 있는 것은
변화시킬 수 있는 용기를 주십시오.
그리고 이 둘의 차이를 구별하는지혜를 주십시오.
하루를 살아도 한껏 살게 해 주십시오.
한순간을 즐겨도 한껏 즐기게 해 주십시오.
고난은 평화에 이르는 길임을 받아들이게 해 주십시오.
죄로 가득 찬 이 세상,
주님께서 그대로 끌어안으셨듯이
저도 이 세상을 제 뜻대로 변화시키려 하지 않고
있는 그대로 끌어안게 해 주십시오.
당신의 뜻에 순종할 때
당신께서 모든 것을 바로 세우실 것을
믿게 하여 주십시오.
그리하여,
이생에서는 소박한 행복을
저생에서는 지극한 행복을
영원히 누리게 해 주십시오
아멘

– Reinhold Niebuhr–

생각 나눔

드라마나 영화에서 가치관 갈등으로 대립을 겪는 부모-자녀간 사례를 한 개 정도 찾아보고, 가장 이상적인 갈등해결 방안에 관해 논의해봅시다.

2. STEP(Systematic Training for Effective Parenting)

STEP은 딩크마이어(Dinkmeyer)와 맥케이(McKay)가 1976년에 개발한 부모교육 프로그램이다. STEP은 'Systematic Training for Effective Parenting'의 약자로 효과적인 부모역할을 위한 체계적 훈련 프로그램을 말한다. 이 프로그램은 아들러(Adler)의 개인심리학, 드라이커스(Dreikurs)의 민주적 자녀양육 방법, 기노트(Ginott)의 인본주의적 자녀양육 방법, 고든(Gordon)의 부모 효율성 이론을 절충하여 만든 부모교육 프로그램이다.

STEP 이론은 사랑과 존중을 바탕으로 한 인간 가치의 구현을 중시하는 교육철학을 지닌다. 따라서 이 프로그램은 자녀들을 용기와 격려로 가르치는 방법을 터득하게 하는 데 목적을 둔다. 특히 이 프로그램에서는 민주적인 가족의 분위기를 강조하며, 부모와 자녀가 서로 존중하고 자녀들이 스스로 결정할 수 있는 기회를 충분히 제공하는 것이 무엇보다 중요하다고 설명한다. 특히 딩크마이어와 맥케이는 무엇보다 부모가 시간을 할애하여 자녀와 긍정적인 관계를 맺으려는 노력을 강조하였다.

1) STEP의 부모교육 원리

STEP 프로그램은 부모교육의 원리를 5가지로 정리해볼 수 있다.

부모-자녀관계의 5가지 원리

- 기능적 대화
- 환경을 계획하는 기술
- 부모자신을 변화시키는 기술
- 아동을 변화시키는 기술
- 가족을 변화시키고 문제를 해결하는 기술

첫 번째로 부모-자녀 간 기능적인 대화기법은 매우 중요하다. 특히 부모-자녀관계에서 '듣기'와 '말하기'는 기초적인 일이 된다. 이 프로그램에서는 듣기능력을 향상시키기 위해 감정이입, 반영적 경청, 적극적 경청, 공감, 등의 기법을 배워 활용할 수 있도록 한다. 두 번째로 부모-자녀관계 개선을 위해 가족구성원이 함께 보낼 수 있는 시공간, 다양한 활동 등을 조성하는 것이 필요하다. 예컨대, 어린 유아가 있다면 놀이감을 발달연령에 맞게 제공해주고, 학업에 몰입해야 하는 청소년 자녀를 둔 경우 공부에 집중할 수 있는 적합한 환경구성이 필요하다. 세 번째로 부모자신을 변화시킬 수 있어야 한다. 관계는 쌍방향적인 특성이 있으므로 자녀의 행동변화에만 초점을 두어서는 안 된다. 예컨대, 여성스러운 5세 남자 아이를 둔 어머니가 상담실을 방문하였다. 그녀는 이혼 후 혼자 아들 한 명을 키우며 자신이 그려둔 '남자 아이'의 이미지에 부합되지 못하는 아들의 여성스러운 모습에 불만이 컸다. 그녀는 상담사에게 '남성다운 아들'로 변화시켜달라는 불가능한 요청을 하였고, 곧 상담사는 아들을 상담하기 이전 어머니에게 자녀의 모습을 있는 그대로 수용할 수 있도록 상담하였다.

네 번째로 아동을 변화시키는 기술이다. 부모는 자녀의 한계를 설정하고 여러 규칙들을 협력 하에 정한다. 이때 부모는 자녀가 규칙을 지키지 못했을 때 자연적, 논리적 훈육방법을 사용할 수 있어야 한다. 자연적 귀결은 '밥을 안먹으면 배가 고프다', '밤을 새면 낮에 졸리다' 등과 같이 자연적으로 일어나는 사건의 결과를 경험함으로써 배우는 것이다. 논리적 귀결은 '과제를 안 하면 성적이 나쁘다', '친구와 SNS로 밤새 수다를 떨면 다음 날 학교에서 집중에 어려움을 겪는다' 등 논리적 결과의 경험으로부터 배우는 것이다. 이 두 가지 방법은 모두 자녀 스스로 자신의 행동에 책임지게 하는 방법으로 자율성과 책임감을 높여주는 효과적인 방법이다. 마지막으로 가족을 변화시키고 문제를 해결하는 기술이다. 가족변화를 위해 가족회의, 양승법 등 여러 방법을 사용해볼 수 있다.

조별 나눔

Q1. 나의 '격려하기' 수준은 얼마나 된다고 생각하나요? 0~10점 척도로 표현한다면 몇 점이라고 생각하나요? 그리고 점수를 1점 올리려면 무엇이 필요하다고 생각하나요?

Q2. 상대방을 격려하기 위해서는 상대방의 마음을 잘 알아차려야 합니다. 만약 나의 아들이 취준생(대학 졸업 후 자격증을 따기 위해 2년째 학원을 다니는 중)이라고 상상해봅시다. 난 아들의 긴 시험준비로 인해 매우 지쳐 있습니다. 난 주로 어떤 감정을 느낄까요? 다음으로 내가 상담사라고 가정해봅시다. 어머니가 내담자로 상담실을 방문했다면 특별히 묻고 싶은 말이 있는지 상상해봅시다. 그리고 어떻게 공감해주는 게 바람직할까요? 어떠한 질문이나 공감을 통해 그녀가 그간 표현할 수 없었던 부정적 감정을 표현하며 자신의 내면적 의미들을 찾아낼 수 있을지 논의해봅시다.

Q3. 공감하는 연습을 해봅시다. 3인이 짝을 이루어 화자, 청자와 관찰자를 정하고 상대방의 이야기를 공감하는 청자의 얼굴표정을 관찰해봅시다. 공감하며 들을 때 사람의 표정은 어떻게 변하는가. 미간은 어떠한가, 눈동자의 위치는 어떠한가를 살펴봅시다.

조별 나눔

Q4. '존중'이란 단어를 들었을 때 떠올려지는 장면이 있나요? '존중'이란 무엇이라고 생각하고 '수용적 존중'이란 무엇이라고 생각하나요? 어떤 차이가 있다고 생각하나요? 우선 사전적 개념을 찾아보면서 스스로 개념을 한 문장으로 정리해봅시다.

Q5. 상담학자 로저스는 상담자로 공감, 존중, 일관적 성실성(상담자가 한 인간으로서 내담자를 만나는 것)을 강조하였습니다. 누군가로부터 진정한 '존중'을 받았던 경험이 있나요? 존중을 받으면 어떤 일이 벌어지나요?

Q6. 아래 2개 질문은 어떻게 다른지 비교분석해봅시다.

A. 엄마를 떠올리면 화가 나니? (폐쇄형 질문)

B. 엄마를 떠올리면 마음이 어때? (개방형 질문)

Q7. "왜?"라는 질문은 비난으로 받아들일 수 있다는 단점이 있습니다. 즉 저항을 일으킬 수도 있습니다. 아래 질문을 "어떻게?"로 바꾸어봅시다.

오늘 왜 지각했어?

____

2) 사례를 통해 살펴보는 STEP 개념의 실제 프로그램 적용

여기서는 조성연(2010)이 〈교육복지투자 우선지역 지원사업 내 유치원 어머니 대상의 STEP 프로그램 효과 검증〉라는 제목으로 게재한 연구에 발표된 STEP 프로그램을 소개하고자 한다. 이 연구에서 소개된 프로그램은 저소득층 A지역 내의 4개 병설유치원 어머니들을 대상으로 한 내용이었다. 구체적인 내용은 다음과 같다.

표 6-2 유치원 어머니 대상의 STEP 프로그램

회기	교육내용	부모역할
1	• 질문지 실시(사전검사) – 부모-자녀 의사소통척도 – 자아존중감 척도 – 성격검사 – 삶의 만족도 – 심리적 안녕감 • 각자 소개 • 어린이 행동 이해	• 질문지에 답하기 • 각자 자신을 소개하기 • 토론하기
2	• 자녀 이해와 부모 자신의 이해 • 자신감과 가치감 길러주기	• 각 가정의 분위기 소개
3	• 의사소통 방법 – 반영적 경청 – 나-전달법	• 의사소통 방법에 대한 role-playing
4	• 책임감 훈육 방법 • 자연적, 논리적 결과	• 자연적, 논리적 결과에 대한 role-playing
5	• 가족모임 • 자신감 개발 및 잠재력 발휘	• 경험 나누기 • 토론하기
6	• 자기반성하기 및 평가 • 질문지 실시(사후검사)	• 질문지에 답하기

이 프로그램에 참여한 어머니들은 자녀와의 의사소통 유형에 변화가 생겼다고 보고되었으며, 어머니 자신들의 자아존중감과 삶의 만족도에도 긍정적인 영향을 미친 것으로 보고되었다.

조별 나눔

Q1. 당신이 고3이라고 상상해보고 엄마로부터 다음 말을 듣는다면 어떤 마음 상태가 될 지에 관해 생각해봅시다.

A. 시간 나면 공부해야지 왜 딴 생각이니?

B. 힘들지 조금만 더 참아라.

C. 오늘 같이 날씨가 좋은 날 집에 있으려니 답답하지?

D. 고3이라 나가 보려고 해도 불안하고 하니 답답하지?

Q2. 자녀의 변화를 원하면 성장 동기를 찾아보아야 합니다. 엄마가 어떤 말을 하면 좋을까요? 어떤 방향으로 성장하고 싶은지 예측해보면 답변의 힌트를 얻을 수 있을 것입니다.

딸 : 엄마 정신집중이 안 되고, 사회과목 한 과목에서 낙제를 받았어요. 어떡하죠? 엄마 책상에 앉아서 집중하려고 해도 잘 안돼요.

엄마 :____________________________

조별 나눔

Q3. 가족의 어떠한 변화를 위해 '가족회의'가 필요하다고 생각하나요? 만약 그렇다면 가족회의에 가족원들이 즐겁게 참여하기 위한 방안에 관해 논의해봅시다.

Q4. 부모-자녀관계 원리 중 환경 조성과 관련하여, 초등학교 자녀를 둔 가정과 중고등학생 자녀를 둔 가정으로 나누어 무엇이 가장 중요하다고 생각하는지 그 이유에 관해 논의해봅시다.

3. 상호교류 분석이론 부모교육

에릭 번(1910년 5월 10일 ~ 1970년 7월 15일)

캐나다의 정신과 의사지아 교류분석의 창시자라고 불리는 에릭 번(Erick Bern, 1910~1970)은 개인이 갖는 자아상태를 바탕으로 의사소통의 교류가 어떻게 이루어지는가를 탐색하였다. 상호교류분석의 이론은 초기 부모-자녀관계를 다루는 이론으로 적용되지는 않았으나 부모와 자녀 사이의 의사소통을 분석함으로써 부모-자녀관계를 개선시키는 데 적용되었다. 이러한 교류분석은 이론이 지닌 철학적 강점을 토대로 부모교육의 실천현장에서 적용기법의 활용도가 높고 다양한 분야에 적용할 수 있다(전우경, 2010).

1) 주요 개념

(1) 구조분석

교류분석에서는 '지금-여기'에 있는 자신의 생각, 감정, 태도 및 행동양식 등을 밝혀주기 위한 분석틀을 자아상태라고 한다. 이를 P-A-C 모형이라고 하며, 교류분석에서는 P-A-C를 명확하게 학습하고 이해하는 것이 기초적인 매우 중요한 일(우재현, 2005)이라고 설명한다. 모든 사람은 부모자아상태(P), 성인자아상태(A), 어린이자아상태(C) 세 가지 자아상태를 지니고 있다고 설명한다. 이러한 자아상태의 특성이 어떠한지 분석하는 것을 구조분석(structural analysis)라고 한다. 즉 구조분석을 통해 자신의 자아상태가 어떠한지 성격적 불균형이 되는 부분을 발견하고 조화롭게 균형을 이루는데 그 목적이 있다.

P자아는 부모 혹은 부모의 위치에 있는 권위적인 사람의 인식, 감정 및 행동을 따라하는 자아상태를 말한다. 또한 A자아는 지금-여기에서의 직접적인 반응으로써 인식, 감정 및 행동을 경험하는 상태를 말하며, C자아는 지난 어린 시절의 행동사고 감정을 느끼는 상태(강혜정, 성수나, 2019)이다. 그리고 기능적인 측면에서는, 통제적 부모자아(CP), 양육적 부모자아(NP), 성인자아(A), 자유로운 어린이자아(FC), 순응하는 어린이자아(AC) 총 5가지로 나뉜다.

우선, 이제 자기 성격은 어떠한 성격구조인지 알아보자. 척도지를 활용하여 자신의 P-A-C 구조를 탐색해보자.

다음의 질문을 하나씩 읽으면서 당신의 특성에 맞거나 가장 가까우면 ③번에, 어느 편도 아니면 ②번에, 맞지 않거나 멀면 ①번에 ∨표를 해 주십시오. 가능한 한 ①번과 ③번 중의 어느 하나에 응답해주시기 바랍니다.

① 그렇지 않다　　② 어느 편도 아니다　　③ 그렇다

I. (CP)

1. 다른 사람이 잘못했을 때 좀처럼 용서하지 못합니까? ① ② ③
2. 자신을 책임감이 강한 사람이라고 생각합니까? ① ② ③
3. 자신의 생각을 양보 없이 끝까지 주장하는 편입니까? ① ② ③
4. 당신은 예의, 태도에 대해서 엄격한 훈련을 받았습니까? ① ② ③
5. 한 번 착수한 일을 끝까지 해내지 못하면 마음이 편치 않은 편입니까? ① ② ③
6. 부모가 시키면 그대로 따릅니까? ① ② ③
7. 당신이 부모가 되면, 아이를 엄격히 기르겠다고 생각합니까? ① ② ③
8. 당신은 무엇이든 깔끔해 보이지 않으면, 계속 그것에 신경이 쓰입니까? ① ② ③
9. '잘못됐다', '....하지 않으면 안 된다'라는 표현을 잘 하는 편입니까? ① ② ③
10. 당신은 시간이나 금전에 대해서 반드시 분명한 태도를 보여야만 한다고 생각합니까? ① ② ③

점수계 : (　　　　　)

II. (NP)

1. 타인이 길을 물으면 친절히 가르쳐 주는 편입니까? ① ② ③
2. 친구나 나이가 어린아이들에게 칭찬해주기를 좋아하는 편입니까? ① ② ③
3. 남을 돌보는 일을 좋아합니까? ① ② ③
4. 남의 나쁜 점보다는 좋은 점을 더 많이 보는 편입니까? ① ② ③
5. 낙담한 사람이 있다면 위로하거나 격려해주기를 좋아합니까? ① ② ③
6. 친구들에게 무엇이든 사주는 것을 좋아합니까? ① ② ③
7. 도움을 요청받으면, 기꺼이 맡아서 처리해주기를 좋아합니까? ① ② ③
8. 누구든 실패해도 책망하지 않고 용서하는 편입니까? ① ② ③
9. 남동생, 여동생, 또는 자신보다 나이가 적은 사람을 이뻐하는 편입니까? ① ② ③
10. 먹을 것, 입을 것이 없는 사람을 보면 도와주는 편입니까? ① ② ③

점수계 : (　　　　　)

Ⅲ. (A)

1. 당신은 여러 가지 책을 잘 보는 편입니까? ① ② ③
2. 어떤 일이 잘 되지 않아도 화를 내지 않는 편입니까? ① ② ③
3. 어떤 일을 결정할 때 여러 사람의 의견을 듣고 정합니까? ① ② ③
4. 처음 접하는 일을 진행할 때 그 일을 잘 알아본 후 행동합니까? ① ② ③
5. 어떤 일을 할 때에 그 결과를 충분히 생각해봅니까? ① ② ③
6. 모르는 것이 있으면 남에게 묻거나 상의해보는 편입니까? ① ② ③
7. 몸에 이상이 생기면 조심하거나 무리하지 않도록 배려합니까? ① ② ③
8. 부모님과 감정의 상함 없이 대화를 잘 하는 편입니까? ① ② ③
9. 해야 할 일들을 사리에 맞게 처리해 나간다고 생각합니까? ① ② ③
10. 미신이나 점치는 것 등을 믿지 않은 편입니까? ① ② ③

점수계 : (   )

Ⅳ. (FC)

1. 당신은 화려한 것을 좋아하는 편입니까? ① ② ③
2. 여럿이 어울려 신나게 이야기하거나 노는 것을 좋아합니까? ① ② ③
3. '아!', '좋다', '멋지다' 등의 감탄사를 잘 쓰는 편입니까? ① ② ③
4. 당신은 말하고 싶은 것을 어려워하지 않고 말하는 편입니까? ① ② ③
5. 기쁘거나 슬플 때, 그 감정을 자유롭게 나타내는 편입니까? ① ② ③
6. 갖고 싶은 것을 가져야만 마음이 편안합니까? ① ② ③
7. 이성의 친구에게 자유롭게 말을 할 수 있습니까? ① ② ③
8. 남에게 농담을 하거나 장난으로 찝적거리는 것을 좋아하는 편입니까? ① ② ③
9. 그림을 그리거나 노래를 부르거나 하는 것을 좋아합니까? ① ② ③
10. 당신은 싫은 것을 싫다고 말하는 편입니까? ① ② ③

점수계 : (   )

Ⅴ. (C)

1. 당신은 남의 표정을 보고 행동하는 버릇이 있습니까? ① ② ③
2. 싫은 것을 싫다고 말하지 않고 참는 일이 많습니까? ① ② ③
3. 당신은 열등감이 강한 편입니까? ① ② ③
4. 어떤 일을 부탁받으면 곧 하지 않고 질질 끄는 편입니까? ① ② ③
5. 무리를 해서라도 남에게 항상 잘 보이려고 애씁니까? ① ② ③
6. 진실된 자신의 생각보다는 부모나 남의 말에 영향받기 쉬운 편입니까? ① ② ③

7. 슬프거나 우울한 기분을 느끼는 일이 흔한 편입니까? ① ② ③
8. 당신은 사양하는 편이며 소극적인 편입니까? ① ② ③
9. 부모의 비위를 맞추려고 애쓰는 편입니까? ① ② ③
10. 속으로 불만이지만 겉으로는 만족한 것처럼 행동합니까? ① ② ③

점수계 : (   )

*출처 : 최경환(2012). 교류분석 프로그램이 재소자의 자기효능감과 인간관계에 미치는 영향. 영남대학교 박사학위논문.

① 통제적인 부모자아(CP)

인간은 태어나면서 부모나 주변 어른으로 하여금 끊임없이 규칙과 예의범절을 배운다. 그러한 과정에서 '규칙'에서 벗어난 행동을 하게 된 자녀는 권위적 인물로부터 가르침을 받거나 통제당한다. CP의 자아상태를 지닌 사람은 타인을 가르치려 하거나 통제 및 비판한다. 자신의 생각은 옳고 다른 사람의 의견은 틀렸다고 생각하기 때문에 자신의 주장을 양보하려 하지 않는다(이성태, 2010). 이들은 교훈적, 편견적, 비난적, 강압적인 말투 등을 자주 사용하는 특징이 있고, 사회체제나 규범을 지켜나가는 강점이 있기도 한 반면 강한 자아상태는 자신의 삶을 살아가기 어려울 정도로 방해꾼이 되기도 한다(박지수, 2013).

생각 나눔

A씨는 CP상태의 특징을 지닌 상사와 일하고 있습니다. 상사는 A씨에게 여러 업무를 과도하게 가르치려는 특성을 보입니다. 특히 A씨가 불편한 점은 상사의 주장이 틀렸음에도 굽히지 않거나(하지만 대부분 상사는 지식이 뛰어나므로 틀릴 때가 거의 없음) 훈계적인 말투로 인해 불편한 감정을 경험할 때가 많습니다.

A씨는 어떻게 회사생활을 해나가는 것이 필요할까요?

② 양육적인 부모자아(NP)

우리는 성장하면서 부모가 신체적, 정서적 돌봄을 경험한다. 즉 부모로부터 위로, 칭찬, 격려, 지지 등을 받으며 성장한다. 이러한 모습을 학습하는 과정에서 우리는 누군가를 도와주고 배려하며 온정적이고 배려해주는 모습을 보인다. 하지만 NP가 지나치게 강하면 아이가 혼자 해야 할 일을 대신 해주거나 과잉보호의 양육태도를 취하게 되므로(우재현, 2005), 자아상태의 균형이 필요하다.

종합하여, P의 성격행동을 김학순(2010) 연구에 제시된 내용을 토대로 정리하면 다음과 같다.

표 6-3 P 성격행동의 주요 특징

구조분석	가르침 받은 나(P)	
기능분석	비판적 어버이(CP)	양육적 어버이(NP)
자아상태	비판적, 통제적, 권위적, 정의감, 전통	양육적, 보호적, 동정적, 염려, 돌봄
말	• 해서는 안 돼! • 이렇게 해야지. • 틀림없이 ~ 하다.	• 열심히 하면 된다. • (무엇)이 마음에 걸려. • 잘했어. • 가엽게도...
태도	• 깔보는 자세 • 팔짱끼는 자세 • 비난하는 모습 • 압력을 가하는 태도	• 포옹하기 • 애정이 깃든 모습
상대가 받는 느낌	• 얕보이고 있다. • 간섭받고 있다.	• 위로받고 있다. • 간섭받고 있다.

③ 성인자아(A)

성인자아는 자신이 스스로 신체적 이행능력이 발달하면서 독자적 사고가 가능해짐에 따라 형성된다. 즉 자신이 혼자서 어떠한 일을 해낼 수 있다는 능력감을 갖게 되는 것이다(이성태, 2010). A의 자아상태는 합리적으로 일을 처리해가며 부모자아와 어린이자아의 반응을 조율하는 기능을 한다. 하지만 A 역시 지나치게 주도권을 표현하면 인간미가 없는 사람이 될 수 있으므로 균형감이 중요하다(박지수, 2013).

다음으로 A 성격행동의 주요특징을 김학순(2010) 연구에 제시된 내용을 토대로 정리하면 다음과 같다.

표 6-4 A 성격행동의 주요 특징

구조분석	생각하는 나(A)
기능분석	이성적인 어른
자아상태	이성적, 논리적, 합리적, 과학적, 객관적, 능률적, 사실평가적
말	• 6하원칙에 따라 말함(언제, 어디서, 누가, 무엇을, 어떻게, 왜) • 구체적으로 말하면, ~입니다.
태도	• 발을 바르게 착지한다. • 손은 가지런히 무릎 위에 얹는 등 올바른 자세를 취한다. • 안정된 기분과 침착한 목소리 • 골똘이 사고하는 표정
상대가 받는 느낌	• 객관적으로 사물을 본다고 인식한다. • 타산적이라고 생각할 수도 있다.

생각 나눔

"처음에는 사랑인줄 알았지만, 점점 불편합니다."

B씨는 10년 연애 끝에 신혼기를 보내고 있습니다. 시부모님의 사랑을 받으며, 시가에 들어가 살게 되었는데, 그녀는 원가족에서 경험한 문화와 다른 가족문화를 경험하였습니다. 시어머니는 유난히 B씨를 챙겨줍니다. 예컨대, 직장에 나갈 때 간식을 싸주고 도시락까지 챙겨줍니다. 아침을 챙겨주는 것은 물론 생선을 모두 발라주는 일까지 해주는 모습에 B씨는 점차 혼란스럽습니다. 나이가 서른이 넘었는데, 마치 자신을 어린아이같이 과도하게 돌봐주는 시어머니가 점점 불편해졌습니다.

B씨는 어떻게 시어머니와의 관계를 이어가야 할까요?

생각 나눔

"너무! 이성적인 친구"

C에게는 베프가 있습니다. 초등학교 동창입니다. 현재 둘은 같은 대학교에 재학 중입니다. 10년 넘게 서로의 고민과 상처를 허물없이 나눌 수 있는 좋은 친구입니다. 그런데 최근 C씨는 친구가 자신의 이야기를 들어주기보다는 지나치게 합리적이고, 객관적인 모습을 띤다고 느꼈습니다. 그러한 태도가 자신의 문제를 해결하는데 도움이 되기도 하지만 친구와 달리 나만 '이성적'이지 못하고 너무 감정적으로 살아가는 것처럼 느껴집니다.

C씨는 친구에 비해 상대적으로 '감정적'으로 살아가는 자신의 모습에 의문을 품게 됐습니다. 만약 C씨의 친구가 과도한 성인자아상태의 모습을 보인다면, 이 둘의 친구관계가 원만히 지속되기 위해 어떠한 변화가 필요할까요?

④ 자유로운 아동자아(FC)

우리는 어린 시절 도덕이나 규범에 방해받지 않고 천진난만하게 행동했던 때가 있었다. 자신의 쾌감에 따라 '말이 안되는 일'을 벌일지라도 가족들로 하여금 수용되었던 적이 있을 것이다. 이와 같이 FC의 자아상태가 지나치게 되면 자신의 감정, 행동 등을 표현할 때 누구의 제지도 받지 않고 자신이 원하는 대로 하고자 한다.

⑤ 순응적인 아동자아(AC)

우리는 어릴 때 부모나 주변 어른들의 인정이나 칭찬을 받기 위해서 그들의 기대나 요구에 순응한다(박지수, 2013). 이러한 모습은 어른이 되어서도 주변 사람들의 인정이나 칭찬을 받기 위해서 순응하는 모습으로 이어질 수 있다. 문제는, 지나치게 순응하는 어린이 자아상태의 모습을 지녀 자신이 '싫은 것'을 거절하지 못하거나, 필요한 자신의 주장을 내세우지 못해 타협해버리고 마는 행동으로 나타나는 것이다.

생각 나눔

"거침없이 말하는 직장후배..."

D씨는 신입입니다. 디자이너로 들어가 이제 곧 사회생활을 시작했습니다. 그가 속한 팀은 총 13명으로 구성되어 있습니다. 그 중 선임디자이너 E씨는 그가 팀장, 부장 등 자신보다 직급이 높은 상사들에게 서슴없이 '할말 다하는' D씨의 모습에 불안합니다. 개성이 넘치고 자유로워 보이는 장점을 지닌 후배이기는 한데 거침없이 자신이 하고 싶은 말을 다 뱉어 버립니다.

E씨는 D씨를 만나 이야기해보려고 합니다. E씨에게 어떻게 조언하는게 필요할까요? 그리고 E씨는 변화할 수 있을까요?

종합하여, C 성격행동의 주요특징을 김학순(2010) 연구에 제시된 내용을 토대로 정리하면 표 6-5와 같다.

표 6-5 C 성격행동의 주요 특징

구조분석	느끼는 나(C)	
기능분석	자유로운 어린이(FC)	순응하는 어린이(AC)
자아상태	충동적, 자발적, 직관적, 창조적, 향락적	순응적, 소극적, 타율적, 감정억압적, 순종적
말	• 와! 멋있다! • 유쾌하다! • 캬! 좋다! • 신난다.	• ~해도 괜찮을까요? • 나를 떠나지 마세요. • 저와 함께 해요.
태도	• 희노애락의 직접적 표현 • 웃음, 항변, 눈물, 놀이 등	• 타인의 안색을 살피는 태도 • 발끈하거나 공격하는 행동
상대가 받는 느낌	• 자유롭다. • 명랑하다. • 밝다.	• 비굴하다. • 좋은 사람이다.

생각 나눔

"대학친구의 요청을 거절하지 못해요."

F씨는 올해 새내기입니다. 같은과 친구들은 그녀는 '천사'로 인식합니다. '모든 것을 다 받아줄 것'같은 그녀는 실제 대부분의 요청을 거절하기보다는 받아주는 편입니다. 그런데 어느 날, 여러 과목을 들으며 과제로 바쁜 일과를 보내고 있는데, 친구 G씨가 자신의 레포트를 대신 좀 작성해주면 안 되냐고 했습니다. 윤리적이고 도덕적인 F씨는 그 일만큼은 자신이 해주기 어렵다고 생각해서 거절하였습니다. 하지만 몇 차례 G씨는 자신의 과제를 대충이라도 해달라고 합니다.

20대인 F씨는 자신의 모습을 바꾸고 싶습니다. 현재보다 타인에게 주장을 명확히 하고 원만하게 거절할 일이 생기면 'No'라고 말하고 싶습니다. 당신은 F씨에게 어떻게 조언해줄 수 있을까요?

(2) 인생태도

에릭 번(1975)에 의하면 각본은 네 가지 인생태도 중 하나에 기초를 두고 있다고 설명하였다. 구체적으로 긍정, 부정의 자세로 구분되는 자신 및 타인에 대한 인생태도를 조합하여 자기긍정-타인긍정(I'm OK, You're OK), 자기부정-타인긍정(I'm not OK, You're OK), 자기긍정-타인부정(I'm OK, You're not OK), 자기부정-타인부정(I'm not OK, You're not OK) 등 4가지 유형으로 구분해볼 수 있다.

인생의 4가지 생활자세

자기긍정-타인긍정(I'm OK, You're OK)	"나도 좋고 당신도 좋다"
자기부정-타인긍정(I'm Not OK, You're OK)	"나는 좋지 않지만 당신은 좋다"
자기긍정-타인부정(I'm OK, You're Not OK)	"나는 좋고 당신은 좋지 않다"
자기부정-타인부정(I'm Not OK, You're Not OK)	"나도 좋지 않고 당신도 좋지 않다"

당신은 어떤 유형에 해당되는가? 과거 당신의 모습은 어떠했는지, 현재도 동일한지 혹은 아닌지 생각해보자. 그리고 미래에는 어떤 유형의 사람으로 살아가고자 하는가?

(3) 스트로크

에릭 번1964)에 따르면 스트로크는 다른 사람의 존재를 인식하고 있음을 암시하는 모든 행동으로 정의내려진다. 즉 타인과의 교류과정에서 발생하는 제스쳐, 신체적 터치나 말 등이 있다. 이를 통해 인간은 자신이 존재하고 있다는 사실을 자각한다. 만약 당신이 미용실에서 머리를 다듬고 학교에 갔을 때 선후배들이 "머리가 잘 어울린다!", "참 멋지다!"라고 말한다면 어떤 마음이 들겠는가? 반대로, "머리가 안 어울리는데?", "좀 이상하다" 등과 같은 부정적인 말을 듣는다면 아마도 당신은 종일 기분을 망칠 수도 있을 것이다. 이러한 일상생활에서 수없이 지속되는 자극은 우리들의 하루 일과에 영향을 미친다. 에릭 번은 스트로크를 한 개인의 삶에 필수적인 것으로 여기며, "the spinal cord will shrivel up(이들 없이는 척추가 못쓰게 된다)"라고 비유(권화순, 2005)하며 강조하였다. 에릭 번은 인간이 끊임없이 스트로크를 구하며, 긍정적 스트로크가 없으면 부정적 스트로크라도 찾게 된다고 설명하였다. 그리고 교류분석을 대중에게 널리 알린 뮤리얼 제임스(MuridJames)와 도로시 존게워드(DorothyJongeward)는 부정적 스트로크보다 더 나쁜 상태가 스트로크가 없는 노 스트로크 상태(윤광범, 2011)라고 하였다.

스트로크의 유형은 4가지로 나누어 볼 수 있다. 그리고 스트로크는 인간관계 뿐만 아니라 외부조건, 자연연상 등도 스트로크를 줄 수 있고, 자신이 자신의 내부적 자아로부터 스트로크를 주고 받을 수도 있다.

스트로크의 4가지 유형

긍정적 무조건 스트로크: ex. 보기만 해도 좋은 사람
긍정적 조건 스트로크: ex. 정리를 깔끔하게 하니 예쁘구나.
부정적 무조건 스트로크: ex. 주는 것 없이 얄미운 사람
부정적 조건 스트로크: ex. 공부를 안하니까 내가 미워하지!

조별 나눔

"당신이 오늘 받은 스트로크를 세어 봅시다."

당신이 지난주 타인으로부터 받았던 '스트로크'를 6가지 찾아봅시다 그리고 4개의 스트로크를 원하는대로 받을 수 있다면 당신은 누구에게 어떠한 '스트로크' 자극을 요청하겠나요? 그 이유에 대해서도 이야기 나누어봅시다.

1.

2.

3.

4.

5.

6.

7.

8.

9.

10.

(4) 금지령

금지령이란 대체로 자녀에게 '하지 말라'고 내리는 부모의 메시지를 말한다. 이러한 메시지는 자녀가 무엇을 하면 안 되고 무엇을 해야 하는지 알려준다. 즉 그들의 사고, 행동 및 정서 등 모든 면에서 내재되어 명령한다. 이러한 메시지를 받은 자녀들은 부모가 암묵적으로 명령하고 있는 금지령을 받아들일 것인지 아니면 대항하여 맞설 것인지를 결정하게 된다.

금지령의 유형

① (~에 대하여 자신의 방식으로) 생각하지 마라
② 존재하지 말라
③ 네 자신(남자 or 여자)이 되지 말라
④ 즐기지 말라 (ex. 인생은 고통스러운 거야.)
⑤ 건강하지 말라 (ex. 아이가 아파야만 부부간 대화가 통한다면..)
⑥ 성공하지 말라 (ex. 평범하게 생활해. 크게 성공하는건 좋지못해.)
⑦ 성장하지 말라 (ex. 난 막내야.)
⑧ 어린이가 되지 말라 (ex. 넌 첫째야. 어른답게 행동해.)
⑨ 중요한 인물이 되지 말라 (ex. 평범하게 살아야지~)
⑩ 친밀 또는 신뢰하지 말라 (ex. 아무도 믿을 수 없어.)

2) 사례를 통해 살펴보는 청소년기 자녀를 둔 어머니 대상의 분노조절 프로그램

여기서는 정미선과 윤경희(2015)가 〈교류분석이론에 근거한 부모의 분노조절 프로그램 효과: 청소년기 자녀를 둔 어머니를 중심으로〉의 연구에 소개된 내용을 통해 교류분석 프로그램을 보다 구체적으로 살펴보고자 한다.

연구자들은 청소년기 자녀를 둔 어머니를 연구대상으로 선정하여 A대학교 협조를 받아 온라인 카페로 30명의 어머니를 선착순으로 모집하였고, 프로그램의 전체회기를 8회기로 정하고 한 회기당 120분 정도를 기준으로 주 2회 실시하였다.

표 6-7 청소년 자녀를 둔 어머니 대상 분노조절 프로그램

회기	주제	목표	내용
1	반가워요	• 지도자와 참가자의 신뢰감 형성 • 참가자간 친밀감 형성 • 프로그램 이해와 참여동기부여 • 청소년기 특성과 중년기 특성 이해	• 진행자 소개 • 별칭짓기 • 서약서 • 별칭으로 자기소개하기 • 전체 프로그램 안내 • 청소년기 자녀 특성과 중년기 부모 특성 나누기
2	나는 어떤 모습일까	• 자아상태 분석하기 • 바람직한 자아상태를 갖기 위한 변화 모색	• ego-ok그램 검사 실시 • 자아구조분석과 자아기능분석을 통하여 자아상태 분석하기 • 자아상태 촉진행동 작성해보기 • 자아상태에 대한 소감 나누기
3	나를 이해하기	• ego-ok그램 검사를 통한 자신 이해하기 • 자신의 사고방식과 태도의 패턴 이해하기	• 직관 ego그램 작성하기 • ego-ok그램 분석하여 자신의 상태를 발표하기 • 자아상태분석 후 내면의 분노감정을 가지는 자신을 이해하기 • ego-ok 분석 후 느낌 나누기
4	자녀와의 대화	• 대화분석을 통한 자녀와의 대화 방법 분석하기 • 대화방법에 대한 문제점을 실제 장면에 적용해보기	• 교류패턴 설명하기 • 과녁 맞히기를 활용한 대화법 연습하기 • 자녀와 대화법의 문제점 탐색하기 • 자신의 대화법에 대한 소감나누기
5	자녀의 생각과 마음은?	• 스토로크(인정자극)를 통해 자녀와의 분노감정 이해 • 긍정적 스토로크를 사용하여 자녀와의 관계 촉진하기	• 스토로크와 분노의 관계에 대해서 이해하기 • 자녀에게 어떤 스트로크를 사용하는지 경험 나누기 • 긍정적 스토로크 연습 • 자신의 스토로크에 대한 소감나누기
6	너 때문이 아니야	• 자녀와의 관계에서 반복적이고 부정적인 행동 분석하기 • 효율적인 자녀와의 관계 탐색하기	• 자녀와의 관계에서 게임의 이해 • 자녀와 갈등상황에서 분노조절 실습해보기 • 게임분석 후 소감 나누기
7	분노조절은 이렇게	• 각본분석을 통하여 분노조절 하기	• 축소각본을 통하여 분노감정 알아보기 • 분노감정을 통제하기 힘든 이유를 탐색하기 • 각본분석 후 소감 나누기
8	부모로서 재결장	• 부모로서 재결단 내리기 • 목표 성취를 위한 다짐 • 마무리 인사나누기 • 사후검사	• 자녀에게 보내는 편지 발표하기 • 좋은 부모가 되려면 어떻게 해야 하는지 나누기 • 재결단 다짐 나누기 • 마무리 및 소감문 작성하기 • 사후검사

이 프로그램에 참여한 어머니들은 분노조절 능력과 부모효능감 수준이 향상된 것으로 나타났다.

정리하면, 교류분석 이론의 적용은 객관적이고 합리적인 사고행동을 할 수 있도록 도울 뿐만 아니라 성인자아상태를 활성화시킨다. 이는 부모교육 영역에서, 부모로 하여금 올바른 부모역할을 수행할 수 있도록 돕는다. 교류분석은 다음 세 가지 이유로 현재까지 활발하게 연구되고 있다. 첫 번째로 인간의 약점보다는 장점에 초점을 맞추어 인간의 성장에 기여하는 강점이 있다.

두 번째로 에릭 번이 제시한 자아상태 구조는 외현적인 행동을 통해 표현되므로 수정이 가능하다(전우경, 2010). 예컨대, 성인자아상태를 활성화시킬 수 있는 교육받기, 계약맺기, 올바른 의문갖기 등 유용한 방법을 통해 자신의 성장을 도울 수 있다.

마지막으로 교류분석은 자아상태에 근거한 상호 간의 의사소통 방식을 분석하는데 중점을 둠으로써 부모-자녀관계의 실질적 개선에 도움이 된다(정옥분, 정순화, 2019). 부모-자녀간 구조기능분석을 통한 개인 이해의 과정은 부모의 자아상태를 진단해준다. 동시에 자녀를 다루는 기술의 득이나 자녀의 이해가 중점이 아닌 부모의 자기이해에서 출발하므로 부모의 내면적 변화를 이끌 수 있다(박지수, 2013). 예컨대 지시와 명령을 자주 하는 '가르치는 자아'가 강한 어머니는 분석 과정을 통해 자신의 자아특징을 깨닫고 민주적인 양육태도로의 변화를 시도해볼 수 있다.

조별 나눔

Q1. 당신이 교류분석 이론을 근거로 부모교육 프로그램을 개발한다면 어떠한 내용을 반드시 포함하고자 하나요? 그 이유는 무엇인가요?

Q2. 자녀의 마음을 잘 공감해주려면, 언어를 구체화해야 합니다. 이를 언어의 구체화라고 합니다. 예컨대 “엄마 나 축구를 잘 하고 싶어요”라고 말하는 아들에게 무엇이라고 말해줄 수 있는지 연습해봅시다.

조별 나눔

성인자아 상태를 활성화시킬 수 있는 4가지 방법

성인자아 상태를 활성화시킬 수 있는 방법으로 아래 4가지가 주로 소개되고 있습니다. 아래 내용을 살펴보고, 각 내용에서 자신의 성인자아를 활성화시키고 성장해나가기 위해 필요한 일을 한 가지 찾아 기술해봅시다. 그리고 당신의 다짐을 조원들에게 소개하고 실제 어떠한 과정을 통해 성공할 수 있을 지에 관해 논의해봅시다.

- 교육받기 : 자신의 심리상태 분석, 지속적인 자기교육
- 계약맺기 : 자신의 바람직하지 않은 자아상태에 변화를 시도(예, "나는 아이에게 라벨링하지 않겠다", "아이에게 폭언하지 않겠다")
- 올바른 의문갖기 : 계약한 사람은 그 문제에 알맞은 의문을 갖고 질문을 던짐(예, "둘째가 칭얼대는거 짜증나"에서 '왜 나는 아이가 칭얼대는 것을 받아주지 못하며 짜증으로 반응할까?')
- 투사로부터 배우기 : 투사하는 사람은 문제의 원인이나 잘못이 주변 사람이나 사물 때문이라고 생각함(예, '우리 집에서 날 이해해주는 사람은 아무도 없어!에서 '난 다른 사람을 이해하고 있나?')

나의 다짐 : ____

____

예) 난 FC가 너무 강한거 같아. 그래서인지 공적인 관계에서 너무 감정을 거침없이 표현하지. 이제 조금 의도적으로 감정을 조절하고 사회적 상황에 맞게 행동해 보려고 해.

7장 현대 가족의 다양성과 자녀양육

최경

현대 사회에서 이루어진 급속한 산업화와 과학 기술의 발달은 삶의 방식과 가치에도 많은 영향을 미치게 되었습니다. 또한 가족에 대한 가치관에도 영향을 미쳐서 확대가족에서 핵가족의 형태로 변화가 이루어졌을 뿐 아니라 그 이전에는 보편적이지 않았던 비혼이나 국제결혼을 선택하는 사람들이 많아졌습니다. 또한 결혼 후에도 분거가족의 형태 혹은 무자녀 가족이나 이혼과 재혼의 방식을 선택함으로써 다양한 가족관계를 형성하고 있습니다. 그리고 이러한 가족관계는 부모가 자녀를 양육하는 데에도 많은 영향을 미치게 됩니다.

우리 주변에는 다양한 가족들이 있습니다. 그 중에서 맞벌이, 한부모, 재혼 및 다문화 가족을 중심으로 가족의 특징은 어떠한지, 그리고 이러한 가족의 형태 안에서 부모는 어떠한 역할을 해야 하는지 살펴보고자 합니다.

생각 나눔

Q1. 내가 생각하거나 알고 있는 다양하거나 특별한 가족구조나 가족구성원의 특징에 대해 이야기해봅시다.

Q2. 다양한 가족을 이해하는데 도움이 될 수 있고, 부모로서 자녀를 양육할 때, 세상에 있는 다양한 가족의 모습에 대해 생각해보게 하는데도 도움이 되는 책들입니다.

그림책을 읽으면서, 다양한 가족의 모습에 대해서 생각해보고 가족의 외형은 다르지만, 변함없는 가족의 특성은 무엇인지 이야기를 나누어 봅시다.

- 그림책 『우리는 가족이에요』 (박종진 글, 혜경 그림, 키즈엠, 2019)
- 그림책 『나는 엄마가 둘이래요!』 (정설희 글·그림, 노란돼지엠, 2020)
- 그림책 『모든 가족은 특별해요』 (토드 파 글·그림, 문학동네, 2005)

1. 맞벌이 가족에서의 부모역할

맞벌이 가족이란 부부가 모두 직업을 가지고 경제활동을 하는 가족 형태이다. 여성의 학력 수준과 사회생활에 대한 욕구가 높아지면서 여성의 취업이 증가하였고, 결혼 후에도 생활수준의 향상을 위해 경제적 지출이 증가하면서 남편과 아내 모두가 경제활동을 하는 맞벌이 부부가 증가하였다(김경애, 2008). 맞벌이 가족에는 직장일로 서로 다른 지역에 직업과 거주지를 가지고 일주일에 3일 이상을 떨어져 사는 맞벌이 분거가족도 포함될 수 있다.

통계청(2022) 자료에 의하면, 맞벌이 가구는 559만 3천 가구로, 유배우 가구 1,233만 2천 가구의 45.4%였다. 그리고 맞벌이 가구 중에서 6세 이하의 자녀가 있는 경우가 44.8%, 7~12세가 53.9%, 13~17세가 58.4%였다. 이처럼 핵가족의 구조 하에서, 맞벌이 가구 중 미취학 자녀 및 12세 이하 자녀의 비율이 40~50% 가량 된다는 것은 자녀의 양육 및 교육 등의 부모역할에 대해 여러 가지 고려가 필요함을 의미한다.

맞벌이 또는 맞벌이 분거가족의 부모역할에 있어서 유의해야 할 부분을 살펴보면 다음과 같다.

첫 번째로는 경제활동과 가사노동, 자녀양육에서 부부가 공동수행해야 한다는 것을 인식해야 한다. 과거에는 아버지가 경제적인 책임을 주로 담당하였고, 어머니는 가사노동과 자녀양육을 담당하였으나, 부부가 모두 직업을 가지고 경제활동을 하는 현대의 맞벌이 가족에게는 가족 내의 역할에서 변화가 필요하게 되었다. 맞벌이 가족의 부부는 자신뿐 아니라 배우자가 직장과 가정에서의 일들로 피곤할 수 있다는 사실을 고려해서 가사노동 및 자녀양육에 있어서 서로 역할을 분담하여 협력해야 하는 것이다. 부부 모두 누구의 역할을 대신하여 도와주는 것이 아니라 함께 공동책임을 가지고 있다는 것을 인식하고 각자 주체적으로 역할을 담당해야 한다.

두 번째로는 부부가 없는 동안 자녀를 돌볼 수 있는 대리 양육자가 자녀와 안정적인 관계를 유지하도록 돕고, 부모와 대리양육자가 원활한 의사소통이 이루어지도록 해야 한다. 맞벌이 가족은 대리양육자를 마련하여 자녀와 함께 하지 못하는 시간 동안에 부부를 대신하여 자녀를 안전하게 돌보아주고, 비상시 부모에게 바로 연락을 해줄 수 있도록 하는 것이 필요하다(박근주 외, 2012). 대리 양육자는 할머니나 이모 같은 친인척이 될 수도 있고 다양한 기관에서 추천을 통해 만날 수도 있다. 부모는 대리 양육자가 자녀와 긍정적인 관계를 맺을 수 있도록 돕고, 부부가 양육에서 중요하게 생각하는 점에 대해 알려주어 부부의 가치관이나 양육태도에서의 일관성이 유지될 수 있도록 하는 것이 중요하다. 그리고 부모는 대리 양육자와의 원활한 의사소통을 통해서 자녀에 대해 알아야 할 일상의 상황이나 발달의 내용에 대해서 이해하고자 노력해야 한다. 또한 맞벌이 부모는 자녀의 신체와 인지, 언어와 사회·정서 발달이 어느 정도 이루어지고 있는지를 관찰하고자 노력해야 하고, 자녀의 발달 영역에서 균형적이지 않은 부분이 발견되었다면 적합한 발달이 이루어질 수 있도록 지원할 수 있는 기관을 알아보는 것이 필요하다. 간혹 일찍 출근하거나 늦게 퇴근하는 일이 많은 저소득층 맞벌이 가족의 영유아가 인지 발달의 적기인데도 불구하고 가정이나 부모로부터 적절한 지적 자극을 받지 못하여 발달에 결손이 생기는 경우도 있으므로, 맞벌이 부부는 자녀의 발달과정을 주의 깊게 살피는 것이 필요하다.

세 번째로는 맞벌이 부부가 가진 한정된 시간에 자녀가 원하는 사랑과 애정을 충분히 표현하여 자녀가 느낄 수 있도록 하는 것이다. 부모와 자녀 간의 애정과 유대는 꼭 함께 있는 시간에만 비례하는 것은 아니다. 오랜 시간을 함께 있어도 부모가 일만 하거나 핸드폰에 집중하면서 자녀와 소통을 하지 않는다면, 함께 있어도 부모와 자녀 간의 애정과 유대는 쌓이지 않고 오히려 함께 있는 것에 대한 피로감만 쌓일 수 있다.

따라서 맞벌이 부부는 퇴근 후나 주말에 자녀와 함께 있을 때라도 최대한 자녀와 행복한 시간을 보내는 것이 중요하다. 자녀에게 사랑한다는 말이나 사랑을 표현하는 행동을 많이 해주기, 자녀가 좋아하는 놀이를 함께 하거나 소풍 혹은 야외에서 다양한 놀이를 하면서 자녀가 부모의 관심과 애정을 직접적으로 느낄 수 있도록 하는 것이다. 짧은 시간이라도 부모가 자녀에게 충분히 질적으로 높은 관심과 애정을 보이면, 자녀와 안정적인 애착을 형성할 수 있다는 것을 믿고, 자녀와 긍정적인 유대를 쌓기 위해 노력하는 것이 필요하다.

네 번째로 맞벌이 부부는 자녀와 오랜 시간을 함께 있지 못하는 미안함에 자녀에게 지나친 허용적인 태도를 보일 수 있는데, 이것은 자녀의 인성이나 생활태도의 형성에 바람직하지 않을 수 있다. 따라서 맞벌이 부부는 영유아의 연령에 적합한 양육의 규칙을 세우고 일관성 있는 양육태도를 가지는 것이 필요하다.

맞벌이 부부는 직장을 다니기 때문에 자녀와 많은 시간을 함께 하기는 어려울 수 있다. 하지만 그것 때문에 자녀에게 미안해하거나 죄책감을 가져서 자녀의 욕구를 제한 없이 무조건 허용하거나 물질적인 측면에서 과도하게 자녀를 충족시키고자 하는 것은 적절하지 않다. 원칙이 없는 비일관적인 양육태도는 오히려 자녀의 심리적인 안정감이나 자율성 및 바람직한 생활습관 형성에 방해가 될 수 있기 때문이다.

부모가 자녀를 사랑으로 양육하는 것이 자녀의 모든 행동을 다 인정하고 수용해야 함을 의미하는 것은 아니다. 자녀의 말과 행동에 관심을 기울이고 애정을 주는 것만큼 자녀가 바람직하지 않은 행동을 할 때는 적절하게 금지하고 통제를 하는 것도 자녀양육에서 매우 중요하다. 부모의 사랑을 통해 자녀가 느끼는 심리적인 안정감은 부모가 알려주는 규칙과 통제도 어느 정도 수용할 수 있도록 도와줄 수 있기 때문이다. 이것은 바움린드(Baumrind)의 부모 양육태도 중 권위있는(민주적인) 유형의 양육태도와 관련이 있다. 권위있는 양육 태도를 가지는 부모는 아이들의 욕구나 의견에 충분히 귀를 기울이지만, 아이들이 해서는 안 되는 것을 할 때는 정확하게 알려주거나 적절한 방향을 제시하는 통제도 한다. 그래서 자녀는 자신의 의견을 표현도 하지만 부모의 의견도 존중하고 따를 수 있게 되는 것이다. 따라서 맞벌이 부부는 자녀가 가져야 할 바람직한 인성이나 생활태도에 대한 가치관을 정립하여 그것을 일관성 있게 표현하고자 노력하는 것이 필요하다.

맞벌이 가족의 자녀나 부부가 가족들과 많은 시간을 함께 할 수 없어서 느끼는 어려움들이 다양할 수 있으나, 부모가 자녀와 함께 있는 시간 동안 충분한 사랑을 주면서 자녀가 자신의 역할을 잘 할 수 있도록 도와주면, 자녀는 심리적인 안정감과 아울러 독립성이나 자율성도 잘 발달될 수 있다. 이처럼 맞벌이 가족의 현 상황을 고려하면서 그 장점을 잘 활용할 수 있도록 서로 노력하는 것이 바람직하다.

또한 맞벌이 가족에는 맞벌이 주말가족, 즉 분거가족도 포함된다. 분거가족은 일주일에 3일 이상을 떨어져 살면서 서로 다른 지역에 직업과 거주지를 가지고 생활하는 가족을 말하는 것으로(Gerstel, 1979), 가구주와 떨어져 사는 배우자와 자녀로 구성된 가족이나 배우자가 해외에 있는 기러기 가족이 포함된다고 할 수 있다.

통계청 자료(2021)에 따르면, 2020년에 분거가족은 28%에 해당하여, 2018년에 20.1%였던데 비해서 높아졌다고 할 수 있다. 또한 2020년에 분거가족이 분거하는 이유는 직장(직업)이 70%, 학업(학교, 취직준비 등)이 19.9%, 건강상의 이유가 3.2%, 가족간의 불화가 1.9%, 군대가 1.3%, 기타의 이유가 3.2%였다. 맞벌이 분거가족을 선택한 이유의 90%가량이 부부의 직장이나 자녀의 학업으로 인한 것을 고려할 때, 부부가 떨어져 사는 것으로 인한 다양한 어려움과 부모로서 느끼는 역할과 책임을 함께 살펴볼 필요가 있다.

따라서 맞벌이 분거가족의 부모역할에 있어서 살펴보면 다음과 같다.

첫째는 맞벌이 분거가족의 경우는 부부가 부모로서의 역할과 아울러 부모 이전에 성인자녀로서의 역할 사이에서 갈등을 겪는 경우가 있으므로, 두 가지 역할에 대한 규칙을 수립하는 것이 필요하다. 맞벌이 분거가족은 다양한 심리적인 갈등을 느끼고 있었는데, 특히 부모가 자녀와 함께 생활하고 돌봐주어야 한다는 규범을 높게 지닌 남편의 경우에는 부모역할 갈등이 높았으며(옥경희, 1999), 부모역할 뿐 아니라 자신의 부모에게 효도를 하지 못한다는 생각으로 대한 스트레스를 받고 있는 것으로 나타났다(최정혜, 2002).

맞벌이 분거가족은 남편 혹은 아내의 직업적 성취, 자녀의 학업이나 취업 등의 여러 가지 상황때문에 이전의 부모세대나 다른 가족들과는 조금 다른 생활방식을 선택한 가족이다. 따라서 가족의 상황에 맞는 부모로서의 역할과 성인 자녀로서의 역할을 인식하고, 가족들과 의사소통을 하면서 가족에게 맞는 생활방식을 찾아나가는 것이 바람직하다.

둘째, 자녀를 부양하지 않고 주말에만 만나는 배우자는 가사와 자녀양육을 적극적으로 하고자 노력해야 한다. 자녀가 있는 경우 자녀를 부양해야 하는 배우자와 따로 사는 배우자와의 역할에 큰 차이가 있을 수 있다. 물론, 자녀를 부양하지 않는 배우자도 가족과 떨어져서 홀로 있어야 하는 외로움과 어려움, 주말에 지역을 이동하여 오고 가야 하고, 주말에 가족과 만나기 위해서 주중에 바쁜 일정을 보내야 한다는 것으로 인해 심리적인 어려움을 겪기도 한다.

하지만 주중에 홀로 자녀를 부양해야 하는 맞벌이 분가가족의 배우자는 자녀와 떨어져 사는 배우자와 비교해 볼 때, 주중에 직장생활뿐 아니라, 자녀의 생활지도 및 양육을 함께 해야 하는 이중적인 부담 속에서 긴장과 갈등 상태를 경험한다는 것을 이해하고 존중해야 한다. 특히 자녀의 성별이 남자이거나, 자녀의 연령이 어릴수록, 자녀의 수가 많을수록 육아에 있어서 더 어려울 수 있다는 것(채옥희, 1998)을 인식해야 한다. 서로 상대방이 가정에서의 역할과 직업을 함께 하는데 있어서 어려움을 겪을 수 있다는 것을 이해하고 존중하며 감사한 마음을 표현하는 것이 바람직하다.

셋째, 규칙적인 만남으로 부부 및 부모와 자녀관계가 소홀해지지 않도록 노력해야 한다. 맞벌이 분거가족은 아무래도 배우자가 떨어져 있다보니 일상생활을 함께 할 기회가 줄어들어서 배우자 혹은 자녀 간에 의사소통의 기회가 많지 않을 수 있다. 함께 있는 동안 해주었으면 하는 것들에 대한 바램이 많아지고, 서로에 대한 비현실적인 기대가 생길 수 있다. 따라서 가능하면 규칙적인 만남을 가질 수 있도록 하고, 함께 있지 않은 시간에도 전화나 이메일 등으로 다양한 연락을 취하면서 소통을 많이 할 수 있도록 노력하는 것이 적합하다. 맞벌이 분거가족에서 분거 이후 떨어져서 생활하는 남편과 자녀와의 관계가 더 나빠진 경우가 24%정도 있긴 하였으나, 그 외에는 달라진 점이 없거나 전보다 더 가까워진 것으로 나타났다(김태현, 박숙자, 1992). 맞벌이 분거가족은 함께 있는 시간이 많지 않으므로 사소한 갈등을 겪지 않을 수 있고, 주중에는 독립적인 생활을 유지할 수 있으므로, 주말에 역할 분담을 잘 하여 재회의 기쁨을 잘 누릴 수 있도록 하면 긍정적인 관계를 잘 유지할 수 있다는 것이다. 가족센터(www.familynet.or.kr)에서 주말에 실시하는 다양한 여가 및 문화 프로그램을 잘 활용하면 바람직한 상호작용을 할 수 있을 것이다.

가족센터에서는 다양한 가족을 지원하는 다양한 프로그램을 계획하고 진행하고 있다. 특히 맞벌이 가정을 위한 지원에는 맞벌이 가정이 일과 가정 양립의 어려움을 해소할 수 있도록 직장생활과 가정생활을 지원하는 다양한 부모교육 프로그램이 진행되고 있는데, 그 내용을 소개하면 다음과 같다.

표 7-1 맞벌이 가족을 위한 부모교육의 내용

	직장고충 상담	워킹맘 · 워킹대디 소통 커뮤니티 지원
직장생활 지원	• 직장과 가정생활 양립제도 활용 관련 고충 상담(컨설팅 포함) 제공	• 공동육아나눔터 운영 • 돌봄공동체 지원사업
가정생활 지원	• 자녀양육 및 가족문제 관련 상담	• 생애주기별 가족교육 및 가족관계 개선 프로그램 운영
	• 임신 · 출산, 자녀양육 및 가족문제 관련 상담 및 정보제공 • 지역 내 돌봄서비스 이용, 가족여가 및 문화 프로그램 참가 등 정보제공	• 생애주기별 부모교육(학년 전, 학년기, 청소년기 자녀를 둔 부모교육) 프로그램 • 아버지 교육, 남성대상 돌봄 참여 교육 등 맞벌이 가족의 부모 역량 강화 프로그램

* 가족센터(www.familynet.or.kr) 사이트에서 참여마당의 다양한 프로그램 안내나 돌봄지원을 참고하면, 관련 정보를 찾을 수 있음.

조별 나눔

미국의 아동발달 심리학자인 바움린드(Baumrind, 1971)는 유아와 부모들을 대상으로 한 연구 결과를 토대로 '자애로움(사랑 혹은 애정)'과 '통제'의 두 요소에 따라 부모의 양육태도를 다음의 네 가지로 분류하였습니다.

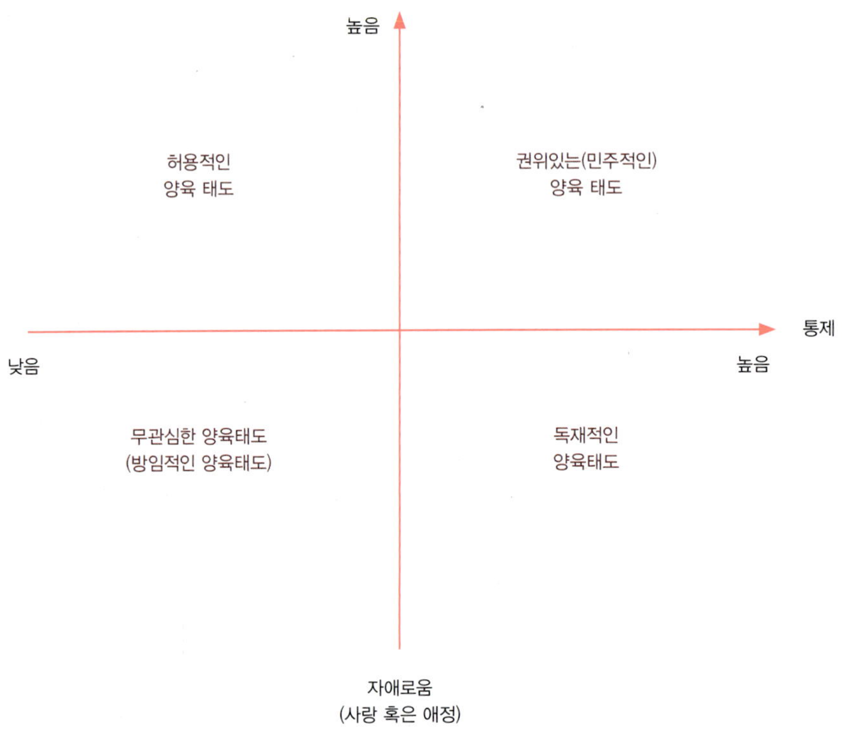

위 그림을 보면서, 부모의 자애로움(사랑 혹은 애정)과 통제의 높고 낮음에 따라서, 부모의 양육태도가 어떻게 다른지 이야기를 해보고, 네 가지의 서로 다른 양육 방식에 따라 자녀의 생활 태도나 정서 및 사회관계의 발달은 어떻게 될 것이라고 생각하는지, 그 이유도 생각하여 이야기해봅시다.

2. 한부모 가족에서의 부모역할

한부모 가족은 일반적으로 배우자의 사망이나 이혼, 별거나 유기 등 여러 가지 이유로 부모 중 한 사람이 홀로 자녀를 키우며 부모역할을 수행하는 가족을 말하는 것으로, 결혼하지 않은 상태에서 혼자 자녀를 양육하는 경우도 포함된다. 한부모 가족 중에서 자녀의 보호를 누가 하느냐에 따라 모가 주양육자이면 모자 가족 또는 여성 한부모 가족으로, 부가 주양육자이면 부자 가족 또는 남성 한부모 가족으로 부르기도 한다(장혜경 외, 2001).

한부모 가족이란 용어는 기존에 편부모 가족, 모자가정/부자가정, 결손 가족 등의 다소 부정적이고 결손의 의미가 강하게 나타났던 용어들과는 달리, 우리말의 '한'(한가위할 때의 한과 같은 의미, 즉 하나로도 충분하고 가득하다)의 의미를 담고 있는 말이다. 즉, 무언가 부족한, 문제가 있는 가정이 아닌 비록 하나의 부모이지만 여느 가정과 같이 건강하고 행복할 수 있다는 의미로 이루어진 용어라고 할 수 있다. 최근에는 교육기관에서도 한부모 가족이 부모를 칭하는 용어 때문에, 소외되는 느낌을 갖지 않도록 예전에 사용했던 '엄마 참여수업'이나 '아빠 참여수업' 대신에 '부모 참여수업'이라는 용어를 사용하거나 호칭에 있어서도 '엄마'나 '아빠'를 따로 지칭하지 않고 '학부모' 혹은 '부모님'이나 '보호자' 등의 표현을 사용하고 있다.

한부모 가족의 부모역할에 있어서 유의해야 할 부분을 살펴보면 다음과 같다.

첫째, 한부모 가족의 부모역할에서 가장 중요한 것은 자녀가 변화된 가족의 관계에서 느낄 수 있는 상실감을 이해해주고, 함께 살지 않더라도 자녀를 사랑하는 부모의 마음은 변함이 없다는 것을 자녀가 인식하며, 정서적인 안정감을 가지고 생활할 수 있도록 도와주는 것이다. 한부모 가족이 되기까지 가족이 겪어야 했던 여러 가지 힘든 과정 속에서 자녀는 부모의 이혼이 자기 때문이라고 생각하면서 죄책감을 가질 수도 있고, 자신을 양육하지 않는 부모가 자신을 버렸다고 생각하거나 자신을 양육하는 부모가 자신을 떠나게 될지도 모른다는 부적합한 추론을 하면서, 심리적으로 심한 불안감을 경험할 수도 있다. 부모의 이혼으로 불안감은 이후에 자녀가 타인과의 안정적이고 신뢰로운 관계를 맺을 때에도 부정적인 영향을 미칠 수 있으므로, 부모는 이혼의 원인과 앞으로의 계획을 알려주어서 자녀가 가족의 변화를 받아들이면서 심리적인 안정감을 가질 수 있도록 도와주는 것이 바람직하다.

둘째, 부모는 이혼 후 자녀양육에 대한 책임감과 부담으로 인해서 이혼 전과는 다르게 자신의 양육태도를 변형해야 한다는 생각을 가질 수 있는데, 너무 갑작스러운 변화보다는 자녀의 상태나 그간의 자녀와의 관계를 고려하면서 자신의 양육태도를 살펴보는 자세가 필요하다. 대체로 이혼 후에는 자녀에게 미안함을 느껴서 양육 방식에 있어서 지나치게 관대하게 대하거나 혹은 아버지의 부재를 보상하기 위해서 이혼 후에 권위적이고 통제적인 양육태도를 보이는 경향이 있다(김현자 외, 2021). 이러한 부적합한 양육태도는 자녀의 자아개념 형성이나 학교생활에의 적응 등에 부정적인 영향을 미칠 수 있다. 따라서 한부모 가족의 부모는 자신의 양육태도를 점검하고 민주적 양육태도를 형성하기 위해 노력하는 것이 필요하다(정옥분, 정순화, 2019). 한부모 가정의 부모는 자녀의 마음을 위로하려는 노력과 더불어 자녀가 스스로 자기 일을 처리할 수 있는 독립심을 키울 수 있도록 적절한 규율을 안내하고 지도하는 태도가 필요하다. 또한 양육을 담당하지 않는 부모도 자녀양육에 대해서 공동의 책임감을 가지고 협동해서 양육할 수 있도록 정기적인 만남의 기회를 갖는 등 다양한 차원에서 노력하는 것이 필요하다. 장혜순(2013)은 자녀에게 사회에서 바람직하게 인식될 수 있는 남녀 역할 및 행동을 가르치기 위해서 부재 부모와의 적절한 교류가 필요하다고 하였다.

셋째, 한부모 가족의 부모는 자녀 양육을 위해 다양한 사회적인 지원체계를 충분히 활용하여야 한다. 한부모가 부모로서 느끼는 어려움은 남성 한부모 가정과 여성 한부모 가정에 따라서 조금씩 다를 수 있다. 남성 한부모 가정은 청소나 요리, 자녀의 학교 준비물 챙기기, 숙제 점검하기 등 실제적인 자녀 보살핌과 관련된 어려움(황은숙, 2006)과 주로 가정에서 어머니가 많이 담당해온 자녀와의 애정표현이나 감정적인 표현 등 정서적인 역할을 담당하는데 있어서 어려움을 겪는 경우가 많다고 하였다. 반면 여성 한부모 가정은 취업처가 단순 노동이나 서비스직종에 제한되어 있거나 낮은 임금으로 인해 경제적인 어려움을 겪기도 하고, 미취학 자녀를 키우는 경우에는 자녀양육 및 교육비 비용의 부족으로 어려움을 겪고 있다(박경숙, 2003),

또한 한부모 가족의 부모는 배우자의 사별이나 이혼으로 사회관계망이 축소되거나 상실감과 고독감, 홀로 많은 부분을 담당해야 하는 자녀양육에 대한 어려움이나 죄책감, 사회적인 편견으로 인한 사회활동의 위축 등 여러 가지 어려움들을 겪게 된다. 한부모 가족의 부모는 자신의 인생이 비참하다는 생각으로 인해 자아존중감이 낮고 양육자로서의 자신감이 부족할 수 있는데(정옥분과 정순화, 2019), 이런 상황은 자녀에게 부정적인 영향을 미칠 수 있다. 따라서 한부모 가족의 부모는 자신이 가지고 있는 사회적인 지지망을 적극 활용하여 부모 자신의 자아존중감과 자신감을 높이는 것이 필요하다. 특히, 이혼 전에 적극적인 사회적인 관계를 맺지 않았던 부모의 경우는 사회적 관계망의 부족으로 이혼 후 자녀를 키우는데 더 큰 어려움을 겪을 수 있다. 한부모 가족의 부모가 주말에 사람을 만나는 등 사회적 지지망을 적극적으로 구축하고 활용하는 것은 자녀양육과 교육에 관한 여러 가지 정보를 교환하는데 도움이 되고, 자녀와 효과적으로 의사소통하고 자녀교육에 대해 자신감을 갖는 데에도 도움이 된다. 또한 한부모 가족은 가족센터나 지역사회 등에서 시행하는 자조모임을 통해 심리적인 안정감을 도모할 수 있으며, 이혼 전후 가족을 위해 계획된 교육 및 상담 등의 다양한 지원프로그램을 적극적으로 활용하여 자녀양육에 관한 도움을 받는 것이 필요하다. 그 외에도 지역사회나 국가에서 실시하는 양육비 관련 법률상담이나 다양한 경제적, 의료적, 심리적 지원체계들을 잘 활용하는 것이 필요하다(윤경자 외, 2015). 서울특별시 한부모 가족지원센터에서는 한국가족상담연구소와 연계하여 한부모 부자가족 교육 프로그램을 개발하였다(김길숙, 김지현, 이혜민, 2016). 그 프로그램의 내용을 간략하게 소개하면 다음과 같다.

표 7-2 한부모 부자가족 교육 프로그램

구분		주제	내용
교육	1회기	당당한 나, 건강하고 행복한 우리가족	자존감 회복
	2회기	건강하고 행복한 나	스트레스 및 분노해소
	3회기	소통하는 아빠	자녀와 소통하기
	4회기	당당한 싱글대디 건강한 자녀	민주적인 부모되기
	5회기	이웃과 함께하는 당당한 우리가족	원가족, 비양육자와의 관계점검
문화	6회기	대상자 욕구에 부합한 문화활동 선정진행	

조별 나눔

Q1. 한부모가족지원법에서 규정하는 한부모가족지원법의 목적(제1장 제1조)와 정의(제1장 제4조)를 찾아서, 자신의 말로 정리해봅시다.

Q2. 가족센터(www.familynet.or.kr) 혹은 다양한 논문들을 참조하여 한부모 가족을 위한 프로그램을 계획해 봅시다.

프로그램 명/대상	
프로그램 목적	
프로그램 세부 내용	

Q3. 검색창에서 여성부가족부 사이트 '좋은 부모 행복한 아이'를 검색하면 다양한 자료를 볼 수 있습니다. 여성가족부 어린이 누리집(www.mogef.go.kr/kids/)으로 찾으셔도 다양한 가족들에서 자녀를 위한 다양한 프로그램을 개발하는데 도움이 되는 자료들을 찾을 수 있습니다. 자녀의 연령 또는 가족의 유형에 따른 프로그램 뿐 아니라, 간단한 활동 자료도 만들어봅시다.

3. 재혼 가족에서의 부모역할

재혼 가족(remarried family)은 한쪽의 배우자나 양쪽의 배우자가 과거 결혼한 경험이 있으며, 이혼이나 사별로 이전의 혼인관계가 해체된 후 재혼에 의해 새롭게 형성된 가족을 의미한다. 재혼 가족은 '의붓가족', '계부모가족', '재결합가족', '혼합가족' 등의 용어로 혼용되어서 사용되기도 한다.

최근 이혼율의 증가와 함께 재혼 가족도 증가하고 있다. 재혼 가족은 재혼한 부부관계, 친부모나 친자녀, 계부모와 계자녀, 친형제와 계형제, 이복형제 등의 형제관계나 전 배우자와의 관계, 친조부모와 계조부모 등의 친족관계가 포함되어 있어서 관계 자체가 복잡하고, 역할과 책임이 분명하게 규정되어 있지 않은 모호함이 혼재되어 있으므로 부모역할에서도 이들 관계를 고려하는 것이 필요하다(정현숙 외, 2000).

재혼 가족에서의 부모역할에 대해 살펴보면 다음과 같다.

첫째, 재혼 가족의 부모역할에서는 재혼 전의 사전준비와 새로운 가족의 구성을 위하여 계부모와 친부모의 마음자세 및 협력이 필요하다. 재혼 가족은 서로 다른 가족구성원이 결합함으로써 의붓아버지나 의붓어머니, 의붓자녀 등의 새로운 역할과 관계가 형성되기 때문에, 그로 인해 여러 가지 현실적인 어려움이 발생할 수 있다는 것을 부모가 미리 염두에 두고 준비하며 노력해야 한다.

콩쥐팥쥐와 심청전 등 우리나라의 전래동화 뿐 아니라 신데렐라, 헨젤과 그레텔 등 외국의 전래동화에서도 재혼 가족의 부모-자녀관계는 매우 차별적으로 그려지기 때문에 재혼 가족은 불완전하고 문제있는 가정으로 인식되기도 한다. 따라서 재혼 가족의 부모는 자녀가 새 부모를 친부모처럼 생각할 것이라는 비현실적인 기대를 하기보다는 가족구성원의 특성이나 자녀의 발달적 욕구와 같은 현실적인 여건들을 고려하면서 지속적으로 노력해야 한다.

둘째, 재혼 가족의 부모는 새로운 가족구성원에 적합한 새로운 가족전통이 필요하고, 자녀양육을 위해서도 안정적인 부부관계의 수립과 자녀양육을 위한 부모간의 협력체계를 만드는 것이 필요하다는 것을 인식하고 협의하는 것이 필요하다(마채란, 2003). 또한 재혼 가족의 부모는 부부의 노력과 협의를 바탕으로 다른 가족구성원들에게 가족이 나아가야 하는 방향을 조금씩 이해시켜 나가면서 재혼 가족이 마주할 수 있는 다양한 문제들을 해결하고자 노력해야 한다. 재혼 가족에서는 계부모의 역할도 중요하지만, 재혼 가족 내에서 함께 사는 자녀의 친부모가 자녀와 긍정적인 관계를 잘 유지함으로써 친부모에 대한 애정과 믿음을 바탕으로 재혼 가족에서의 적응이 이루어질 수 있도록 돕는 것이 필요하다.

셋째, 재혼 가족이 그 가족만의 다양한 발달주기를 겪게 되며, 가족관계와 역할, 자아정체성 및 가족의 정체성에 있어서 많은 변화를 거치게 된다는 것을 수용하는 것이 필요하다. 일반적으로 재혼 가족체계는 초혼 가족보다 응집성이 약할 수 있으며 계부모와 계자녀관계는 친부모나 친자녀관계만큼 정서적으로 친밀하지 못할 수도 있다는 것을 자연스럽게 받아들이면서 점진적으로 노력할 필요가 있다.

재혼 가족체계의 상호작용 패턴이나 가족 기능이 초혼 가족과 다를 수 있다는 것을 인정할 필요가 있다. 재혼 가족의 자녀는 재혼한 한쪽 부모와 살지만, 비동거부모와 접촉하는 경우도 많기 때문에 부모와 자녀 모두 감정적으로 혼란을 겪게 될 수 있다. 따라서 재혼 가족의 부모는 자녀의 이전 가족관계를 이해하면서 새로운 재혼 가족에서의 부모-자녀관계 형성에 있어서 시간적 여유를 갖고 인내하는 자세가 있어야 한다. 이전의 가족구조를 인정하고 수용하면서 재혼 가족의 가족체계와 문화를 만들기 위해 노력하는 것이 필요한 것이다(Walsh,1992).

또한 재혼 가족의 자녀들이 친부모의 별거나 이혼에 대해 가지고 있는 분노나 상실감을 완화시키면서 의붓형제 간의 관계도 조금씩 받아들일 수 있도록 재혼 가족의 관계 형성을 위해 노력해야 한다. 재혼 가족 자녀들 간의 관계가 안정감을 가질 수 있도록 노력하는 것이 재혼 가족 전체적인 통합에 긍정적인 영향을 미치는 것이다(Skeen, Covi & Robinson, 1985). 급격하게 새로운 재혼 가족만의 문화를 급진적으로 만들기 위해 노력하기보다는 기존의 친족관계들을 활용하면서 친척이나 친지들이 가족의 지지자가 될 수 있도록 점진적으로 노력하는 것도 필요하다.

넷째, 재혼 가족의 부모는 긍정적인 가족관계를 유지할 수 있도록 사회적 지지체계를 활용하고자 노력할 필요가 있다. 사회에는 바람직한 부부 및 자녀관계를 형성한 재혼 가족이 있기도 하고, 비슷한 연령의 자녀를 키우는 재혼 가족도 있을 수 있으므로 재혼 가족들과의 교류를 통해서 정서적인 지원을 받을 필요가 있다. 재혼 가족에서 있을 수 있는 여러 가지 어려움들을 너무 가족내에서만 해결하려고 하지 말고 어려움이 있을 때는 지역사회나 국가에서 시행하는 다양한 지원체계를 활용하는 것이 필요하다. 가족 혹은 부부상담을 받기도 하고, 자녀양육 및 가족간의 의사소통방법 등에 대한 교육이나 프로그램등에 참여함으로써 재혼 가족의 문제를 해결하는데 도움을 얻어야 한다. 가족센터에는 재혼 가족 부모가 활용할 수 있는 다양한 프로그램들이 운영되고 있으므로, 재혼 가족의 부모는 사회관계망의 구축을 통해 부모역할에 필요한 도움을 받는 것이 바람직하다.

조별 나눔

가족센터 혹은 다양한 논문들을 참조하여 재혼 가족을 위한 프로그램을 계획해봅시다.

프로그램 명/대상	
프로그램 목적	
프로그램 세부 내용	

4. 다문화 가족에서의 부모역할

다문화 가족(multi-cultural family)이란, 한 가족 내에 다른 민족이나 다른 문화의 배경을 가진 사람들이 결합한 가정을 의미한다. 넓은 범위의 다문화 가족에는 이주노동자 가족과 결혼이민자 가족이 있고, 더 넓게는 북한이탈주민도 다문화 가정의 범주에 포함될 수 있다. 이주노동자 가족은 자신의 조국이 아닌 다른 나라에서 일을 하며 배우자를 만나 꾸려진 가족과 서로 다른 나라의 이주노동자들끼리 가족을 이루어 우리나라에서 살아가는 가족도 포함된다. 결혼이민자 가족은 우리나라 사람과 다른 나라 사람이 만나 꾸려진 가족으로 대체로 농촌에서 많이 나타나는 가족의 형태이다.

다문화 가족지원법에 의하면, 결혼이민자나 귀하허가를 받은 자와 출생시부터 대한민국 국적을 취득한 사람으로 이루어진 가족을 의미한다. 국제결혼의 증가와 더불어 다문화 가족도 급속도로 증가하고 있다. 기존에는 다문화 가족에서 태어난 자녀를 '혼혈아'나 '코메리칸', '아메리시안', '코시안'이나 '온누리안' 같은 용어로 부른 적도 있으나, 이것은 부정적인 혹은 차별적인 의미를 전달할 수 있으므로 특정용어로 부르기보다는 다문화 가정자녀로 부르는 것이 적합하다.

다문화 가족에서의 부모역할에서 유의해야 할 부분을 살펴보면 다음과 같다.

첫째, 다문화 가족의 부모 중 이민자 부모는 낯설고 새로운 문화에 대한 적응력이 낮기 때문에 스스로 낮은 자존감을 가지고 있는 경우가 많고 그것이 자녀에게도 그대로 옮겨질 수 있기 때문에, 이민자 부모가 자기 나라의 문화에 대해 정체성을 갖는 것은 부모역할에 있어서 매우 중요하다. 다문화 가족의 부모는 자녀에게 부모 나라의 언어를 배우고 문화를 접할 수 있는 기회를 줌으로써 부모 나라에 대해서 자부심을 느끼고 긍정적인 자아개념과 정체성을 형성하도록 돕는 것이 좋다(양계민, 조혜영, 이수정, 2009). 김승희(2011)는 다문화 가족자녀의 정체성 혼란에 대한 해결책은 부모 나라에 대해 자부심을 느끼는 것으로부터 시작될 수 있다고 하였다. 다문화 가족의 자녀가 자신이 한국인도 외국인도 아니라고 생각하는 정체성 혼란의 과정을 겪게 되면 심리적이고 사회적인 측면에서 소외감을 느낄 수 있고, 그것은 학교에서의 학업성취나 친구관계의 어려움 및 생활 부적응과 학업중단으로까지 연결될 수 있기 때문이다(박상철, 윤희원, 조영달, 2006), 지역사회에서 시행하는 결혼이민자 역량강화나 직업교육서비스 프로그램은 이민자 부모가 문화에 적응하는 것을 돕고, 자녀가 문화에 대한 정체성을 가지면서 자신의 직업을 계획하는 데에도 도움이 된다. 다문화 가족의 이민자 부모가 자신의 정체감과 자녀의 정체감 형성을 도울 수 있는 또 하나의 방법은 부모 나라의 언어와 한국어를 동시에 배우는 이중언어교육을 통해서 다문화 가족자녀의 정체성 형성에 도움을 주는 것이다. 현재 시중에는 이중언어교육을 도울 수 있는 그림책들이 다양한 언어로 출간되어 있으므로, 이러한 책들을 활용하면 도움이 될 수 있다. 이중언어교육을 통해서 두 가지 언어를 다 인식하게 되면 영유아의 언어발달이나 학습에 대한 흥미유발에도 도움이 될 수 있고, 이후 청소년에는 자신의 강점을 인식하고 진로를 정하는 데에도 도움이 될 수 있기 때문이다.

둘째, 다문화 가족의 부모역할에서는 자녀와 같은 문화를 가진 부모역할이 매우 중요하다. 우리나라의 문화를 알고 한국어에 능통한 부모가 자녀의 성장과 교육에 적극적으로 개입해야 하며 배우자의 한국생활 적응을 적극적으로 도와야 하는 것이다. 다른 문화권의 부모가 타 문화권에 적응하는 정도는 자녀와의 의사소통이나 교육에 많은 영향을 줄 수 있기 때문에 매우 중요하다. 이민자 부모가 한국어에 미숙하면 자녀와의 의사소통에 어려움을 느낄 수 있으며, 자녀의 학교수업이나 숙제, 예습과 복습 등 자녀를 교육하는 측면에서 어려움을 초래할 수 있고, 더 나아가서는 자녀의 언어발달 지체나 정서장애, 폭력성 등에도 영향을 줄 수 있기 때문이다(이연승, 성현주, 2020).

셋째, 다문화 가족의 부모는 가족센터나 지역사회에서 제공하는 다양한 지원체계를 활용하여 도움을 받는 것이 필요하다. 다문화 가족의 부모들은 이민자 부모의 문화 적응 뿐 아니라 자식들에게 부가되는 사회적인 편견과 자녀교육에 이르기까지 많은 어려움을 겪을 수 있다. 따라서 다문화 가족의 부모는 지역사회나 국가에서 시행하는 다양한 지원프로그램을 통해서 다른 다문화 가족 부모들과 만나는 자조모임을 가지거나 한국 학부모 멘토링이나 학습지원 프로그램에 참여하여 자녀의 언어지연에 대한 도움을 받을 수도 있다. 또한 의사소통기술이나 심리적 어려움에 대한 상담 지원과 이민자 부모를 위한 언어 번역서비스나 법률관련서비스를 이용함으로써 부모가 자녀양육과 관련하여 겪을 수 있는 여러 가지 어려움을 잘 극복할 수 있도록 노력해야 한다.

조별 나눔

Q1. 다문화가족지원법에서 규정하는 다문화가족지원법의 목적(제1조)과 다문화가족의 정의(제2조)에 대해 찾아보고, 자신의 말로 정리해 봅시다.

Q2. 가족센터 혹은 다양한 논문들을 참조하여 다문화 가족을 위한 프로그램을 계획해봅시다.

프로그램 명/대상	
프로그램 목적	
프로그램 세부 내용	

8장 부모교육의 실제와 과제

최경

바람직한 부모의 역할을 하는 것은 쉽지 않습니다. 자녀의 몸과 마음이 성장하는 것 뿐 아니라 사회의 분위기나 문화가 변화함에 따라서 자녀에게 가르쳐야 할 학습내용이나 가치의 내용들도 다양하게 변화하기 때문입니다. 따라서 지역사회에 있는 여러 기관들에서는 부모가 다양한 특성과 욕구를 가진 가족구성원들 속에서 부모로서의 역량을 잘 수행할 수 있도록 하기 위해 다양한 프로그램을 개발하고 운영하고 있습니다.

여러 연령의 자녀를 키우는 부모들이 부모역할을 할 수 있도록 돕는 다양한 프로그램과 유아교육기관에서 실시하는 부모교육의 운영 방식에 대해서 살펴보고자 합니다. 이러한 부모교육 프로그램은 사회의 변화에 따라 달라지는 부모의 욕구를 지속적으로 반영하여야 하므로, 앞으로 부모교육 프로그램이 다양화 되기 위해서 필요한 과제에 대해서도 살펴보고자 합니다.

1. 부모교육 프로그램

현대사회는 여러 가지 형태의 가족이 존재하므로, 각 가족마다 부모로서 해야 할 역할도 다를 수밖에 없다. 따라서 최근에는 보건복지부와 육아종합지원센터, 여성가족부 등의 국가관련기관들에서 다양한 부모교육 프로그램이 개발되어 진행되고 있으므로, 다양한 부모 및 가족지원 프로그램에 대해서 살펴보고자 하였다.

1) 예비부모교육 프로그램

육아정책 연구소와 한국보육진흥원은 부모교육 제도화 실시를 위해 건강한 부부 이해하기, 건강한 부부 함께하기, 건강한 부모 준비하기의 총 3회기로 워크숍으로 활용하도록 계획된 '예비부모교육 프로그램'을 개발하였다(이미화 외, 2015).

표 8-1 '예비부모교육 프로그램' 워크숍의 내용

회기	내용		
1회기 (건강한 부부 이해하기)	목표		• 나와 상대방의 성장과정을 바탕으로 현재 모습을 탐색한다. • 나와 상대방의 행동과 태도가 다를 수 있음을 인식한다.
	활동	도입	• 원가족과의 동일한 상황(명절, 생일 등)에 대한 경험 비교하기 - 나의 '어린시절'에 비추어 본 현재 나의 모습 • 최근 부부간 갈등상황에서 부부의 대처방안 점검하기
		전개	• 원가족과의 경험을 통해 찾을 수 있는 나의 장점과 단점 - 나의 '어린시절'에 비추어 본 현재 나의 모습 • 최근 부부간에 겪은 갈등상황과 해결방법 – MBTI 성격유형에 따른 태도 및 심리적 선호의 차이 살펴보기 – 상대방의 특성을 고려한 해결방법 찾아보기
		정리	• '나와 너' 퍼즐 만들기 • 주요 메시지 전달하기 '세 가지만 이렇게 변화시켜 주세요'
2회기 (건강한 부부 함께하기)	목표		• 부부관계를 점검한다. • 부부 간에도 좋은 관계를 유지하기 위해 가져야 할 기술과 태도가 있음을 알고, 익혀본다.
	활동	도입	• 부부의 날을 아시나요? • 행복한 부부관계를 위해 서로 노력하고 있는 부분에 대해 생각해보기

〈표 계속〉

표 8-1 '예비부모교육 프로그램' 워크숍의 내용 〈계속〉

회기	내용		
2회기 (건강한 부부 함께하기)	활동	전개	• 행복한 부부의 비밀은 바로, 우정 • '함께 하면 즐거운 활동' 카드 만들기 • 부부간 좋은 관계를 유지하기 위한 비결 • 우리 부부는 서로 어떤 노력을 하며 함께하고 있을까요?
		정리	• 우리 부부만의 약속 만들기 • 주요 메시지 전달하기 '당신이 참 좋아요, 그리고 고마워요'
3회기 (건강한 부모 준비하기)	목표		• 건강한 부부가 행복한 부모가 될 수 있음을 인식한다. • 임신기 스트레스와 해소방법, 태아를 위한 태교방법에 대해 알아보고 실천한다.
	활동	도입	• 나-부모 간 이전 경험들을 바탕으로 부부관계가 부모-자녀관계에 미치는 영향력에 대해 생각해보기 • 임신에 대한 자신과 상대방의 생각 살펴보기
		전개	• 부부관계가 자녀에게 미치는 영향 • 우리 아이 엄마 배 속에서 건강한 10개월 보내기 – 태내 환경 – 임신기 스트레스 및 해소방법 – 다양한 태교방법
		정리	• 태명 정하고 삼행시 지어보기 • 다리 마사지하며 서로에게 수고의 인사 전하기

2) 영아기와 유아기 부모를 위한 부모교육 프로그램

영아기와 유아기 부모를 위한 부모교육 프로그램은 다양하나, 그 중에서도 직장보육지원센터에서 개발한 프로그램과 육아종합지원센터 개발한 프로그램을 소개하면 다음과 같다.

(1) 직장보육지원센터에서 개발한 영아기와 유아기 부모를 위한 프로그램

먼저 고용노동부에서 실시하는 부모교육은 직장보육지원센터를 통해서 주로 맞벌이 부모에 초점을 맞추어 이루어지고 있다. 맞벌이 부모는 일과 육아를 병행하기 때문에 자녀와 상호작용할 수 있는 시간이 적을 수밖에 없으므로 맞벌이 부모는 직장인과 부모라는 두 가지 역할 사이에서 다양한 갈등적인 상황을 마주하게 된다. 따라서 고용노동부 산하 근로복지공단 직장보육지원센터에서는 영아기와 유아기의 '건강하고 행복한 워킹맘·대디 프로그램'을 개발하였다(김미정·신혜원·전혜정·정지나, 2015).

표 8-2 영아기의 '건강하고 행복한 워킹맘·대디 지원 프로그램'

구분	주제/ 소주제	활동자료(Tip)	가족참여활동
1	튼튼한 아이, 건강한 아이로 키우기 1. 제대로 성장하고 있다는 의미 2. 영양섭취와 식습관 3. 자는 법 가르치기	아이발달의 핵심포인트 1. 핑거푸드 시작하기 2. 이유식의 기본원칙 3. 잠자리 의식 5단계 4. 아기도 악몽을 꾸나요?	• 즐거운 목욕시간 • 맛있는 생각
2	자의식이 발달하는 아이로 키우기 1. 자율성의 획득 2. 대소변가리기 3. 모방행동의 중요성	1. 떼쓰는 아이를 변화시키는 다섯 가지 방법 2. 미운 세 살, 떼쓰기를 슬기롭게 넘기는 부모의 습관 3. 대소변 가리기 준비를 나타내는 엄마의 행동특징 4. 우리 아이의 집중력 5. 아이의 집중력을 높이려면? 6. 화가 날 때 아이에게 절대 해서는 안 되는 말	• 마음대로 긁적거려요 • 접시 꾸미기 • 배변의사 표현하기
3	1. 아이를 이해하는 지름길, 인지발달 이해하기(감각과 운동으로 세상을 이해하는 감각운동기) 2. 언어적/비언어적 의사소통의 발달 3. 두뇌발달의 놀라운 비밀 4. 조기교육 vs 적기교육	1. 영아의 월령별 감각자극의 제시방법 2. 대상 영속성이란? 3. 아이의 언어발달을 도와주는 생활방법 4. 언어발달의 적신호 5. 연령에 맞는 놀이감 6. 한글에 관심을 보이는 신호 7. 아이의 언어발달이 늦은 이유 8. 시기별 언어발달 체크리스트	• 바바바 놀이 • 어느 손에 있지? • 흰눈이 펄펄
4	세상으로 나아가는 첫걸음, 사회성 발달 이해하기 1. 신뢰감과 사랑의 확신, 애착형성하기 2. 아이를 이해하는 키워드, 기질 3. 새로운 관계, 또래관계 시작하기	1. 애착유형별 행동특성 2. 영아의 안정 애착 형성을 도와주는 방법 3. 우리 아이 기질 4. 사회성이 좋은 아이의 특징 5. 낯선 상황에서 아이의 긴장감을 덜어주는 방법 6. 좋은 어린이집 선택 기준	• 간질간질 간지럼놀이 • 내 몸에서 소리가 나요 • 우리 엄마, 아빠

표 8-3 유아기의 '건강하고 행복한 워킹맘·대디 지원 프로그램'

구분	주제/ 소주제	활동자료(Tip)	가족참여활동
1	튼튼한 아이, 건강한 아이로 키우기 1. 식습관/영양과 아이 성장의 관계 2. 식문화와 유아의 사회/정서적 발달 3. 스포츠가 아니라 운동 능력을 발달시켜야 하는 시기	1. 건강한 유아의 식생활이 되기 위한 점검사항 2. 두뇌음식 5총사 3. 자녀에게 모델링 해주어야 할 식사예절 4. 유아기에 적절한 운동 프로그램 5. 5시간 잘 때 vs 9시간 잘 때	• 가족과 함께 걸어요 • 공터놀이: 손에 손잡고 • 공터놀이: 요술 그림자
2	스스로 공부하는 아이로 키우기 1. 놀이가 곧 학습 2. 아이의 생각하는 능력 알아보기 3. 유아 스스로 깨닫는 지식	1. 우리 집은 안전한 놀이공간일까? 2. 유아기에 적절한 놀잇감 목록 3. 유아기 자녀의 생각하기 능력을 증진하는 대표적인 방법 4. 예체능 교육의 적기 연령 5. 유아기 자녀의 잠재된 창의성을 저해하는 요인 6. 박물관 제대로 활용하는법	• 아빠는 뚝딱뚝딱 엄마는 쓱싹쓱싹 • 생각놀이: 장보러 가요
3	긍정적이고 밝은 아이로 키우기 1. 정서적으로 안정된 아이로 키우기 2. 공감하는 아이로 키우기 3. 선택하고 책임지는 아이로 키우기	1. 아이가 행복하다고 느낄 수 있는 말 2. 정서지능 3. 부모로서 나의 공감능력 4. Selman의 자아인지 발달 연구 5. 과학자가 회고한 어머니 이야기 6. 실수했더라도 좋은 의도는 칭찬하기	• 한마음 가족운동회 • 재미있는 씨름 놀이
4	아이와 건강하게 대화하기 1. 아이가 하는 말의 '속뜻' 2. 아이 발달에 중요한 의사소통 능력 3. 솔직하고 정직하게 대화해야 하는 이유	1. 의사소통의 구성요소 2. 긍정적인 대화법 3. 부모가 자신의 삶에 만족할수록 긍정적인 대화법 사용	• 함께 놀면서 배우는 그림책 활동 • 생각놀이:다정하게 속닥속닥
5	일하는 부모의 건강한 훈육 1. 훈육이란? 2. 훈육해야 하는 행동 3. 효과적인 훈육기술들	1. 부모의 훈육유형 2. 나는 어떤 부모인가? 3. 훈육행동의 원인 4. 아이를 훈육하기에 부적절한 부모유형 5. ADHD 체크리스트	• 생각이 자라는 놀잇감 • 몸놀이: 우리는 한마음 • 놀잇감 놀이: 즐거운 목욕시간
6	학교입학 준비하기 1. 초등학교 준비는 어떻게 해야 할까요? 2. 아이와 함께 책을 즐기는 부모 3. 즐겁게 공부하는 아이	1. 학용품은 이렇게 준비해 주세요. 2. 북스타트 효과연구 3. 공부 효율을 높이는 아이공부방	• 초등학교 입학 준비를 위한 유치원 간담회 • 문화체험놀이: 내 친구, 도서관 • 문화체험놀이: 미디어로 읽는 세상

(2) 육아종합지원센터의 프로그램

육아종합지원센터는 보육과 양육에 관한 정보의 수집제공 및 보육교직원과 부모상담 등 육아지원기능을 제공한다. 따라서 가정 양육지원기능으로 부모에 대한 상담과 교육, 일시보육서비스 제공 등 지역 내 one-stop 육아지원서비스를 하고 있다. 육아종합지원센터 홈페이지의 가정양육지원 항목에서는 공통부모교육 과정을 위한 프로그램을 체계적으로 구성하여 제공하고 있다. 또한 육아종합지원센터에서는 권리존중 부모교육을 강조하고 있다.

① 공통부모교육 과정

표 8-4 행복한 부모되기

01 아이와 함께 성장하기		
【입문】 클로버(부모대상) • 소중한 나 • 멋진 아이 • 긍정의 가족 • 아름다운 이웃	【입문】 클로버 (부모·자녀 체험활동) • 긍정의 가족 • 아름다운 이웃	【기본】 포괄적 양육정보 안내 • 육아정책 소개 • 육아지원 서비스 안내 • 지역 내 육아정보 안내
【심화】 가정내 양육환경 점검 • 자녀의 존엄성과 놀 권리를 존중하는 양육환경 점검 • 영유아 중심, 놀이 중심 양육환경 실천		【기본】 부모 양육태도 점검 • 부모-자녀 놀이태도 점검 • 부모-자녀 놀이행동 촉진 방법 안내
02 아이 마음 헤아리기		
【기본】 자녀권리존중 • 자녀권리 인식 정도 자기점검 • 다양한 사례 중심의 양육방법 소개	【기본】 아동학대 예방 • 영유아 인권 중요성 이해 • 아동학대 예방 인식 강화 • 가정 내 아동학대 예방을 위한 양육방법	【심화】 영유아 발달 이해 • 자녀의 개별 특성 이해 • 자녀 강점에 따른 놀이 방법, 상호작용법 안내
03 내 마음 토닥이기		
【심화】 양육 스트레스 관리	• 아직은 낯선 이름, 엄마 • 알아야 쉬워지는 육아	• 엄마라는 무거운 짐 • 함께하는 육아의 어려움

② 자녀권리존중 부모교육

중앙육아종합지원센터의 가정양육지원에서는 자녀권리존중 부모교육 체계에 대해서 안내하고 있다. 자녀권리존중 부모교육(존중받는 아이, 함께 크는 부모)은 아동연령에 따른 발달특징을 이해하면 우리 아이의 행동을 좀 더 존중할 수 있음을 안내하는 것을 목표로 한다. 또한 아이를 키우며 겪게 되는 다양한 어려움과 양육 솔루션을 사례 중심으로 소개하며 아동 권리에 대한 인식과 양육방법 등을 배우고 실천하여 우리 아이가 존중받는 아이로 성장할 수 있도록 도와주는 부모교육을 말한다.

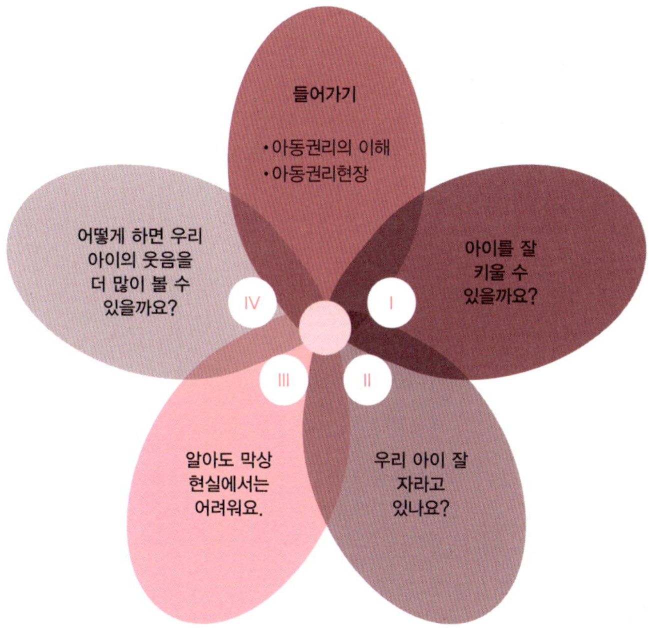

I
1. 어렵고 힘든 과제, 양육
2. 부모와 아이 모두 행복한 자녀존중 양육
3. 양육, 세상에서 가장 성스러운 즐거움

II
1. 뱃속에 있을 때가 제일 편했어요.
2. 아이의 마음을 알고 싶어요.
3. 언제쯤이면 대화가 될까요?
4. 아직 어린데 뭘 알까요?

III
1. 영아기 I(0~12개월) 양육 사례
2. 영아기 II(만13~36개월 양육 사례
3. 유아기(만3~5세) 양육 사례/함께 풀어보아요.

IV
1. 삼시세끼 이상의 놀이밥을 챙겨요.
2. 놀이밥 레시피로 놀이밥 영양사가 되어요.
3. 아빠놀이는 감칠맛이 있어요.

그림 **8-1** 자녀권리존중 부모교육

출처: 중앙육아종합지원센터 가정양육지원, 대면(화상) 부모교육 – 자녀권리존중.

3) 아동 및 청소년을 위한 부모교육 프로그램

아동 및 청소년기의 문제행동 중의 하나로 학교폭력을 들 수 있다. 부모들도 자녀의 행동을 돕기 위해 다양한 고민을 하게 되는데, 그런 부모들을 돕기 위해서 학교폭력 가해자와 피해자의 부모를 도울 수 있는 프로그램을 한국청소년 상담복지 개발원에서 개발하였다. 이 프로그램은 가해자 및 피해자의 부모들이 자녀 성장을 돕는 부모역할을 익히고, 자녀의 권익을 옹호하도록 돕기 위한 것이다(정현주 외, 2012). 또한 청소년기는 2차 성징의 발달적 특징을 가지고 있으므로 변화되는 청소년의 특성을 이해하고 발달을 도울 수 있도록 초기 청소년기 자녀를 둔 부모교육 프로그램을 한국청소년상담복지개발원에서 개발하였다(소수연 외, 2013).

(1) 학교폭력 가해자 및 피해자 부모교육 프로그램 내용

표 8-5 학교폭력 가해자 및 피해자 부모교육 프로그램 내용

회기	회기명	회기별 목표	세부내용
1	우리아이가 왜 그랬을까요?	• 학교 폭력에 대한 이해 • 부모의 어려움을 공감	• 내 옆의 학교폭력 • 우리 아이들과 학교폭력 • 다시 한번 일어서는 마음
2	우리 아이, 어디서부터 시작할까요?	• 학교폭력 경험 청소년의 어려움 이해 • 학교폭력 절차 및 조치사항 이해 • 학교폭력 해결을 위한 부모의 자세 습득	• 마음에서 출발하기 • 학교 폭력에 대처하는 부모의 자세
3	아이와 말이 안 통할 때는 어떡하죠?	• 자녀와의 의사소통에서 관심 갖기의 중요성 인식 • 자녀와의 의사소통을 위한 경청의 중요성 인식, 연습 • 공감적 대화의 중요성 인식, 연습	• 아이와 말문트기 • 아이와 통하기
4	아이가 말을 안 들을 때는 어떡하죠?	• 자녀와의 갈등상황 탐색 • 갈등상황에서 대처방법 습득 • 칭찬 및 훈육기술 습득	• 부글부글 100℃ • 따뜻한 40℃ • 우리 아이의 보석찾기
5	부모도 지칠 때는 어떡하죠?	• 부모의 어려움 공감 및 지지 • 부모의 사회적 지지망 인식, 활용 • 부모의 양육 자신감 증진	• 나도 괜찮은 부모! • 나의 지원부대 • 전문가 도움받기
6	앞으로 우리 아이는 어떻게 될까요?	• 프로그램 결과 점검 • 학습내용의 지속적 실천	• Before & After • Action Plan • 전하고픈 이야기

(2) 초기 청소년기 자녀를 둔 부모교육 프로그램 내용

표 8-6 초기 청소년기 자녀를 둔 부모교육 프로그램 내용

회기	회기명	회기별 목표	세부내용
1	내 아이의 모든 것 (초기 청소년기 자녀에 대한 이해 Ⅰ)	• 부모들의 신체적, 환경적, 심리적 전환기에 처해 있는 초기 청소년에 대한 이해 • 부모의 어려움에 대한 공감의 장 마련 • 프로그램 참여 동기 점검 및 고취	• 초기 청소년의 발달적 특성: 청소년기의 뇌와 호르몬 변화 이해, 행동양상 등 • 자녀에 대한 이해 및 조망 확장
2	초기 청소년기 핫이슈 (초기 청소년기 자녀에 대한 이해 Ⅱ)	• 부모가 초기 청소년기 자녀양육 시 고민되는 영역에 대한 맞춤형 대안 및 부모역할 탐색	• 주요영역에 대한 대처: 학업 및 진로, 성과 이성관계, 청소년 문화(스마트폰) • 생생한 사례 제공
3	나의 양육 가치관 (나에 대한 이해 Ⅰ)	• 청소년으로의 변화를 겪고 있는 자녀와의 관계에서 발생하는 스트레스와 갈등 탐색 • 이때 영향을 미치는 부모의 가치관에 대한 탐색 및 이해	• 자녀와의 갈등상황 공유 • 갈등의 저변에 깔린 부모의 가치관 탐색
4	부모를 위한 감정 챙김 (나에 대한 이해Ⅱ)	• 자녀양육시 주된 감정에 대한 탐색 및 이해 • 부정적 감정 해소 및 수용	• 다양한 감정 종류 인식 • 자녀양육 시 느끼는 주요 감정 탐색 및 이해 • 주요 감정 중 부정적인 감정을 해소하고 위로받는 기회
5	엄마는 굿 리스너 (초기 청소년기 자녀와 다시 소통하기 Ⅰ)	• 청소년기 자녀에게 경청의 중요성과 의미탐색 • 경청방법 및 연습	• 초기 청소년기 자녀와 관계의 첫걸음인 경청에 관한 의미 설명 • 경청이 어려운 이유 탐색, 나의 가치관의 영향 • 경청 잘하는 방법 안내 및 연습
6	존중하는 부모 (초기 청소년기 자녀와 다시 소통하기 Ⅱ)	• 청소년기 자녀에게 새로운 부모의 역할에 대한 모색 • 자녀양육을 위한 힘 북돋움 • 학습내용의 지속적 실천	• 주도성과 자율성 습득단계인 청소년기 자녀와의 관계에서 필요한 부모역할 탐색 및 실생활 적용–존중, 거리두기, 지켜보기 등 • Action Plan 만들기

조별 나눔

Q1. 내가 관심있는 연령이나 주제에 대해서 국가산하기관 혹은 지역사회에서 개발한 부모교육 프로그램에 대해 조사해봅시다.

예를 들면, 공격성이 높은 영유아를 위한 정서교육 프로그램이나, 중고등학생을 위한 미디어 중독 예방교육 등을 개발해 볼 수 있습니다.

프로그램 명/대상	
프로그램 목적	
프로그램 세부 내용	

Q2. 내가 개발하고 싶은 부모교육 프로그램에 대해 조사해봅시다. 조손 가족 혹은 입양 가족을 위한 부모교육 프로그램에 대해 조사해보아도 좋습니다.

프로그램 명/대상	
프로그램 목적	
프로그램 세부 내용	

2. 유아교육기관에서의 부모교육 운영

최근에는 맞벌이 부부의 증가로 많은 영유아들이 유아교육기관에 다니고 있다. 따라서 그동안 가정에서 주로 담당하던 자녀양육과 교육의 역할을 어린이집이나 유치원에서 담당하게 되면서 유아교육기관은 부모와 동반자로서 자녀의 발달을 돕는 것 뿐 아니라 각 가정에서 필요한 부모의 역할에 대해 알려주는 부모교육자로서의 역할을 담당하게 된 것이다. 이에 따라 유아교육기관에서는 부모들에게 적절한 부모역할과 양육태도에 대해 다양한 정보나 지식을 제공하기 위해 노력하고 있다(장현주 외, 2021).

1) 신입원아 학부모 오리엔테이션

오리엔테이션은 학기가 시작되기 전에 부모를 대상으로 하여 어린이집의 설립 목적과 연혁이나 철학과 교육 프로그램, 연간 행사일정, 기관이용 안내사항 등을 설명하는 활동이다. 신입원아 학부모 오리엔테이션을 통해서 부모가 보육 및 교육기관의 다양한 교육 내용을 이해하고 자녀를 양육하는데 도움을 줄 수 있도록 하기 위한 것이다.

2) 강연회

강연회는 영유아교육기관에서 가장 많이 이루어지는 부모교육의 형태로, 보육이나 유아교육 분야의 전문가가 특정 주제에 대한 지식을 여러 부모에게 전달하는 방식이다. 일반적으로 연령별 부모양육방법이나 영유아 문제행동에 대한 이해, 자녀의 사회성 발달 등에 대한 주제 등을 다룬다. 그러나 교육기관에서 일방적인 강연회의 주제를 선정하는 것은 부모들의 관심을 반영하지 못할 수 있으므로, 요구도 조사를 통해서 부모들의 관심분야 파악한 후에 주제를 선정하여 강연회를 개최할 수도 있다.

3) 워크숍

워크숍(workshop)은 학습자가 실습을 하는 연수회를 말하는 것으로, 원에 다니는 자녀의 부모가 교육기관에서 개최하는 워크숍에 참여하여 가정이나 원에서 교육활동을 하는데 필요한 교재나 교구를 직접 만들어 보는 것이다. 교재 교구 뿐 아니라 동요 및 동시 만들기나 그림 그리기 등의 활동을 하는 것도 포함된다.

4) 부모참여수업

부모참여수업은 자녀의 수업활동에 부모가 직접 참여해서 유아교육기관의 생활을 경험해보는 활동이다. 참여수업활동은 부모가 유아교육기관에서 이루어지는 프로그램을 이해하고 자녀가 원에서 어떻게 생활하는지를 관찰해보면서 향후 자녀지도를 위한 효율적인 방안을 모색할 수 있도록 도와주는 것이다. 부모가 참여하지 못하는 경우에는 조부모나 다른 친척이 참여할 수 있다.

부모참여수업이 이루어지기 전에 영유아들에게 누구의 부모님이 놀이활동에 참여하는지를 알게 해주면, 유아들이 일과활동을 예측하여 안정감을 가질 수 있게 된다. 부모님에게도 참여수업활동 전에 계획안을 나누어 주어서 활동주제나 활동내용 및 활동방법 등을 미리 인지하고 수업에 참여할 수 있도록 하면 자녀와 좀더 즐겁고 의미있는 시간을 보내는 데에 도움이 된다. 소요시간은 대상 유아의 연령에 따라서 다양하게 할 수 있지만 대체로 유아들의 집중시간을 고려하여 2시간 정도로 계획할 수 있다.

부모참여수업과 아울러 부모의 수업 참관도 있다. 자녀들의 생활을 부모가 참관하는 것으로, 수업 참관 시에는 부모들에게 참관내용과 주의사항을 미리 공지하는 것이 바람직하다.

5) 부모면담

부모면담은 부모와 교사가 영유아의 가정에서 생활하는 모습과 유아교육기관에서 생활하는 모습에 대해서 서로 정보를 나누고 의견을 공유하는 것이다. 부모면담은 부모가 자녀의 원에서의 생활을 이해할 수 있을 뿐 아니라 문제행동에 대해서도 함께 의논해 볼 수 있는 시간이기도 하다. 부모면담은 개인면담과 집단면담으로 나뉘는데, 개인면담은 보육교사와 부모가 일대일로 대면하여 만나는 것으로, 보통 1년에 2회 정도로 계획하는 곳이 많다. 첫 번째 면담은 주로 학기 초에 영유아가 기관에 어떻게 적응하는지와 가정에서는 어떻게 지내는지를 중심으로 대화를 하는 것이다. 두 번째 면담은 2학기가 시작된 후에 이루어지는 것으로, 편안한 분위기의 공간에서 영유아의 성장과 변화 등에 대해 20~30분 정도 이야기를 나누는 것이다.

집단면담은 대체로 기관운영이나 보육내용 등의 다양한 주제에 대해서 부모의 의견이나 요구를 듣고 수렴할 때 많이 사용하는 방법이다. 집단으로 함께 모인 부모들간에 양육에 대한 공감대를 형성할 수 있고 의견을 교환하는 좋은 기회가 될 수 있기 때문이다.

최근에는 전화나 전자알림장(스마트앱 알림장)을 활용하여 다양한 형식으로 면담이 이루어지기도 한다.

6) 가정통신문(뉴스레터)

가정통신문은 영유아교육기관에서 부모가 알아야 할 다양한 정보들을 가정에 서면으로 알려주는 방식이다. 가정통신문은 주로 월간이나 주간 계획, 행사안내문이나 식단표, 체험학습 안내, 공지사항이나 각종 동의서 등 기관과 관련된 사항에 대해 공지를 하는 것이다. 각 가정통신문의 내용에 따라서 적절한 시기에 보내는 것이 좋으며, 적어도 행사가 시작되기 일주일 전에 미리 보내서 공지하는 것이 좋다.

위에서 살펴본 바와 같이 유아교육기관에서 시행하는 다양한 부모교육의 내용은 영유아를 위한 교육기관이 영유아의 행복한 전인적 발달을 위해 부모와 함께 책임을 나누어 협력하기 위한 노력의 과정이라 할 수 있다.

최근에는 인터넷이나 핸드폰의 발달로 부모교육의 내용이나 방법이 지금보다 훨씬 다양해지고 있다.

조별 나눔

다양한 부모교육 프로그램을 조사해보고, 어린이집에서 가정으로 나가는 가정통신문에는 어떤 내용이 포함될 수 있을지 생각해보고, 조원들과 의논하여 만들어봅시다.

3. 부모교육의 과제 및 논의

현대사회는 하루가 다르게 급속도로 변화하고 있다. 산업의 발달 뿐 아니라 가족에 대한 가치관도 빠르게 변화하면서 최근에는 전 세계적으로 젊은이들이 결혼을 기피하거나 결혼 후에도 육아에 대한 부담감으로 자녀를 출산하지 않는 가정이 늘어나고 있다. 이러한 저출산의 문제는 고령화 사회로의 문제를 유발하였고 국가의 존폐 위기에 대한 우려도 제기되는 상황이다. 2021년 9월에 발표된 고령자 통계는 전체 인구수에서 65세 이상의 고령인구가 차지하는 비율이 16.5%이고, 2025년에는 20.3%, 2060년에는 4.9%가 될 것으로 예상하였다. 일반적으로 65세 이상의 인구가 전체 인구의 7% 이상이면 고령화 사회, 14%이상이면 고령사회, 20% 이상이면 초고령사회라고 하는 것을 고려해 볼 때, 한국은 현재 고령사회이며 2025년에는 초고령사회라 할 수 있다. 물론 젊은이들이 결혼이나 출산을 하지 않는 데에는 여러 가지 이유가 있고, 이를 위해 개인 뿐 아니라 국가적으로 사회 및 경제 등 여러 가지 제도적인 측면에서 노력이 이루어져야 해결될 수 있는 부분이다. 고령화 사회와 낮은 출산율은 우리가 깊게 고민해야 할 국가 및 사회적인 문제라 할 수 있다.

저출산의 문제는 단시간에 해결될 수 있는 문제는 아니기 때문에, 저출산 문제를 줄일 수 있는 현실적인 방안은 현재를 살아가는 부모들뿐 아니라 미래의 부모가 될 세대들이 부모됨의 가치와 역할을 바르게 인식할 수 있도록 돕는 부모교육의 역할과 대응에 대해서 구체적으로 생각해보는 것이다. X세대, Y세대, Z세대, MZ세대 등 세대별로 다양한 삶에 대한 가치관의 변화를 이야기하고 있으므로, 세대의 변화된 가치관을 반영하는 다양한 제도나 교육들이 필요하다. 세대의 특성에 맞게 가정의 가치와 건강성, 부모역할의 가치와 방법에 대해서 부모교육을 통해 알려주고 도움을 주는 것이 바람직하다.

첫째, 저출산 고령화 시대의 부모교육은 생애주기별 모든 연령의 대상들에게 이루어져야 한다. 현재까지의 부모교육은 주로 자녀를 가진 부모나 결혼 후 자녀를 갖기 직전의 연령을 대상으로 하는 예비부모교육이 중심이 되어서 비교적 단기간에 이루어졌다. 그리고 교육의 내용에 있어서는 부모역할을 하기 위한 마음자세나 방법 혹은 자녀양육 등 부모역할의 어려움을 겪는 부모들에게 정보를 제공하는 기술적인 측면에 초점을 두고 이루어지는 경우가 많았다. 하지만 부모가 되는 것은 단순히 결혼과 출산으로 이루어지는 자손의 증가로서의 의미가 아니라 가족구성원 간의 사랑을 토대로 기쁨과 행복, 유대와 협력, 배려와 희생을 통해 사회공동체를 형성하고 유지해나가는 과정이며 그 안에서 인간이 가질 수 있는 정신적인 가치를 경험하는 것이다. 따라서 부모의 역할은 단기간에 기술적인 방법을 학습함으로써 이루어질 수 있는 것이 아니라, 자신의 가정을 이루기 전부터 삶에서 좋은 가족구성원이 되는 것의 가치와 필요성을 인식하고 경험할 수 있도록 하여 가정과 사회에서 성숙한 어른의 역할을 감당할 수 있도록 하는 넓은 의미로의 부모교육이 필요한 것이다.

그러므로 전인교육과 관련된 측면에서 부모교육이 시작되어야 한다. 출생부터 영유아기, 아동기, 청소년기, 장년기, 노년기 등에 이르기까지 부모로서 뿐 아니라 각 가족구성원으로서 해야 하는 역할에 대해서 인식할 수 있도록 해야 하는 것이다. 부모뿐만 아니라 가족 전체의 교육으로서, 모든 가족이 부모교육의 대상이 되어야 하는 것이다. 따라서 가족센터 등에서 시행하는 생애주기별 교육 뿐 아니라 영유아기부터 청소년기까지의 교육과정 내에서도 가정의 소중함과 가족간의 관계를 위해 필요한 자신의 역할과 예절에 대한 교육, 양성 평등에 대한 교육 등 부모 및 가족구성원이 되기 위한 연령별 부모교육의 내용이 적합하다.

둘째, 최근 우리나라가 고령화 사회로 진입하였고 출생인구의 저하로 교육인구가 감소하면서 자녀양육과 교육의 문제도 사적 영역이 아니라 공적 영역에서 책임져야 하는 문제로 인식되고 있다. 따라서 개별 유아교육기관뿐 아니라 지역사회와 국가 차원에서 부모가 그 역할을 잘 수행함으로써 자녀의 성장과 발달이 이루어질 수 있도록 도와야 한다는 인식이 확대되고 있다. 또한 2020년 아동학대 연차보고서에 따르면, 2020년의 아동학대 사례는 총 30,905건으로 2019년에 비해 2.9% 증가하였고, 학대행위자는 부모가 25,390건으로 전체 82.1%를 차지하였고, 대리양육자 2,930건(9.5%), 친인척은 1,661건(5.4%)이었다. 이는 아동학대 예방을 위한 부모교육이 필요함을 말해주는 것이며, 아동학대를 근절하기 위해서는 부모가 자녀를 자신의 소유물이 아니라 온전한 하나의 인격체임을 인식하고 존중해야 한다는 아동권리에 대한 인식이 필요하다는 것을 말하는 것이다. 따라서 유아교육기관뿐 아니라 가정의 자녀양육에서도 아동권리 존중이 필요하다는 인식이 강조되고 있다.

아동권리에 대한 인식은 1989년 유엔총회에서 채택된 『유엔권리협약』으로부터 비롯되는 것이다. 유엔권리협약은 18세 미만의 모든 사람을 아동으로 정하고, 아동의 권리는 인종과 국적, 종교를 초월하여 모든 아동에게 적용된다는 '무차별의 원칙'과 모든 정책과 활동에서 아동의 이익이 우선되어야 한다는 '아동 최선의 이익 우선 원칙'을 기반으로 아동의 생존권과 보호권, 발달권과 참여권 등의 네 가지 기본권리를 규정하는 것이다. 생존권은 아동이 생명을 유지하기 위해 필요한 건강과 의료 등 적정한 생활수준을 누리는 권리이고, 보호권은 모든 형태의 학대와 방임, 약물과 각종 폭력으로부터 보호받을 권리를 말한다. 발달권은 아동의 발달을 위해 필요한 모든 종류의 교육을 받고 놀이나 여가, 문화생활과 종교 및 양심의 자유를 누릴 수 있는 권리이다. 참여권은 아동이 자신의 의사를 표현하고 국가와 지역사회활동에 적극적으로 참여하는 권리로, 아동의 나이와 성숙도에 따라 그 의견 수렴에서 적절한 비중을 정해야 하지만, 기본적으로 아동이 자신의 요구를 주장하며 스스로 책임지는 존재임을 인정해야 한다는 것이다.

현재에도 육아종합지원센터 및 각종 지역사회 공공기관 등 다양한 곳에서는 자녀의 발달 특성을 이해하고 아동의 나이에 맞는 현실적인 기대를 하는 방법, 폭력의 충동을 느낄 때 감정을 조절하는 방법(김이영 외, 2014), 바람직한 양육태도에 대한 교육이 시행되고 있다. 또한 학대 행위자인 부모를 대상으로 방문상담사가 개별 가정을 주기적으로 방문하여 교육하고 상담하는 가정방문 부모교육도 시행되고 있다. 학대나 알코올 중독이 있는 부모를 위한 교육과 상담 프로그램, 실직을 한 부모를 위한 취업 알선 및 가사와 육아를 도와주는 자원봉사자 파견 등 여러 가지 프로그램이 진행되고 있다(이연승·성현주, 2020).

그럼에도 불구하고 아동학대는 줄어들지 않고 있는 것이 현실이다. 아동학대 예방을 위한 다양한 부모교육 프로그램이 시행되고 있으나, 가정은 매우 개인적인 공간이며 가해자인 부모가 자신의 행동이 학대라는 것을 인식하지 않는 한 학대는 개선되기 어렵다. 또한 이웃이나 교육기관 등 아동 주변에서 아동을 돌보는 사람들의 신고와 같은 도움이 없이는 개선되기 어렵다는 한계를 가지고 있다. 따라서 아동학대를 예방하려면 아동은 당연히 존중받아야 한다는 인식과 어떤 형태의 아동학대도 허용되어서는 안 된다는 사회적인 분위기가 형성되어야만 예방될 수 있다. 누구든지 아동학대가 의심되는 사례가 발견되면 국번 없이 112로 전화하면 가장 가까운 지역의 아동학대예방센터로 연결되어 신고가 접수되고, 현장조사결과로 이루어진다. 조사결과에서 아동학대가 아니라고 판단되더라도 아동학대 신고자가 불이익을 받지 않는다는 것을 사회의 구성원들이 인식하면 아동학대 신고와 예방에도 도움이 될 수 있다.

아동학대는 자녀의 삶을 피폐하게 할 뿐 아니라 그 이후에 아동이 성장하여 맺는 가족관계 및 사회관계에도 악영향을 미칠 수 밖에 없다. 따라서 부모 뿐 아니라 사회구성원 모두가 아동의 권리를 인식하는 것은 부모교육에 있어서 반드시 필요하며 미래사회에서 가정의 형성을 위해서도 학대를 인식하고 예방할 수 있는 다양한 부모교육 프로그램이 마련되어야 한다.

셋째, 컴퓨터와 스마트폰, 인공지능과 로봇 등 4차 산업혁명으로 인한 급격한 과학기술의 발달은 인간의 생활에 편리함을 가져왔으나, 즉각적인 자극과 반응을 추구하는 기술의 진보는 인간의 존엄성에 대한 가치나 사람과의 관계 속에서 느끼는 기쁨이나 삶의 의미, 협력 및 갈등의 해결과 같이 인간의 삶에서 중요한 것들을 간과하도록 하는 부작용을 낳기도 하였다. 현재 뿐 아니라 미래사회는 다인종국가 또는 다문화 사회가 될 것으로 예상되어 상대방을 존중하고 배려하는 마음이 필수적으로 요구되는 상황이므로, 개인적인 차원 뿐 아니라 사회적인 차원에서도 다문화시대에 필요한 세계시민으로서의 태도를 개발할 수 있도록 돕는 내용이 필요하다. 즉 부모교육에서도 다문화 시대에 적합한 내용이 필요한 것이다. 물론 현재에도 가족센터에서 다양한 가족의 일환으로 다문화 가족의 통합지원을 위한 다양한 프로그램이 진행되고 있으나, 부모역할의 내용과 수준에 있어서 더 구체적이고 체계적이며 다양해질 필요가 있다. 이를 통해 다문화 가정에 대한 인식이 변화됨으로써 다문화 가정도 우리나라의 국민이 될 수 있음을 알고, 다른 국가의 배경을 가진 사람들과 함께 어우러져 가는 현상을 자연스럽게 받아들을 수 있을 것이다(이연승·성현주, 2020).

이처럼 부모교육 프로그램의 내용이 함께 살아가는 다양한 사람들과 가족의 모습을 이해할 수 있도록 더 구체화되고 다양화해져야 하는 것은 매우 중요하다. 또한 최근에는 프로그램의 다양성뿐 아니라 프로그램의 질적인 수준에 대한 요구도 높아지고 있다. 개발되는 다양한 부모교육 프로그램들이 실제로 적용되었을 때 어떠한 효과가 있는지가 보다 다양한 방법으로 검증되어야 한다는 것이다. 프로그램에 참여한 부모나 자녀들을 대상으로 프로그램을 실시하기 전과 후에 수치적인 측면에서 어떤 변화가 있었는지를 양적인 연구방법을 통해서 살펴볼 필요도 있고, 질적인 연구 방법을 통해서 프로그램에 참여한 대상자들의 심리적인 변화 내용에 대해서 구체적으로 살펴볼 수도 있을 것이다. 이런 과정은 다양하면서도 질적으로도 전문성을 가진 부모교육 프로그램의 개발을 이끌게 될 것이며, 행복한 부모 자녀관계를 만드는 지름길이라고도 할 수 있다.

참고문헌

- 그림책『안돼, 데이빗!』(데이비드 섀넌 글/그림, 1999. 지경사)
- 그림책『나는 사랑의 씨앗이에요: 나는 어떻게 태어났어요?』(파스칼 퇴라드 글, 장 샤를 사라쟁 그림, 신혜정 역, 2002. 다섯수레)
- 그림책『끝까지 제대로』(글 다비드 칼리, 안나 아파리시오 카탈라 그림, 엄혜숙 옮김, 나무말미)
- 그림책『나는 엄마가 둘이래요!』(정설희 글/그림, 2020. 노란돼지엠)
- 그림책『내 심장이 콩콩콩』(김근희 글/그림, 2017. 한솔수북)
- 그림책『네가 태어난 날엔 곰도 춤을 추었지』(낸시 틸먼 저, 이상희 역, 2009. 내인생의책)
- 그림책『둘이서 둘이서』(김복태 글/그림, 2019. 보림)
- 그림책『모든 가족은 특별해요』(토드 파 글/그림, 2005. 문학동네)
- 그림책『불아불아』(이상교 글, 최숙희 그림, 2007. 언어세상)
- 그림책『시소』(고정순 글/그림, 2020. 길벗 어린이)
- 그림책『아름다운 가치 사전1,2』(채인선 글, 김은정 그림, 2015. 한울림 어린이)
- 그림책『왜요?』(린제이 캠프 글, 토니로스 그림, 2002. 한국프뢰벨(베틀북))
- 그림책『우리는 가족이에요』(박종진 글, 혜경 그림, 2019. 키즈엠)
- 그림책『응가하자, 끙끙』(최민호 글/그림, 2004. 보림)
- 그림책『진정한 챔피언』(파얌 에브라히미 지음, 레자달반드 그림, 이상희 옮김, 2019. 모래알 키다리)
- 그림책『쿠키 한입의 인생 수업』(에이미 크루즈 로젠탈 저자 글, 제인다이어 그림, 2014. 만화 책읽는곰)
- 그림책『포기가 너무 빠른 나비』(로스 뷰랙 글/그림, 김세실 옮김, 위즈덤하우스)
- 그림책『화분을 키워주세요』(유진 자이언 글, 마거릿 블로이 그레이엄 그림, 공경희 옮김, 2001. 웅진주니어)

- 강문희, 김매희, 유정은 외(2011). 아동발달론. 공동체.
- 강준만(2005). 세계문화사전. 인물과 사상사.
- 곽금주 · 김연수(2015). 영아발달. 학지사.
- 교육 프로그램 개발과 활성화방안. 숙명여자대학교 대학원 박사학위논문.
- 국립국어원 표준국어대사전(2022). 〈존중〉 https://stdict.korean.go.kr/search/searchResult.do.
- 권화순(2005). 교류분석과 긍정심리학의 비교. 교류분석과 심리사회치료 연구, 6(1), 1–23.
- 김경애(2008). 맞벌이 부부의 심리적 복지에 영향을 미치는 요인에 관한 연구. 청주대학교 대학원 석사학위논문.
- 김미정 · 신혜원 · 전혜정 · 정지나(2015). 건강하고 행복한 워킹맘 · 대디 지원 프로그램 1. 근로복지공단.
- 김수희 · 김지현 · 나용선 · 권오균 · 전대성(2012). 아동발달. 양서원.
- 김승희(2011). 다문화가족의 자녀교육 문제에 관한 질적 연구. 한국가정관리학회지, 29(4), 17–33.

- 김연수(2004). 긍정적 부모역할 프로그램의 국내도입을 위한 기초연구. 이화사회복지연구, 4, 21-50.
- 김오남·류운석·이유미(2002). 유능한 부모와 교사를 위한 부모교육. 양서원.
- 김은아(2018). 예비유아교사의 결혼에 대한 가치와 좋은 부모의 역할기대 분석. 열린유아교육연구, 23(3), 149-180.
- 김이영·오성숙·이시진·이우언·이은미·채혜선(2014). 유아발달. 양서원.
- 김태현·박숙자(1992). "한국의 비동거 가족 연구." 가족학논집 4, 45-74.
- 김현자·김지영·이무영·이미나·조미영·임미선(2021). 부모교육. 공동체.
- 마채란(2003). 재혼가족의 의식 및 목회상담적 지원에 관한 연구. 연세대학교 대학원 석사학위논문.
- 박경숙(2003). 참여정부 초기의 지방분권화 및 참여복지 정책방향과 사회복지전달체계 개편과제. 사회복지정책, 16,151-172.
- 박근주·김연진·서명원·윤매자·이종숙·조경옥(2012). 영유아기 부모역할을 위한 부모교육. 양서원.
- 박지수(2013). 교류분석 이론에 기초한 부모교육 활동이 어머니의 양육태도에 미치는 영향. 한국교원대학교 석사학위논문.
- 박현찬, 조신영(2007). 경청. 위즈덤하우스.
- 베이비 뉴스(백 마디 말보다는, 한번이라도 더 자주 안아주세요, 2018,04,19). https://www.ibabynews.com/news/articleView.html?idxno=64179
- 소수연·김경민·양대희·안지영·김승윤·유준호·지수연·이현숙(2013). 초기 청소년기 자녀를 둔 부모교육 프로그램 개발. 한국청소년상담복지개발원.
- 양계민·조혜영·이수정(2009). 미래한국사회 다문화역량강화를 위한 아동·청소년 중장기 정책방안 연구 Ⅰ: 다문화가정 청소년의 역량개발을 중심으로. 한국청소년정책연구원.
- 옥경희(1999). 맞벌이 주말부부의 부모역할 갈등. 한국가족관계학회지, 4(1),45-66.
- 우재현(2005). 교류분석 TA 에 의한 청소년 인성개발 프로그램. 정암미디어.
- 위키백과(2022). https://ko.wikipedia.org.
- 윤경자·김정옥·현은민·전영자·유계숙·김은경(2015). 건강가정론. 공동체.
- 유진희·김진숙(2018). 부모효율성훈련이 어머니의 양육태도와 행복감에 미치는 영향. 열린유아교육연구, 10(1), 51-66.
- 김길숙·김지현·이혜민(2016). 부모교육 프로그램 내용분석 및 활용방안 (연구보고서). 육아정책연구소.
- 육아종합지원센터 https://central.childcare.go.kr (2022년 11월 21일에 인출)
- 이미화·김은설·이진화·김길숙·유지연·김의향·신윤승·신혜원·신영아·배성연·김영란(2015). 부모교육 제도화를 위한 시스템 구축 및 표준교육과정 개발(연구보고서). 경제·인문사회연구회.
- 이복희·문영희·김종국(2005). 청소년복지론. 유풍출판사.
- 이성태(2010). 인간관계론. 양서원.
- 이연승·성현주(2020). 부모교육. 공동체.
- 이화선·손수민(2017). 어머니의 양육효능감과 양육행동이 유아의 자기조절능력에 미치는 영향. 열린유아교

육연구, 22(1), 249-271.

- 장현주·이남주·이재삼·김소양(2021). 보육과정.
- 장혜순(2013). 부모-자녀 관계 개선을 위한 부모교육. 공동체.
- 전선옥(2017). 행복한 가족을 위한 예비부모교육. 창지사.
- 전우경(2010). 부모의 자기 이해를 위한 부모교육 실천 탐색 : 교류분석을 중심으로. 한국교류분석협회, 7(2), 75-90.
- 전주람·최경(2020). 대학생들이 인식하는 '좋은 부모'에 관한 연구. 인문사회 21, 11(3), 621-634.
- 전주람·최경(2020). 대학생들이 인식하는 사랑의 요소에 관한 연구, 문화와 융합, 42(12), 245-264.
- 전주람·최경(2020). 한국 청년들이 인식하는 '좋은 부부'에 관한 연구. 인문사회 21, 11(6), 1209-1224.
- 전주람·최경(2021). 대학생이 인식한 부모가 자녀의 심리적 안전기지가 되기 위한 양육환경에 관한 연구. 인문사회 21, 12(1), 1097-1108.
- 정미선·윤경희(2015). 교류분석이론에 근거한 부모의 분노조절 프로그램 효과: 청소년기 자녀를 둔 어머니를 중심으로. 열린부모교육연구, 7(3), 1-20.
- 정옥분(2016). 발달심리학. 학지사.
- 정옥분·정순화(2019). 부모교육. 학지사.
- 정지은·김민태(2011). 아이의 자존감. 지식채널.
- 정탁준(2016). 청소년기의 인지적 특성과 도덕교육적 함의: 상상적 청중과 개인적 우화를 중심으로. 윤리연구1(111), 189-214.
- 정현숙·유계숙·임춘희·전춘애·천혜정(2000). 재혼가족에 대한 실태 및 재혼생활의 질에 대한 연구. 대한가정학회지, 38(4), 1-19.
- 정현주·이호준·김하나(2012). 학교폭력 가/피해자 부모교육 프로그램 개발. 한국청소년상담복지개발원.
- 조성연(2010). 교육복지투자우선지역 지원사업 내 유치원 어머니 대상의 STEP프로그램 효과 검증. 열린부모교육연구, 2(1), 41-59.
- 박상철·윤희원·조영달(2006). 다문화가정의 자녀 교육 실태 조사. 우리나라 다문화가정의 자녀교육 실태 조사 연구. 교육연구와 실천, 71, 1-64.
- 조운주·최일선(2020). 유아교육기관에서의 유아생활지도. 창지사.
- 채옥희(1998). commuter mariage 가정경영 실태와 문제. 대한가정학회지, 36(9), 153-166.
- 지성애·김승희(2010). 유아의 자아존중감, 또래 상호작용, 놀이성 간의 관계. 열린유아교육연구, 15(4), 111-127.
- 최경환(2012). 교류분석 프로그램이 재소자의 자기효능감과 인간관계에 미치는 영향. 영남대학교 박사학위 논문.
- 최성애·조벽(2012). 청소년 감정코칭, 해냄.
- 최정혜(2002). 주말부부의 가족 스트레스 및 대처전략에 관한 연구. 한국가정관리학회지, 20(6), 49-60.
- 최혜경(2004). 사랑학. 교문사.

- 통계청(2022). E- 나라지표. 맞벌이 가구 비율. http://www.index.go.kr/potal/main/EachDtlPageDetail.do?idx_cd=3037 (2012년 5월3일에 출력)
- 표준국어대사전(2022). https://stdict.korean.go.kr
- 한성심·김현자·김유진·신현정·임미혜·이명숙(2008). 예비부모교육. 공동체.
- 홍종관(2019). 행복을 위한 긍정적 수용의 역할에 관한 고찰. 행복한부자연구, 8(1), 43–56.
- 황은숙(2006). 이혼 가정 부모. 교육 프로그램 활성화를 위한 정부 지원 개선방안 연구. 유아교육·보육복지연구, 10(2), 39–68.
- 황혜경·주상려(2019). 자녀와의 소통을 위한 부모교육. 공동체.

- Baumrind, D. (1971). Theories of Child Development, New York: John Wileys & Sons.
- Berne, E. (1964). Games People Play. New York: Grove Press.
- Berne, E. (1975). Transactional Analysis in Psychotherapy: A Systematic Individual and Social Psychiatry. Ballantine Books.
- Bodenmann, G. (1995). A systemic–transactional conceptualization of stress and coping in couples. Swiss Journal of Psychology, 54(1), 34–49.
- Brandt, R. (1991). Overview: Time for reflection. Educational Leadership, Educational Leadership, 48(6), 23–48.
- Bullock, M., & Lütkenhaus, P. (1990). "Who am I? Self–understanding in toddlers." Merrill–Palmer Quarterly . 36(2), 217–238.
- Driver, J., Tabares, A., Shapiro, A., Nahm, E. Y., & Gottman, J. M. (2003). Interactional patterns in marital success or failure. In F. Walsh (Ed.), Normal family processes: Growing diversity and complexity (3rd ed.). NY: Guilford Press.
- Gerstel, N.R. (1979). Marital alternatives and the regulation of sex:Commuter couples as a test case. Alternative Lifestyles, 2, 145–176.
- Gordon T. (1980). Parent Effectiveness Training: A preventive Program and its effects on Families. in M.Finn (ed.). Handbook on Parent Education. New York: AcademicPress.
- Marcia, J.E. (1987). The identity status approach to the study of ego identity development. In T. Honess & K. Yardley (Eds.), Self and Identity: Perspectives Across the Lifespan (pp. 161–171). New York: Routledge.
- McFadyen–Ketchum, S. A., Bates, J. E., Dodge, K. A., & Pettit, G. S. (1996). Patterns of change in early childhood aggressive–disruptive behavior: Gender differences in predictions from early coercive and affectionate mother–child interactions. Child Development, 67(5), 2417–2433.
- Newman, J. M. (1988). Sharing journals: Conversational mirrors for seeing ourselves as learners, writers, and teachers, English Education, 20(3), 134–156.

• Skeen, P., Covi, R.B. & Robinson, B.E. (1985). Stepfamilies: A review of the literature with suggestions for practitioners. Journal of Counseling and Development, 64, 121–125.
• Walker, R., & Luszcz, M. A. (2009). The health and relationship dynamics of late-life couples: A systematic review of the literature. Ageing & Society, 29, 455-480.
• Walsh, W. M. (1992). Twenty major issues in remarriage families. Journal of Counseling and Development, 70, 709–715.

찾아보기

저자소개

전주람

서울에서 태어났으며, 성균관대학교에서 가족학(가족관계 및 교육, 가족문화)으로 박사학위를 최종 취득하였다. 서울시립대학교 교육대학원 교수학습·상담심리 연구교수로 2017년 7월부터 2019년 6월까지 재직했으며, 현재는 서울시립대학교 교직부 소속으로 '부모교육과 가족관계', '심리검사를 활용한 심리치료', '심리학의 이해'를 가르치고 있다. 아울러 서울가정법원 상담위원으로 2014년부터 최근까지 활동 중이며, 2022년부터는 통일부 통일교육위원으로 활동하고 있다. 지속적인 연구 관심사로는 가족관계, 부부회복, 문화갈등, 남북사회문화 등이 있다. 주요 논문으로는 〈대학생이 인식한 부모가 자녀의 심리적 안전기지가 되기 위한 양육환경에 관한 연구〉, 〈20대 이혼을 결심한 신혼기 부부에 관한 가족치료 사례연구〉, 〈북한이주민들의 남한사회에서 직장 유지경험에 대한 질적사례연구〉, 〈북한이주민과 근무하는 남한사람들의 직장생활 경험에 관한 혼합연구〉 등이 있으며, 저서로는 《절박한 삶》(2021년 서울대학교 다양성위원회 선정도서), 《20대에 생각해보지 않으면 후회할 것들》 등이 있다. 2016년 KBS '생로병사의 비밀 : 뇌의 기적' 600회 특집에 부부상담사로, 2021년 KBS 통일열차 일요초대석에 출연하였다.

최경

서울에서 태어났으며, 성균관대학교 대학원에서 아동심리 및 교육 관련하여 석사와 박사를 전공하였다. 전문대학교 유아교육과 교수를 거쳐서 현재는 대진대학교 사회복지·아동학부에서 아동학전공 교수로 있다. 영유아의 심리와 교육뿐 아니라 영유아에게 중요한 영향을 미치는 교사나 부모교육에 관심을 가지고 있다. 또한 그림책이 사람의 마음을 이해하고 교육하는데 미치는 영향과 가치에 관심을 가지고 있어서 직접 그림책을 기획하거나 쓰기도 하였고, 그림책을 통한 심리 상담과 교육에 대해서도 관심을 가지며 공부하고 연구하고 있다. 연구에는 〈대학생이 인식한 부모가 자녀의 심리적 안전기지가 되기 위한 양육환경에 관한 연구〉, 〈연장보육 운영에 대한 어린이집 원장의 요구 분석〉, 〈예비유아교사를 위한 그림책을 활용한 인성교육 프로그램 개발〉 등이 있다. 저서에는 《그림책과 예술교육》, 《즐거운 그림책 쓰기》, 《보육과정》, 《독서치료》, 그림책에는 《세상에서 가장 무서운 건 누구?》, 《깨금발 시리즈: 빈집 탐험대》, 《깨금발 시리즈: 누가 벽에 낙서한 거야?》 등이 있다.